Alojamento Local e Propriedade Horizontal

Alojamento Local e Propriedade Horizontal

(ANOTAÇÃO CRÍTICA AO ACÓRDÃO UNIFORMIZADOR DE JURISPRUDÊNCIA STJ 22-03-2022, PROC. N.º 24471/16.4T8PRT.P1.S2-A/ITIJ)

Pedro de Albuquerque
Professor Catedrático da Faculdade de Direito da Universidade de Lisboa
Investigador do Centro de Investigação de Direito Privado – FDUL

ALMEDINA

ALOJAMENTO LOCAL E PROPRIEDADE HORIZONTAL
(ANOTAÇÃO CRÍTICA AO ACÓRDÃO UNIFORMIZADOR
DE JURISPRUDÊNCIA STJ 22-03-2022, PROC. N.º 24471/16.4T8PRT.P1.S2-A/ITIJ)
AUTOR
Pedro de Albuquerque
EDITOR
EDIÇÕES ALMEDINA, S.A.
Rua Fernandes Tomás, n.os 76-80
3000-167 Coimbra
Tel.: 239 851 904 · Fax: 239 851 901
www.almedina.net · editora@almedina.net
DESIGN DE CAPA
FBA.
PRÉ-IMPRESSÃO
EDIÇÕES ALMEDINA, S.A.
IMPRESSÃO E ACABAMENTO

Julho, 2022
DEPÓSITO LEGAL

ALMEDINA | GRUPOALMEDINA

BIBLIOTECA NACIONAL DE PORTUGAL – CATALOGAÇÃO NA PUBLICAÇÃO
ALBUQUERQUE, Pedro
ALOJAMENTO LOCAL E PROPRIEDADE HORIZONTAL
Anotação crítica ao acórdão uniformizador de jurisprudência
STJ 22-03-2022, proc. n.º 24471-16.4T8PRT.P1.S2-A-ITIJ
1.ª ed. – (Monografias)
ISBN 978-989-40-0721-0
CDU 347

Dedicado ao Senhor Professor ANTÓNIO MENEZES CORDEIRO pela honra e o privilégio de poder dizer que fui, sou e serei sempre seu aluno e discípulo.

Acórdão do Supremo Tribunal de Justiça de 22-03-2022 (Relator FÁTIMA GOMES), Proc. n.º 24471/16.4T8PRT. P1.S2-A/ITIJ (Acórdão uniformizador de jurisprudência propriedade horizontal título constitutivo alojamento fração autónoma prestação de serviços)*

Sumário: No regime da propriedade horizontal, a indicação no título constitutivo, de que certa fracção se destina a habitação, deve ser interpretada no sentido de nela não ser permitida a realização de alojamento local.

Decisão Texto Integral:

Acordam, no Pleno das Secções Cíveis, do Supremo Tribunal de Justiça I – Relatório 1. AA (A.) intentou, em 13/12/2016, acção declarativa, sob a forma de processo comum, contra BB e CC (R.R.), alegando, no essencial, o seguinte:

a) O prédio urbano composto de cave, rés-do-chão e quatro andares, sito na freguesia da ... do ..., foi constituído em regime de proprie-

* O presente Acórdão foi transcrito, a partir do texto disponibilizado no site da DGSI, através das ferramentas copiar/colar. Optou-se, por isso, por não corrigir algumas pequenas e naturais gralhas dele constantes, nem por uniformizar a ortografia segundo o anterior ou o novo Acordo ortográfico. Isto, dado no Aresto se usarem de facto os dois.

dade horizontal mediante escritura pública outorgada em 11/03/2008, compreendendo 16 fracções autónomas designadas pelas letras A a Q;

b) Nos termos dessa escritura e do documento complementar a ela anexo, as fracções autónomas designadas pelas letras A e B, localizadas no rés-do-chão, estão destinadas a comércio e as restantes, localizadas nos 1.º a 4.º andares, destinam-se a habitação;

c) A fracção C, localizada no 1.º andar, é propriedade do R. BB e a fracção E é propriedade do ora A.;

d) Em Março de 2016, começaram a ser prestados, na referida fracção C, serviços de alojamento temporário a turistas, mediante remuneração, sendo que o R. BB, sob a designação comercial P... H..., tem publicitado na Internet e disponibilizado aquela fracção mobilada e equipada para alojamento a turistas e como alojamento temporário, inferior a 30 dias, prestando ainda serviços remunerados de limpeza;

e) Para tanto, o mesmo R. cedeu essa fracção à R. CC, sua mãe, que procedeu ao registo da actividade de alojamento local na Câmara Municipal d... ... e no Turismo de Portugal, I.P.;

f) Porém, não foi solicitado aos demais condóminos qualquer consentimento para a referida exploração da fracção C, nem estes concordam com a utilização que lhe tem vindo a ser dada, diversa do destino para habitação indicado no título constitutivo da propriedade horizontal;

g) Sucede que a rotatividade e a aleatoriedade dos utentes aumentam inevitavelmente o risco de perturbação ao descanso, a insegurança, o desgaste e a sujidade das partes comuns, sempre em prejuízo dos demais condóminos, que vêem o seu imóvel desvalorizado e com despesas adicionais, sem retirar qualquer proveito;

h) A par disso, os utentes alojados passam a ter acesso e a usar o espaço de garagem, reservado e exclusivo para o estacionamento de veículos dos condóminos moradores;

i) Assim, o sobredito uso da fracção C infringe o disposto nos artigos 1419.º e 1422.º, n.º 2, alínea c), do CC. Concluiu a pedir que:

1) – Fosse declarada ilegal a utilização da fracção autónoma designada pela letra C dada pelos R.R. para estabelecimento de alojamento local;

2) – Fossem os R.R. condenados a cessar imediatamente essa utilização e a reintegrar a fracção no seu destino específico para habitação;

3) – Fossem ainda os R.R. condenados no pagamento de uma sanção pecuniária compulsória, no valor de € 150,00/dia, a contar da data do trânsito em julgado até efetiva cessação do alojamento.

2. Os R.R. apresentaram contestação em que, aceitando serem prestados serviços de alojamento temporário a turistas na fracção em referência, sustentaram, em resumo, que:

a) A utilização dada à fracção em causa se enquadra no regime jurídico de alojamento local previsto no Dec.-Lei n.º 128/2014, de 29/08, alterado pelo Dec.-Lei n.º 63/2015, de 23/04;

b) O 1.º R. adquiriu essa fracção para a sua habitação, mas, por razões profissionais, passou a residir também no estrangeiro, sendo-lhe legítimo destiná-la a alojamento local, o que não descaracteriza o destino para habitação que lhe é dado no título constitutivo;

c) Como utilizadores do edifício, as pessoas a quem cede a habitação tem o direito a aparcar o veículo na garagem.

d) A vingar a tese do A., estariam a ser coartados os poderes que assistem ao R. como proprietário da fracção C, tanto mais que nem todas as fracções do prédio se destinam a habitação. Concluíram pela improcedência da acção e consequente absolvição dos R.R. de todos os pedidos.

3. Por despacho proferido a fls. 68, foi o A. convidado a fazer intervir os demais condóminos, por se afigurar ser de evitar a preterição de litisconsórcio necessário, o que foi requerido e ordenado, não tendo os chamados deduzido qualquer articulado.

4. Por fim, foi proferido saneador-sentença a julgar a acção totalmente procedente, conforme fls. 125-130, decidindo-se:

"a) Declarar "ilegal" a utilização para estabelecimento de alojamento local que é dada pelos R.R. à fracção autónoma designada pela letra C;

b) Condenar os Réus a cessar imediatamente a utilização que fazem da fracção C e reintegrá-la no seu destino específico de habitação;

c) Condenar os Réus no pagamento de uma sanção pecuniária compulsória, no valor diário de € 150,00, desde a data do trânsito em julgado da presente decisão e até efetiva cessação da actividade de alojamento local."

5. Inconformados com essa decisão, os R.R. interpuseram recurso para o Tribunal da Relação d... ..., que julgou improcedente a apelação, confirmando inteiramente a sentença recorrida, conforme o acórdão de fls. 184-192.

6. Novamente inconformados, os R.R. interpuseram revista excepcional, ao abrigo dos pressupostos previstos no artigo 672.º, n.º 1, alíneas a), b) e c), do CPC, convocando, nomeadamente, como acórdão-fundamento o aresto proferido pela Relação do Porto, de 15/09/2016, no processo n.º 4910/16.5T8PRT-A.P1, reproduzido a fls. 214-224.

A revista excepcional foi admitida pela formação dos três Juízes deste Supremo a que se refere o n.º 3 do artigo 672.º do CPC, considerando-se, para tanto, bastar a verificação do pressuposto previsto na alínea a) do n.º 1 do mesmo artigo, dada a sua abrangência.

7. O Supremo Tribunal, por acórdão de 23-01-2020, negou provimento à revista e confirmou o acórdão da Relação.

8. Os réus, BB e CC, vieram interpor, a 03 de Março de 2020, RECURSO PARA UNIFORMIZAÇÃO DE JURISPRUDÊNCIA, alegando o seguinte (transcrição):

"1.1. No acórdão recorrido, foi entendido que:

– a actividade de alojamento local não integra o conceito de habitação como fim dado às fracções autónomas no título constitutivo da propriedade horizontal;

– o conceito de habitação, como destino da fracção autónoma, mostra-se qualitativamente distinto do conceito de utilização da mesma para alojamento local;

– a actividade de exploração de alojamento local, tal como se encontra regulada no Dec.-Lei n.º 128/2014, de 29/08, reveste natureza comercial.

1.2. No acórdão-fundamento, proferido pelo Supremo Tribunal de Justiça, em 28-03-2017, no processo n.º 12579/16.0T8LSB.L1.S1, transitado em julgado, foi entendido que:

– o arrendamento da fracção a turistas por curtos períodos, designado por alojamento local, não é um acto de comércio;

– na cedência onerosa da fracção a turistas, a fracção autónoma destina-se à respectiva habitação e não a actividade comercial, respeitando o conteúdo do título constitutivo da propriedade horizontal onde consta que determinada fracção se destina a habitação, se essa fracção for objeto de alojamento local.

1.3. Ambos os acórdãos versam sobre as mesmas questões fundamentais de direito, a saber: determinar se a actividade de exploração de alojamento local integra um acto de comércio e se a utilização de uma fracção destinada a habitação para alojamento local viola o título constitutivo da propriedade horizontal;

1.4. Tais acórdãos foram proferidos no domínio da mesma legislação – artigos 1418.º, n.º 2, alínea a), e 1422.º, n.º 2, alínea c), do CC e Dec.-Lei n.º 128/2014, de 29/08 com as sucessivas alterações;

1.5. Estamos perante uma clara contradição de julgados, que justifica a uniformização de jurisprudência."

9. Não foram apresentadas contra-alegações.

10. Por decisão do Juiz Conselheiro Relator, proferida a 06 de Outubro de 2020, foi "*admitido o presente recurso extraordinário para uniformização de jurisprudência sobre a questão fundamental de direito suscitada pelos Recorrentes*".

A fundamentar a decisão foi dito (transcrição):

"O artigo 688.º CPC prescreve que:

1. As partes podem interpor recurso para o pleno das secções cíveis quando o Supremo Tribunal de Justiça proferir acórdão que esteja em contradição com outro anteriormente proferido pelo mesmo tribunal, no domínio da mesma legislação e sobre a mesma questão fundamental de direito.

2. Como fundamento do recurso só pode invocar-se acórdão anterior com trânsito em julgado, presumindo-se o trânsito.

3. O recurso não é admitido se a orientação perfilhada no acórdão recorrido estiver de acordo com jurisprudência uniformizada do Supremo Tribunal de Justiça.

Trata-se de recurso extraordinário cujo prazo de interposição é de 30 dias a contar do trânsito em julgado do acórdão recorrido (art.º 689.º, n.º 1, do CPC), tendo por finalidade verificar a alegada contradição jurisprudencial e, em caso afirmativo, decidir a questão controvertida, emitindo acórdão de uniformização sobre o conflito assim verificado.

Posto isto, em sede de exame preliminar, importa averiguar as condições de admissibilidade daquele recurso nos termos e para os efeitos do n.º 1 do artigo 692.º do CPC, segundo o qual o mesmo deverá ser rejeitado quando:

a) – Não tenha cabimento, seja intempestivo ou o recorrente não detenha as condições necessárias para recorrer – art.º 641.º, n.º 2, alínea a), do CPC;

b) – O requerimento de interposição não contenha alegações ou estas não sejam juntas ou sejam desprovidas de conclusões – art.º 641.º, n.º 2, alínea b), e 690.º, n.º 1, do CPC;

c) – O recorrente não junte cópia do acórdão-fundamento, nos termos do art.º 690, n.º 2, do CPC;

d) – Não exista a oposição que lhe serve de fundamento; e) – A orientação perfilhada no acórdão recorrido esteja de acordo com jurisprudência uniformizada do Supremo Tribunal de Justiça. Para tanto, importa que a contradição alegada se revele frontal nas decisões em equação, que não implícita ou pressuposta, muito embora não se mostre necessária a verificação de uma contradição absoluta, não relevando a argumentação meramente acessória ou lateral (obiter dicta). Essa contradição só é relevante quando se inscreva no plano das próprias decisões em confronto e não apenas entre uma decisão e a fundamentação de outra, ainda que as respetivas argumentações sejam pertinentes para ajuizar sobre o alcance do julgado.

Desde logo, como, de resto, foi assumido no próprio acórdão recorrido existe clara contradição entre o entendimento ali seguido e o adotado no acórdão-fundamento, precisamente sobre os pontos enunciados pelos Recorrentes, tendo, em consequência disso, desembocado em decisões antagónicas, não relevando aqui a mera circunstância de o acórdão-fundamento ter sido proferido em sede de tutela provisória cautelar e o acórdão recorrido no âmbito da tutela definitiva. Com efeito, no acórdão recorrido, foi considerado, além do mais, que:

a) – Não é lícito inferir que a simples exigência de autorização de utilização ou de título de utilização válido do prédio urbano, para efeitos do registo do estabelecimento de alojamento local, implique, sem mais, a assunção legal de que a atividade de alojamento local integre o conceito de habitação como fim dado às frações autónomas no título constitutivo da propriedade horizontal nos termos do artigo 1418.º, n.º 2, alínea a), e para efeitos do disposto no artigo 1422.º, n.º 2, alínea c), do CC, no quadro privativo do estatuto condominial.

b) – A menção do fim das frações autónomas no título constitutivo da propriedade horizontal ao abrigo do artigo 1418.º, n.º 2, alínea a), do CC, embora de génese negocial, sendo objeto do registo nos termos dos artigos 2.º, n.º1, alíneas b) e v), e 95.º, n.º1, alíneas r) e z), do Código de Registo predial, integra o estatuto do condomínio, assumindo natureza real com eficácia erga omnes, para além do conteúdo típico dos direitos reais inerente ao numerus clausus estabelecido no art.º 1306.º do CC.

c) – Nessas circunstâncias, o conceito de habitação como destino da fração autónoma mostra-se qualitativamente distinto do conceito de utilização da mesma para alojamento local, já que o gozo de uma fração habitacional tem uma envolvência personalizada e de tendencial estabilidade do usuário com a coisa, enquanto que o uso em sede de alojamento local por sucessivos e diversos utilizadores, transitórios, é volúvel e disseminado, um e outro com repercussões qualitativamente diferenciadas no meio inter-habitacional ou condominial em que se desenvolvem.

d) – A atividade de exploração de alojamento local, tal como se encontra regulada pelo Dec.-Lei n.º 128/2014, de 29/8, com as alterações introduzidas pelo Dec.-Lei n.º 63/2015, de 23-04, reveste natureza objetivamente comercial, à luz de uma interpretação atualista do disposto no artigo 2.º do Código Comercial, e não deve ser considerada como objeto de arrendamento habitacional.

e) – A não permissão de um condómino titular de fração autónoma destinada a habitação, conforme menção constante do título constitutivo da respetiva propriedade horizontal, usar essa fração na exploração de alojamento local, nos termos dos artigos 1418.º, n.º 2, alínea a), e1422.º, n.º 2, alínea c), do CC, não viola a garantia do direito de propriedade privada consagrada no artigo 62.º, n.º 1, da Constituição.

Contrariamente, no acórdão-fundamento, considerou-se, em síntese, que:

a) – O alojamento local, oneroso, de fração autónoma imobiliária mobilada a turistas, por curtos períodos, constitui um arrendamento para habitação, não se traduzindo em ato objetivo de comércio exercido na própria fração nos termos do artigo 2.º do Código Comercial;

b) – Assim, tal alojamento, regulado pelo Decreto-Lei n.º 128/2014, de 29-8, respeita o conteúdo do no título constitutivo da propriedade horizontal de onde consta que determinada fração se destina a habitação, não violando o preceituado nos artigos 1418.º e 1422.º, n.º 2, alínea c), do CC.

Neste quadro, a questão fundamental de direito que importa aqui resolver consiste em saber se o exercício da atividade de alojamento local, regulada pelo Decreto-Lei n.º 128/2014, de 29-8, com as alterações introduzidas pelo Dec.-Lei n.º 63/2015, de 23-04, em fração autónoma destinada a habitação, segundo menção constante do título constitutivo da propriedade horizontal do prédio em que esta se integra, nos termos do artigo 1418.º, n.º 2, alínea a), do Código Civil, e do respetivo registo predial, constitui ou não um uso diverso do fim a que essa fração é destinada, vedado aos condóminos, nos termos e para os efeitos do preceituado no artigo 1422.º, n.º 2, alínea c), do mesmo Código.

Do acima exposto resulta, claramente, que esta questão, ancorada como se encontra em situações de facto de características análogas e no âmbito do mesmo quadro normativo, mais precisamente em torno das disposições legais referidas, obteve soluções diametralmente opostas nos acórdãos em confronto, as quais evidencia contradição jurisprudencial relevante nos termos e para os efeitos do disposto no artigo 688.º, n.º 1, do CPC em ordem a justificar a intervenção uniformizadora do Supremo Tribunal de Justiça." (fim de transcrição)

11. A Sra. Procuradora-Geral Adjunta emitiu o parecer a 29/11/2020, com a referência citius 96...30, aceitando a existência de contradição jurisprudencial fundamentadora da admissibilidade do RUJ, mas defendeu "*não ser possível o exercício da atividade de alojamento local, regulada pelo Decreto-Lei n.º128/2014, de 29-08, com as alterações introduzidas pelo Decreto-Lei n.º 63/2015, de 23-04, em fração autónoma destinada a habitação, segundo menção constante do título constitutivo da propriedade horizontal do prédio em que esta se integra, nos termos do artigo 1418.º, n.º 2,*

alínea a), do Código Civil, e do respetivo registo predial, uma vez que tal atividade consubstancia uso diverso do fim a que essa fração se destinada, vedado aos condóminos, nos termos e para os efeitos do preceituado no artigo 1422.º, n.º 2, alínea c), do mesmo Código".

Em termos de segmento uniformizador a proposta é de fixação da jurisprudência nos seguintes termos:

> *"O exercício da atividade de alojamento local, regulada pelo Decreto-Lei n.º 128/2014, de 29-08, com as alterações introduzidas pelo Decreto-Lei n.º 63/2015, de 23-04, em fração autónoma destinada a habitação, segundo menção constante do título constitutivo da propriedade horizontal do prédio em que esta se integra, nos termos do artigo 1418.º, n.º 2, alínea a), do Código Civil, e do respetivo registo predial, constitui uso diverso do fim a que essa fração é destinada, vedado aos condóminos, nos termos e para os efeitos do preceituado no artigo 1422.º, n.º 2, alínea c), do mesmo Código."*

Colhidos os vistos legais, cumpre decidir.

II. **Fundamentação**

12. **pressupostos do ruj**

12.1. Nos termos do art.º 688.º, do CPC:

> *"1 – As partes podem interpor recurso para o pleno das secções cíveis quando o Supremo Tribunal de Justiça proferir acórdão que esteja em contradição com outro anteriormente proferido pelo mesmo tribunal, no domínio da mesma legislação e sobre a mesma questão fundamental de direito.*
>
> *2 – Como fundamento do recurso só pode invocar-se acórdão anterior com trânsito em julgado, presumindo-se o trânsito.*
>
> *3 – O recurso não é admitido se a orientação perfilhada no acórdão recorrido estiver de acordo com jurisprudência uniformizada do Supremo Tribunal de Justiça."*

Como recurso extraordinário o prazo de interposição é de 30 dias a contar do trânsito em julgado do acórdão recorrido (art.º 689.º, n.º

1, do CPC) e a sua finalidade é apurar da alegada contradição jurisprudencial para, em caso afirmativo, decidir a questão controvertida, emitindo acórdão de uniformização sobre o conflito assim verificado e, sendo caso disso, fazer reflectir sobre o acórdão recorrido a orientação definida.

12.2. Do art.º 692.º, n.º 4 do CPC decorre que a decisão liminar de admissão do recurso para uniformização de jurisprudência não é vinculativa para este Pleno das Secções Cíveis, devendo o mesmo voltar a pronunciar-se sobre a questão, pelo que importa, a este título, confirmar se ocorre contradição jurisprudencial. De acordo com a jurisprudência deste STJ tem-se entendido ser necessária a verificação cumulativa de três requisitos de carácter substancial para se poder afirmar ocorrer contradição jurisprudencial relevante para efeitos de admissão do indicado recurso:

(i) a identidade da questão fundamental de direito;

(ii) a identidade do regime normativo aplicável; e

(iii) a essencialidade da divergência para a resolução de cada uma das causas.

Serão, assim, os indicados pontos considerados de seguida, ainda que em ordem diversa.

13. **Verificação da contradição. Análise especificada.**

13.1. A similitude da realidade factual no contexto dos dois processos

13.1.1. **No acórdão recorrido**, AA (A.) intentou, em 13/12/2016, acção declarativa, sob a forma de processo comum, contra BB e CC (R.R.), alegando, no essencial, o seguinte: i) prédio urbano composto de cave, rés-do-chão e quatro andares, sito na freguesia da ... d... ..., foi constituído em regime de propriedade horizontal mediante escritura pública outorgada em 11/03/2008, compreendendo 16 fracções autónomas designadas pelas letras A a Q; ii) Nos termos dessa escritura e do documento complementar a ela anexo, as fracções autónomas designadas pelas letras A e B, localizadas no rés-do-chão, estão destinadas a comércio e as restantes, localizadas nos 1.º a 4.º andares, destinam-se a habitação; iii) A fracção C, localizada no 1.º andar, é propriedade do R. BB e a fracção E é propriedade do ora A.; iv) Em março de 2016, começaram a ser prestados, na referida fracção C, serviços de alojamento temporário a turistas, mediante remuneração, sendo que o R. BB, sob a designação comercial P... H...., tem publicitado na Internet e disponibilizado aquela fracção mobilada e equipada para alojamento a turistas e como alojamento temporário, inferior a 30 dias, prestando ainda serviços remunerados de limpeza; v) Para tanto, o mesmo R. cedeu essa fracção à R. CC, sua mãe, que procedeu ao registo da atividade de alojamento local na Câmara Municipal d... ... e no Turismo de Portugal, I.P.; vi) Porém, não foi solicitado aos demais condóminos qualquer consentimento para a referida exploração da fracção C, nem estes concordam com a utilização que lhe tem vindo a ser dada, diversa do destino para habitação indicado no título constitutivo da propriedade horizontal; vii) Sucede que a rotatividade e a aleatoriedade dos utentes aumentam inevitavelmente o risco de perturbação ao descanso, a insegurança, o desgaste e a sujidade das partes comuns, sempre em prejuízo dos demais condóminos, que vêem o seu imóvel desvalorizado e com despesas adicionais, sem retirar qualquer proveito; viii) A par disso, os utentes alojados passam a ter acesso e a usar o espaço de garagem, reservado e exclusivo para o estacionamento de veículos dos condóminos moradores.

O A. pediu:

a) – Fosse declarada ilegal a utilização da fracção autónoma designada pela letra C dada pelos R.R. para estabelecimento de alojamento local;

b) – Fossem os R.R. condenados a cessar imediatamente essa utilização e a reintegrar a fracção no seu destino específico para habitação;

c) – Fossem ainda os R.R. condenados no pagamento de uma sanção pecuniária compulsória, no valor de € 150,00/dia, a contar da data do trânsito em julgado até efetiva cessação do alojamento.

Os R.R. apresentaram contestação em que, aceitando serem prestados serviços de alojamento temporário a turistas na fracção em referência, sustentaram, em resumo, que: i) A utilização dada à fracção em causa se enquadra no regime jurídico de alojamento local previsto no Dec.-Lei n.º 128/2014, de 29/08, alterado pelo Dec.-Lei n.º 63/2015, de 23/04; ii) O 1.º R. adquiriu essa fracção para a sua habitação, mas, por razões profissionais, passou a residir também no estrangeiro, sendo-lhe legítimo destiná-la a alojamento local, o que não descaracteriza o destino para habitação que lhe é dado no título constitutivo; iii) Como utilizadores do edifício, as pessoas a quem cede a habitação tem o direito a aparcar o veículo na garagem; iv) A vingar a tese do A., estariam a ser coartados os poderes que assistem ao R. como proprietário da fracção C, tanto mais que nem todas as fracções do prédio se destinam a habitação.

Por despacho proferido a fls. 68, foi o A. convidado a fazer intervir os demais condóminos, por se afigurar ser de evitar a preterição de litisconsórcio necessário, o que foi requerido e ordenado, não tendo os chamados deduzido qualquer articulado.

Por fim, foi proferido saneador-sentença a julgar a acção totalmente procedente, conforme fls. 125-130, decidindo-se:

a) – Declarar "ilegal" a utilização para estabelecimento de alojamento local que é dada pelos R.R. à fracção autónoma designada pela letra C;

b) – Condenar os Réus a cessar imediatamente a utilização que fazem da fracção C e reintegrá-la no seu destino específico de habitação;

c) – Condenar os Réus no pagamento de uma sanção pecuniária compulsória, no valor diário de € 150,00, desde a data do trânsito em julgado da presente decisão e até efetiva cessação da actividade de alojamento local.

Inconformados com essa decisão, os R.R. interpuseram recurso para o Tribunal da Relação d... ..., que julgou improcedente a apelação, confirmando inteiramente a sentença recorrida, conforme o acórdão de fls. 184-192.

Novamente inconformados, os R.R. interpuseram revista excecional, admitida pela formação a que se reporta o art.º 672.º do CPC e o recurso foi conhecido, tendo sido proferido acórdão que culminou com o seguinte dispositivo: "*Pelo exposto, acorda-se em negar a revista, confirmando-se o acórdão recorrido, ainda que com fundamentação mais desenvolvida.*"

No acórdão recorrido os factos provados foram os seguintes (transcrição):

1.1. No dia 10 de maio de 2008 foi realizada a assembleia de condóminos do prédio sito na Rua .... n.ºs 229, 231 e 241 e Avenida ... n.º 365, n... ..., conforme a ata de fls. 8v. a 17.;

1.2. Daquela mesma ata fazem parte integrante o regulamento do condomínio e o regulamento da garagem;

1.3. Nos termos do título constitutivo da propriedade horizontal, constituída mediante escritura pública outorgada no dia 11 de março de 2008 e inalterada desde então, daquele prédio fazem parte 16 fracções, designadas pelas letras A a Q – cfr. doc. de fls. 19 a 26, cujo teor se dá aqui por integralmente reproduzido;

1.4. Daquelas fracções, as localizadas ao nível do rés-do-chão, designadas pelas letras "A", com entrada pelo n.º 231 da Rua ..., e "B", com entrada pelo n.º 365 da Avenida ..., são destinadas a comércio – cfr. fls. 21 v. do documento referido no facto anterior;

1.5. Todas as demais, localizadas no 1.º ao 4.º andares, são destinadas a habitação;

1.6. Nos termos do título constitutivo da propriedade horizontal, são zonas comuns às fracções destinadas a habitação, designadas pelas letras "C" a "Q", a entrada pelo n.º 241 da Rua ..., escadas, patamares, elevadores e respetivo equipamento, redes de abastecimento água, gás, eletricidade, incluindo respetivas colunas montantes, rede de telefones, incluindo coluna montante até à derivação individual para cada fracção, rede vertical de serventia e sistema de vídeo-porteiro – cfr. fls. 25 do documento a que se alude no facto 1.3;

1.7. O R. BB é o proprietário da fracção designada pela letra "C", situada no 1.º andar – cfr. doc. de fls. 26v. e 27;

1.8. Em março de 2016, naquela fracção "C", começaram a ser prestados serviços de alojamento temporário a turistas, mediante remuneração – admitido por acordo;

1.9. O R., sob a designação comercial "P... H..." tem publicitado na internet, nomeadamente no site www.airbnb.com, e disponibilizado aquela fracção mobilada e equipada como alojamento para turistas ou como alojamento temporário, ou seja, inferior a trinta dias, prestando ainda serviços de limpeza, sendo remunerado para o efeito – admitido por acordo;

1.10. Para tanto, a fracção foi cedida pelo seu proprietário à R. CC, sua mãe, que procedeu ao registo da atividade de alojamento local na Câmara Municipal d... ... e no Turismo de Portugal, I.P. – admitido por acordo;

1.11. Na assembleia de condóminos realizada no dia 18 de maio de 2016, foi consignado em ata, cfr. doc. de fls. 30 a 31, o seguinte:

"Os condóminos defenderam que quando compraram as habitações foi para habitação e neste momento parece que moram num hotel, demonstraram-se incomodados com algumas situações que têm vindo a ocorrer tais como o transporte de bicicletas nos elevadores e a porta do condomínio tem sido encontrada aberta. ... Vários proprietários mostraram-se contra o alojamento local estando na disposição de avançar em tribunal atendendo a que compraram as suas fracções para habitação com a suposição de viverem diariamente com vizinhos, pessoas conhecidas e neste momento estão frequentemente a cruzarem-se com estranhos, temendo pela segurança."

13.1.2. **No acórdão fundamento**, a A., A... intentou providência cautelar de Suspensão de Deliberação da Assembleia de Condóminos contra o CONDOMÍNIO ..., representado pelo seu administrador, e respectivos condóminos, igualmente representados pelo administrador, pedindo que se decrete a suspensão da deliberação de 3 de Maio de 2016 da Assembleia de Condóminos do Edifício ..., que aprovou a proibição do alojamento local, assim como a inversão do contencioso nos termos do artigo 369.º do Código de Processo Civil.

Alegou que é proprietária da fracção autónoma identificada pelas letras "AQ", correspondente ao 6.º andar, letra E, para habitação, incluindo um estacionamento. O imóvel possui a licença de utilização e destina-se a habitação. Deu entrada de uma declaração de início de actividade junto do Serviço de Finanças de ... com vista a exercer a actividade Alojamento mobilado para turistas e deu entrada de um pedido de registo de alojamento local junto da Câmara Municipal de ..., tendo o mesmo sido deferido pelo Turismo de Portugal. No dia 3 de Maio de 2016, realizou-se uma assembleia de condóminos do edifício, em que esteve representada e na qual foi aprovada a deliberação de proibição de alojamento local, com a maioria dos votos presentes e contra o voto da requerente.

Os requeridos apresentaram oposição, onde alegaram que, encontrando-se no título constitutivo consignado que a fracção da requerente é destinada unicamente para habitação, não pode a mesma por si, atribuir-lhe uma função comercial, sem a prévia modificação do título nos termos do artigo 1419.º do C. Civil, e juntaram a acta da assembleia de condóminos de 03 de Maio de 2016, onde consta a deliberação posta em causa. Na 1.ª instância foi proferida a seguinte DECISÃO:

> "1 – Nos termos e ao abrigo do disposto no artigo 383.º do Código de Processo Civil, decido julgar procedente a presente providência cautelar e consequentemente determina-se a suspensão de deliberação de 3 de Maio de 2016 da assembleia de condomínio do prédio sito na Rua ..., n.º 00, em ..., na parte em que proíbe o exercício do alojamento local na fracção "AQ".
>
> 2 – Dispensa-se a requerente do ónus de propositura da acção principal, nos termos do disposto no artigo 369.º n.º 1 do Código de Processo Civil".

O Condomínio recorreu para o Tribunal da Relação de Lisboa, que proferiu acórdão a julgar procedente a apelação, revogando a decisão recorrida e julgando improcedente a providência cautelar de suspensão da deliberação da assembleia de condóminos de 03 de Maio de 2016. Inconformada com este acórdão, a requerente dele veio recorrer para este Supremo Tribunal de Justiça. O Supremo Tribunal de Justiça conheceu do recurso por acórdão de 28/2/2017, no qual figura o seguinte segmento dispositivo:

> "Nos termos expostos, decide-se conceder a revista, revogando o acórdão recorrido e repristinando a decisão da 1.ª instância."

No acórdão fundamento os factos provados foram os seguintes:

1.° – A requerente A... é proprietária e legítima possuidora da fracção autónoma identificada pelas letras "AQ", correspondente ao 6.° andar, letra E, para habitação, incluindo um estacionamento com o n.° ... e uma arrecadação com o n.°..., na ....ª cave, do prédio urbano sito na Rua ..., n.° ..., Edifício ..., em Lisboa, descrito na Conservatória do Registo Predial de ... sob o n.° ... da freguesia do ... e inscrito na matriz predial urbana sob o artigo 2079 da referida freguesia do ... (artigo 1.° do requerimento inicial).

2.° – O imóvel possui a licença de utilização n.° 84, emitida pela Câmara Municipal de ..., a 11 de Fevereiro de 1993 (artigo 2.°).

3.° – O imóvel destina-se a habitação (artigo 3.°).

4.° – No dia 23 de Dezembro de 2014, a requerente deu entrada de uma declaração de início/reinício de actividade junto do Serviço de Finanças de ... – 06, com vista a exercer a actividade com o "CAE 55201 – Alojamento mobilado para turistas" (artigo 4.°).

5.° – A 30 de Dezembro de 2014, a requerente deu entrada de um pedido de registo de alojamento local do imóvel no Balcão único do Município Oriental da Câmara Municipal de ..., ao qual foi atribuído o n.° de pedido 15...0, processo n.° 85...4 (artigo 5.°).

6.° – O pedido foi deferido, tendo sido atribuído pelo Turismo de Portugal, I.P. ao estabelecimento de alojamento existente no imóvel o n.° de registo 2319/AL (artigo 6.°).

7.º – No dia 3 de Maio de 2016, realizou-se uma assembleia de condóminos do Edifício (artigo 9.º).

8.º – Da ordem de trabalhos constava "discussão e votação da proibição do alojamento local" (artigo 10.º).

9.º – A requerente esteve devidamente representada na Assembleia por si e por (...) (artigo 11.º).

10.º – Nessa assembleia foi aprovado a proibição do alojamento local, com a maioria dos votos presentes e com votos contra da requerente e do proprietário da fracção Z (artigo 17.º).

11.º – Desde Janeiro de 2015 que a requerente tem vindo a exercer a sua actividade regularmente no local.

12.º – A requerente já tem reservas para o alojamento local para os meses de Julho e Agosto.

13.2. A diversidade do tratamento jurídico no âmbito do mesmo quadro legal

13.2.1. **No acórdão recorrido** o quadro jurídico dentro do qual o tribunal decidiu a questão suscitada resultou da conjugação do regime da propriedade horizontal consagrado no CC com o regime legal do alojamento local constante do Dec.-Lei n.º 128/2014, de 29-08, com as alterações introduzidas pelo Dec.-Lei n.º 63/2015, de 23-04 (antes da modificação de 2018, operada através da Lei 62/2018, de 22 de Agosto).

Porque os factos provados assim o determinaram, foi atendida ainda à situação do regulamento do condomínio, dizendo-se:

"No entanto, importa considerar que, a par do destino do prédio ou das suas frações autónomas fixado no projeto de construção e na autorização de utilização, pode o título constitutivo da propriedade horizontal conter a menção do fim a que se destina cada fracção autónoma ou parte comum, conforme o disposto na alínea a) do n.º 2 do artigo 1418.º do CC. Uma tal menção, contrariamente ao respeitante às especificações referidas no n.º 1 do mesmo artigo, não reveste natureza obrigatória, ficando na livre disponibilidade negocial de quem constitui a propriedade horizon-

tal", (...) "Tanto a menção do fim a que se destina cada fração autónoma ou parte comum como as específicas proibições de prática de atos ou atividades constantes do título constitutivo, de regulamento do condomínio nele inserido ou de deliberação posterior nos termos referidos devem ser compatíveis com o fim do prédio ou das suas frações fixado no projeto e atestado na autorização de utilização, sob pena de nulidade, conforme o estatuído no n.º 3, parte final, do mencionado artigo 1418.º." (...)

"Nessa medida, aquela menção e as aludidas proibições constituem modos de delimitar ou restringir, por via negocial, o destino ou o uso das frações autónomas ou das partes comuns, na órbita mais lata do fim fixado no projeto de construção e na autorização de utilização, em ordem a delinear o modelo ou estilo de convivência condominial pretendido, quiçá como mais-valia da função sócio-económica do conjunto imobiliário. O que não será lícito é que tais delimitações ou proibições desvirtuem o conteúdo essencial dos direitos de propriedade abrangidos.

Essa delimitação do fim e as restrições de utilização das frações autónomas e das partes comuns, embora de génese negocial, sendo objeto do registo a que se encontram sujeitas nos termos dos artigos 2.º, n.º 1, alíneas b) e v), e 95.º, n.º 1, alíneas r) e z), do Código de Registo Predial, integram o estatuto do condomínio, assumindo natureza real com eficácia erga omnes, para além do conteúdo típico dos direitos reais inerente ao numerus clausus estabelecido no artigo 1306.º do CC."

Ali se defendeu ainda:

"a menção do destino para habitação das frações autónomas, mormente a constante do título constitutivo, nos termos do artigo 1418.º, n.º 2, alínea a), do CC, deve ser interpretada na perspetiva de uso substancialmente colimado ao modelo ou estilo de vivência condominial pretendido no âmbito do negócio constitutivo da propriedade horizontal. (...)

"tratando-se de uma menção facultativa de quem constitui a propriedade horizontal, mal se compreenderia que aquela menção do destino das frações no título constitutivo fosse uma mera repetição ou reedição da indicação constante do projeto construtivo ou da autorização de utilização."

Tendo-se concluído:

"conclui-se que o destino da fração autónoma C, propriedade do 1.º R., mencionado no título constitutivo da propriedade horizontal e constante do respetivo registo predial é o de ser usada para habitação como centro da vida doméstica."

E definiu-se a questão jurídica a tratar:

"em função desse destino ou fim que importa aferir o âmbito de tutela traçado no artigo 1422.º, n.º 2, alínea c), do CC, que confere a cada condómino o direito de se opor a que qualquer das frações dos restantes condóminos seja usada para fim diverso do que lhe é destinado no estatuto da propriedade horizontal em foco."

13.2.2. **No acórdão fundamento** o tribunal decidiu a questão conjugando o regime da propriedade horizontal (indicando expressamente os art.ºs 1418.º e 1422.º, n.º2, al. c), do CC) com o regime do alojamento local vigente à data dos factos (2016) – o Dec.-Lei n.º 128/2014, de 29.08, com as alterações introduzidas pelo Dec.-Lei n.º 63/2015, de 23-04 (vigentes na data da decisão, antes da modificação de 2018, operada através da Lei n.º 62/2018, de 22 de Agosto), e fundamentou a decisão nos seguintes termos:

"A única questão a tratar é a de saber se o arrendamento da fracção a turistas por curtos períodos, designado por alojamento local, viola o título constitutivo da propriedade horizontal, do qual consta que o seu fim é a habitação (art.º. 1418.º do CC).

Tal significa que a referida fracção não pode ser destinada a outro fim que não seja a habitação, constituindo violação do conteúdo do título o exercício na fracção de actividade comercial ou industrial.

O acórdão recorrido entendeu que a actividade de alojamento local consubstancia objectivamente um acto de comércio, ainda que não se mostre especificamente disciplinado no Código Comercial (art.º. 2.º do CC).

Não justifica esta ausência o facto de se tratar de um novo tipo de contrato.

Efectivamente, apesar de novo, o alojamento local já se mostra referenciado desde 2008 (DL 39/2008, de 07.03, e Portaria 517/2008, de 25.06), sendo o respectivo regime jurídico estabelecido hoje pelo DL 128/2014, de 29.08).

Houve muito tempo de o incluir no Código Comercial, diploma que já sofreu alterações de 2008 até hoje.

De qualquer modo, mesmo aceitando como mera hipótese de trabalho que o alojamento local é objectivamente um acto de comércio, o acórdão recorrido parece lavrar numa enorme confusão.

Na verdade, o facto de a recorrente ceder onerosamente a sua fracção mobilada a turistas constituir um acto de comércio não significa que na fracção se exerça o comércio, pois a cedência destina-se à respectiva habitação.

A fracção é um mero objecto do contrato supostamente comercial, não sendo a alegada actividade comercial da recorrente exercida na fracção.

O art.º. 1422.º n.º2 al. c) do CC veda aos condóminos dar à respectiva fracção uso diverso do fim a que é destinada.

Uma imobiliária, quando celebra contratos de arrendamento das fracções que administra, pratica actos de comércio, mas o fim das mesmas não tem que ser o comércio, podendo ser a habitação, comércio ou indústria, em consonância com o que consta do respectivo título constitutivo da propriedade horizontal. Não se mostra, assim, violado o conteúdo do título constitutivo da propriedade horizontal, o fim a que se destina a fracção."

13.2.3. Está assim confirmada a identidade do quadro jurídico subjacente às decisões em confronto.

14. **Outros requisitos da admissão do RUJ**

14.1. Não se revela obstaculizador da contradição de decisões o facto de no acórdão recorrido estarmos perante acção declarativa e no acórdão fundamento a questão ter sido suscitada em providência cautelar de suspensão de deliberação do condomínio.

14.2. Não se revela obstaculizador da contradição de decisões o facto de no acórdão recorrido existirem referências ao regulamento do condomínio e demonstração de neste existirem indicações de a fracção cuja utilização em alojamento local (AL) é questionada ser destinada a habitação, nada se indicando sobre o regulamento de condomínio no acórdão fundamento (nem quanto à existência, nem quanto ao conteúdo).

14.3. Não se revela obstaculizador da contradição de decisões o facto de no acórdão recorrido o Réu, proprietário da fracção autónoma, ter cedido a sua utilização à sua mãe, sendo esta quem registou o alojamento local (e parece ter sido quem o explorou).

14.4. A contradição de decisões é directa e não meramente implícita.

15. Nas decisões em confronto decidiu-se, em sentido contrário, pelo menos nas seguintes questões:

a) A fracção autónoma destinada a habitação não pode ser utilizada para alojamento local por essa actividade violar o "fim" a que se destina a fracção, segundo o estatuto da propriedade horizontal e regulamento do condomínio (**acórdão recorrido**) / A fracção autónoma destinada a habitação pode ser utilizada para alojamento local por essa actividade não violar o "fim" a que se destina a fracção, segundo o estatuto da propriedade horizontal (**acórdão fundamento**); b) O alojamento local constitui acto de comércio – reveste natureza objetivamente comercial, à luz de uma interpretação atualista do disposto no artigo 2.º do Código Comercial – (**acórdão recorrido**) / não constitui acto de comércio (acórdão fundamento), e mesmo que fosse acto de comércio o AL não é destinado ao exercício do comércio mas para a habitação (dos turistas) (**acórdão fundamento**);

15.1. A questão b), no contexto dos acórdãos em confronto, aparece como relevante apenas para efeito de fundamentação da questão principal – em *obiter dictum* – o que justifica que a mesma não seja abarcada pelo âmbito do recurso de Uniformização interposto, que assim apenas se reporta **à questão a)**.

15.2. Face à exposta oposição de entendimentos jurisprudenciais, verifica-se a necessidade de clarificar se o regime do art.º *1422.º, n.º 2, al. c), do Código Civil (CC), em conjugação com o regime do art.º 1418.º e as regras específicas do Alojamento Local impedem que se proceda a AL de fracção de propriedade horizontal com indicação de destino "habitação" no título cons-*

titutivo da propriedade horizontal, eventualmente reforçado por idêntica menção no regulamento do condomínio, pelo que o recurso deve ser admitido e conhecido o seu objecto.

De Direito

16. Conforme decorre do exposto anteriormente, a questão do alojamento local a realizar em fracção autónoma de edifício constituído em propriedade horizontal, quando a referida fracção se encontra destinada a habitação – maxime com indicação dessa finalidade igualmente no regulamento do condomínio – tem sido questão jurídica debatida e sobre a qual é possível identificar, pelo menos, três orientações diversas: a do acórdão recorrido, a do acórdão fundamento, ou uma posição a que apelidaremos de intermédia.

A questão consiste em saber se o exercício da actividade de alojamento local, regulada pelo Dec.-Lei n.º 128/2014, de 29-08, com as alterações introduzidas pelo Dec.-Lei n.º 63/2015, de 23-04, em fracção autónoma destinada a habitação, segundo menção constante do título constitutivo da propriedade horizontal do prédio em que esta se integra, nos termos do artigo 1418.º, n.º 2, alínea a), do Código Civil, constitui ou não uso diverso do fim a que essa fracção é destinada, vedado aos condóminos, nos termos e para os efeitos do preceituado no artigo 1422.º, n.º 2, alínea c), do mesmo Código.

17. Os contornos do regime da propriedade horizontal e do regime do alojamento local mais relevantes para efeitos do presente recurso são aqui considerados pressupostos – sendo escusada a sua repetição – tornando-se apenas essencial algumas notas, na medida em que o acórdão recorrido fez a análise dos indicados regimes em termos sobejamente desenvolvidos, evitando-se a necessidade da sua transcrição por se encontrar devidamente publicitado (cf. 2.2.1., 2.2.2., 2.2.3. e 2.2.4.).

A alteração legislativa ao regime da propriedade horizontal, empreendida pela Lei n.º 8/2022, de 10 de Janeiro, não alterou as disposições legais pertinentes para a resolução da situação em análise, nem aditou elementos relativos ao alojamento local. Essas notas de relevo essencial são as que se seguem (acompanhando-se o sentido e modo de expressar da decisão recorrida, em grande medida).

O instituto da propriedade horizontal, previsto e regulado nos artigos 1414.º a 1438.º-A do Código Civil (CC), estabelece e reconhece na propriedade horizontal uma forma especial de propriedade imobiliária urbana, caracterizada pela atribuição aos seus titulares de direitos de propriedade singular e exclusiva sobre cada uma das fracções autónomas que integram o prédio urbano e de compropriedade sobre as partes comuns do mesmo, em incindível conexão recíproca, o que determina que o gozo pleno e exclusivo do direito de propriedade singular sobre cada uma das fracções autónomas, modelado no artigo 1305.º do CC, tenha de suportar restrições específicas requeridas pela ordem unitária do conjunto imobiliário em que essas fracções se integram.

A constituição válida da propriedade horizontal depende da verificação dos parâmetros e requisitos legais a que está sujeita, como são os previstos, quanto ao seu objeto, no artigo 1415.º do mesmo Código, e as prescrições respeitantes à construção urbanística e respectiva utilização constantes, nomeadamente, do Regulamento Geral das Edificações Urbanas (RGEU)[1].

Da conjugação destes regimes resulta que a existência de licença de utilização para um determinado uso de certa fracção não visa propriamente estabelecer as condições específicas ou sectoriais para o exercício de cada tipo de actividade económica que neles se pretenda instalar, mas tão só que se indica o fim, como categoria de utilização genérica ou aberta, no quadro dos usos urbanísticos dominantes admissíveis para cada zona territorial.

Por isso é admissível a utilização com sentidos complementares ou mistos, face ao indicado, sem necessidade de alteração das autorizações de utilização emitidas (cf. artigo 62.º do RJUE).

O alojamento local (AL), no quadro destas licenças, é compatível com o destino genérico "habitação" dado a um prédio urbano em regime de propriedade horizontal e às suas fracções autónomas no respectivo projecto de construção e atestado na subsequente autorização de utilização, o que também é compatível com o seu uso para a instalação de alojamento local, em face do disposto no artigo 6.º, n.º 1, alínea a), do Dec.-Lei n.º 128/2014, de 29-08.

Ainda assim, isso não invalida que se tenham de conjugar as regras civilistas com o regime urbanístico e de cariz administrativo e que, em consequência, a par do destino do prédio ou das suas fracções autónomas fixado no projecto de construção e na autorização de utilização, o título constitutivo da propriedade horizontal contenha a menção do fim a que se destina cada fracção autónoma ou parte comum (cf. alínea a) do n.º 2 do artigo 1418.º do CC) de âmbito mais restrito do que aquele que consta do projecto ou da licença de utilização.

Na verdade, o título constitutivo pode conter proibições de os condóminos praticarem quaisquer actos ou actividades (cf. artigo 1422.º, n.º 2, alínea d), 1.ª parte, do CC) e pode do regulamento do condomínio que seja, porventura, inserido naquele título, constar a disciplina do uso, fruição e conservação, quer das partes comuns, quer das fracções autónomas.

Também posteriormente à constituição da propriedade horizontal pode ser proibida a prática de actos ou de actividades mediante deliberação da assembleia de condóminos aprovada sem oposição (cf. parte final da alínea d) do n.º 2 do citado artigo 1422.º).

No entanto, tanto a menção do fim a que se destina cada fracção autónoma ou parte comum, como as específicas proibições de prática de actos ou actividades constantes do título constitutivo, de regulamento do condomínio nele inserido ou de deliberação posterior nos termos referidos, devem ser compatíveis com o fim do prédio ou das suas fracções fixado no projeto e atestado na autorização de utilização, sob pena de nulidade (cf. n.º 3, parte final, do mencionado artigo 1418.º do CC).

Nessa medida, aquela menção e as aludidas proibições constituem modos de delimitar ou restringir, por via negocial, o destino ou o uso das fracções autónomas ou das partes comuns, desde que tais delimitações ou proibições não desvirtuem o conteúdo essencial dos direitos de propriedade abrangidos.

Não menos relevante é o efeito de publicidade que resulta da conjugação dos regimes indicados com as regras do registo predial, em que a delimitação do fim e as restrições de utilização das fracções autónomas e das partes comuns, porque objeto do registo, adquirem eficácia externa e oponibilidade generalizada (cf. artigos 2.º, n.º 1, alíneas b) e v), e 95.º, n.º 1, alíneas r) e z), do Código de Registo Predial), da qual decorre ainda que o fim ou destino das fracções autónomas configurado no título constitutivo assegura, antecipadamente, aos potenciais adquirentes delas o conteúdo dos direitos de propriedade singular e de compropriedade que lhe são inerentes.

É por isso de acompanhar a posição afirmada no acórdão recorrido quando diz: "*Em suma, as sobreditas delimitações do fim e proibições do uso das frações autónomas incorporadas no estatuto condominial não se confundem com as menções genéricas de destino e uso urbanísticos das mesmas constantes do projeto de construção e da autorização de utilização, devendo antes ser interpretadas na sua função económico-social de definição do conteúdo dos direitos de propriedade singular incidentes sobre essas frações em conexão com os direitos de compropriedade sobre as partes comuns.*"

Por via destas afirmações, se conclui que o destino de certa fracção autónoma mencionado no título constitutivo da propriedade horizontal e constante do respectivo registo predial é o de ser usada para habitação como centro da vida doméstica, ainda que a licença de utilização se reporte a uma menção genérica de "habitação", não é lícito concluir que qualquer utilização da fracção que comporte pernoitar ou descansar, independente do modo como ela ocorre ou se organiza, deve ser lícita, segundo as regras civilistas indicadas.

E é aqui que o alojamento local surge como potencialmente causador de problemas de compatibilidade entre o regime administrativo e o regime civilista da propriedade horizontal, pois de acordo com este será em função do destino ou fim decorrente da propriedade horizontal que importa aferir o âmbito de tutela traçado no artigo 1422.º, n.º 2, alínea c), do CC, que confere a cada condómino o direito de se opor a que qualquer das fracções dos restantes condóminos seja usada para fim diverso do que lhe é destinado no estatuto da propriedade horizontal.

Porque o "*fenómeno hoje designado por "alojamento local" traduz-se numa realidade sócio-económica que tem vindo a desenvolver-se a partir de 2008 e, de forma exponencial, desde 2014, abrindo um pujante segmento de mercado, em especial na esfera da oferta turística, propiciador de proventos bem mais rentáveis do que os auferidos pela via do tradicional mercado imobiliário urbano de venda e arrendamento habitacional[2]*" (citação do acórdão recorrido), originando uma pressão da crescente de procura turística no mercado português, muitos proprietários de prédios urbanos procederam à sua afectação ao mercado de alojamento local, respondendo ao repto de oportunidade económica surgida, e que também mereceu por parte do legislador uma atenção especial, com a criação de regras específicas dirigidas à referida mudança.

Através do Dec.-Lei n.º 39/2008, de 07-03, foi introduzido no nosso ordenamento jurídico o "alojamento local", originalmente tendo por objectivo fundamental consagrar um novo regime jurídico disciplinador da instalação, exploração e funcionamento dos empreendimentos turísticos, situação que veio a modificar-se com a aprovação do Dec.-Lei n.º 128/2014, de 29-08, momento em que o AL se autonomiza do regime dos empreendimentos turísticos, passando a ter um regime diferenciado e próprio, mas ainda assim com um enquadramento social e económico que marca o seu estatuto.

Este Dec.-Lei n.º 128/2014 foi modificado pelo Dec.-Lei n.º 62/2015, de 23-04, sem particular relevo para o caso dos autos, e veio a sofrer novas alterações pela Lei n.º 62/2018, de 22-08 (e ainda pela Lei n.º 71/2018, de 31 de Dezembro e pelo Dec.-Lei n.º 9/2021, de 29 de Janeiro, ambos sem repercussão no caso dos autos).

Porque a situação de facto a que se reporta o acórdão recorrido ocorreu no domínio da vigência temporal do Dec.-Lei n.º 128/2014, será esta a lei aplicável, ainda que as soluções introduzidas devam ser tidas em conta para efeitos de interpretação do regime anterior à modificação, nomeadamente na parte que podem trazer aportações interpretativas à lei anterior e à questão da sua conjugação com o regime civilista (que consideramos serem sobretudo as seguintes: artigo 4.º, n.º 2, alínea b), e n.º 4[3]; artigo 6.º, números 9 e 10[4]).

17.1. Em defesa da posição adoptada no acórdão recorrido diz-se – em citação do aí exposto:

> *"– O regime do alojamento local constante do Dec.-Lei n.º 39/2008, de 07/03, e depois do Dec.-Lei n.º 128/2014, de 29/08, este na sua versão originária, não contém nenhuma disposição normativa que contemple a proteção dos direitos dos condóminos perante a instalação de estabelecimentos de alojamento local em fração autónoma destinada a habitação por parte de outro condómino. Como também não contém nenhuma disposição que possa ser tida como derrogatória da tutela desses direitos conferida pelo regime da propriedade horizontal disciplinado pelo CC.*
>
> *– Só com a Lei n.º 62/2018, de 22-08, que alterou o Dec.-Lei n.º 128/2014, é que passou a ser exigível, para efeitos de registo desses estabelecimentos, a apresentação com a comunicação prévia com prazo de ata da assembleia de condóminos a autorizar a instalação de "hostels" e se passou a admitir a faculdade de ser apresentada ao órgão municipal competente deliberação fundamentada, aprovada por mais de metade da permilagem do edifício, a comprovar a prática reiterada de atos que perturbem a normal utilização do prédio, bem como de atos que causem incómodo ou afetem o descanso dos condóminos, com vista a eventual cancelamento do registo por decisão desse órgão.*
>
> *– Esse mecanismo dirigido à proteção do condomínio, que não dos condóminos, previsto no artigo 9.º, n.º 2, do Dec.-Lei n.º 128/2014, na redação dada pela Lei n.º 62/2018, traduz-se num meio alternativo de tutela administrativa, para efeitos de cancelamento, até ao máximo de um ano, do registo de estabelecimento de alojamento local, insuscetível de substituir os meios de tutela cível dos direitos privados dos condóminos alicerçada na reserva de jurisdição consagrada nos artigos 20.º, n.º 1, e 202.º, n.º 1 e 2, da Constituição.*

– Das inovações introduzidas pela Lei n.º 62/2018 não se afigura resultar disposições normativas que impliquem a derrogação ou compressão dos meios de tutela cível dos condóminos constantes do estatuto da propriedade horizontal plasmado no CC, nomeadamente, do previsto na alínea c) do n.º 2 do respetivo artigo 1422.º.

– O conceito de habitação como destino de fração autónoma mostra-se qualitativamente distinto do conceito de utilização da mesma para alojamento local, já que o gozo de uma fração habitacional tem uma envolvência personalizada e de tendencial estabilidade do usuário com a coisa, enquanto que o uso em sede de alojamento local por sucessivos e diversos utilizadores, transitórios, é volúvel e disseminado, um e outro com repercussões qualitativamente diferenciadas no meio inter-habitacional ou condominial em que se desenvolvem.

– A atividade de exploração de alojamento local, tal como se encontra regulada no Dec.-Lei n.º 128/2014, reveste natureza comercial.

– A menção do fim das frações autónomas, embora de génese negocial, sendo objeto do registo a que se encontram sujeitas nos termos dos artigos 2.º, n.º 1, alíneas b) e v), e 95.º, n.º 1, alíneas r) e z), do Código de Registo Predial, integram o estatuto do condomínio, assumindo natureza real com eficácia erga omnes, para além do conteúdo típico dos direitos reais inerente ao numerus clausus estabelecido no artigo 1306.º do CC.

– Tratando-se de uma menção facultativa de quem constitui a propriedade horizontal, mal se compreenderia que aquela menção fosse uma mera reedição da indicação constante do projeto construtivo ou da autorização de utilização.

– Terá, em princípio, de traduzir algo de mais útil, mormente associado à sua função de servir de parâmetro ao conteúdo dos direitos inerentes ao estatuto condominial, devendo o seu âmbito ser encarado neste contexto e não como simples expressão do uso urbanístico do prédio.

– Nessa medida, o sentido normal do destino "habitação" para qualquer potencial adquirente das referidas frações não poderá deixar de ser o de que a sua função económico-social é a de servir de fogos ou de residência para pessoas e agregados familiares, proporcionando-lhes o sossego, a tranquilidade, a segurança e o conforto requeridos por qualquer economia doméstica, num envolvente espaço comum instrumental desse tipo de convivência coletiva." (fim de citação).

Adicionalmente ainda se poderia considerar que esta orientação tem em seu favor dois argumentos: i) a possibilidade de haver alteração do título constitutivo e do regulamento do condomínio no sentido de permitir o alojamento local; ii) a prevalência da autonomia da vontade no que respeita à limitação das actividades passíveis de serem exercidas na fracção autónoma, face à introdução de uma permissão normativa de sua realização que não regula especificamente, nem altera o regime da propriedade horizontal.

17.2. Em contraposição com esta argumentação, os defensores da posição oposta – também acolhida no acórdão fundamento – aduzem:

– A alteração legal ao regime do alojamento local operada pela Lei n.º 62/2018, de 22 de Agosto – art.º 9, n.ºs 2 e 3 do Dec.-Lei n.º 128/2014, de 29 de Agosto, permitindo à assembleia de condóminos adoptar deliberação em que se opõe ao exercício da actividade de alojamento local em fracções autónomas, por mais de metade da permilagem do edifício, fundamentando a deliberação na prática reiterada e comprovada de actos que perturbem a normal utilização do prédio, bem como de actos que causem incómodo e afectem o descanso dos condóminos; esta deliberação será adoptada e inscrita em acta, da qual é dado conhecimento ao presidente da Câmara Municipal territorialmente competente, que pode cancelar o alojamento local;

– A alteração legal ao regime do alojamento local operada pela Lei n.º 62/2018, de 22 de Agosto, mesmo para quem defendesse que o alojamento local não era compatível com o fim "habitação", sendo proibido, a mudança legal vem indiciar uma menor protecção dos condóminos, pois na nova lei a matéria passa a estar sujeita a deliberação maioritária da assembleia de condóminos, em contraposição com uma protecção absoluta anterior por contrariedade ao fim;

– O Projecto de lei dos deputados do partido do Governo (PS) – Projeto de Lei n.º524/XII –, abandonado, em que se propunha exigir como condição de registo do alojamento local, cópia de deliberação da assembleia de condóminos autorizando o titular da exploração do estabelecimento de AL a exercer a actividade naquele local, exigência que vinha justificada com a indicação de os conceitos de habitação e alojamento local serem realidades diferentes; de o conceito de habitação estar associado ao centro de organização da vida pessoal dos sujeitos; a de as fracções destinadas a habitação assim adquiridas fundarem uma expectativa dos seus adquirentes de serem um núcleo residencial, sem perturbações inerentes ao alojamento local (destinatários são turistas; ocupações de carácter transitório (segundo estatísticas, até 3 dias); comportamento dos destinatários diverso do habitual no dia-a-dia, nomeadamente em horários, barulhos e respeito pelo sossego dos outros; grande rotatividade dos alojados; possíveis sentimentos de insegurança criados nos "habitantes" do prédio; possíveis acréscimos de despesas para o condomínio, perante maior desgaste resultante do aumento de utilização);

– Há uma opção legal subjacente – no sentido de não impedir em absoluto e previamente o alojamento local em prédios constituídos em propriedade horizontal, com fracções habitacionais, admitindo-se a reacção dos condóminos à utilização como alojamento local em certas circunstâncias consideradas prejudiciais para os condóminos;

– a alteração legal ao regime do alojamento local operada pela Lei n.º 62/2018, de 22 de Agosto, cujo art. .º4.º, n.º 4, exige autorização do condomínio para instalação de AL na modalidade hostel, quando esta venha a coexistir com fim "habitação";

– Os usuários do alojamento local fazem do espaço um uso habitacional;

– Tratando-se de alojamento local de pequena dimensão, há paralelismo entre o alojamento local e as regras do arrendamento que autorizam os arrendatários habitacionais a ter hóspedes (até ao limite de 3 – art.º 1093.º, n.º1, al. b) e n.º 3 do CC), celebrando contrato de hospedagem em que faculta o gozo da coisa (uma parte, em regra quarto) e presta serviços, tipicamente limpeza e tratamento de roupas;

– Há diferença entre modalidades de alojamento local, nas quais se integram "quartos" (até 3 unidades) e estabelecimentos de hospedagem (quarto integrado em fracção autónoma e que, em certas situações, pode ser um "hostel"), além dos apartamentos e das moradias, o que deve relevar;

– Há possibilidade de o regulamento do condomínio proibir a realização de AL nas fracções, com indicação inequívoca de que não é permitida a sua utilização para esse fim (como é exemplo a situação a que o STJ foi chamada a pronunciar-se no Acórdão do Supremo Tribunal de Justiça, de 7/11/2019, Processo 25192/16.3T8PRT.P1.S1);

– Ainda que se reconheça o campo de intervenção autónomo da licença de utilização (de âmbito público) face ao fim indicado no título constitutivo da propriedade horizontal (de âmbito privado), é de admitir que este possa limitar a utilização mais vasta permitida pela licença;

– Conceito de alojamento vs. conceito de habitar – alojar está contido em habitar, embora envolva algo mais – quem se aloja vem pernoitar, dormir, descansar

17.3. Num sentido menos extremado encontra-se uma posição intermédia, que parte da seguinte ideia: é defensável a existência de uma posição que admita apenas certo exercício de alojamento local nas fracções destinadas a habitação, excluindo-se outras.

17.4. Na jurisprudência do STJ a dicotomia tem-se ficado pela adesão ora à posição do acórdão recorrido [Acórdão do Supremo Tribunal de Justiça, de 7/11/2019, Processo 25192/16.3T8PRT.P1.S1 e Acórdão do Supremo Tribunal de Justiça, de 23/1/2020, Processo n.º 24471/16.4T8PRT.P1.S1 (ACÓRDÃO RECORRIDO)], ora à do acórdão fundamento [Acórdão do Supremo Tribunal de Justiça, de 28.03.2017, Processo n.º 12579/16.0T8LSB.L1.S1, (ACÓRDÃO FUNDAMENTO), tendência que se confirma ocorrer ainda nos Tribunais da Relação (Acórdão do Tribunal da Relação de Lisboa, de 20.10.2016, Processo n.º 12579/16.0T8LSB.L1.S1; Acórdão do Tribunal da Relação do Porto, de 27.04.2017, Processo n.º 13721/16.7T8PRT.P1; Acórdão do Tribunal da Relação de Porto, de 11-04-2018, Processo n.º 24471/16.4T8PRT.P1; Acórdão do Tribunal da Relação do Porto, de 15.09.2016, Processo n.º 4910/16.5T8PRT-A.P1; Acórdão do Tribunal da Relação do Porto, de 10-01-2019, Processo n.º 25192/16.3T8PRT. P1; Acórdão do Tribunal da Relação de Évora, de 2/9/2019), todos disponíveis em https://dgsi.pt.

17.5. As posições indicadas têm tido, maior ou menor, reflexo na doutrina, sendo vários os estudos e autores que sobre o tema se têm pronunciado, entre os quais se indicam os seguintes:

i) Favorável à posição do acórdão recorrido – J. Pinto Furtado, "Do alojamento local, na sua relação com a propriedade horizontal", Revista de Direito Civil, Ano II (2017), 3, página 529- 574; José Luís Bonifácio Ramos, Manual de Direitos Reais, 2017, págs. 392 a 395; Fernanda Paula Oliveira, Sandra Passinhas e Dulce Lopes, em Alojamento Local e uso de Fracção Autónoma, Almedina, 2018; Fernanda Paula Oliveira, Dulce Lopes, Susana Duarte A., Joana da Silva Guerreiro, Alojamento Local, Regime Jurídico Comentado e Guião Prático, Almedina 2019; vitor palmela fidalgo, "A intervenção do Condomínio na Regulação do Alojamento Local", AA.VV, I Congresso do Alojamento Local, Almedina, Coimbra, 2020; Sandra Passinhas, O alojamento local e o uso das fracções autónomas", AA.VV, I Congresso do Alojamento Local, Almedina, Coimbra, 2020, págs. 133-150; ANA TAVEIRA DA FONSECA, "Comentário ao art.º 1422.º do CC", Comentário ao Código Civil, Vol. Direito das Coisas, UCEditora, 2021, p. 455.

ii) Favorável à posição do acórdão fundamento – Aristides Rodrigues de Almeida, "A actividade de exploração de estabelecimentos de alojamento local", Revista Electrónica de Direito, 2017 (n.º3), disponível em file:///C:/Users/MJ02385/Downloads/Artigo%20Aristides%20Almeida%20.pdf, mas com nuances em outra publicação ("A actividade de exploração de estabelecimentos de alojamento local", Revista Electrónica de Direito, 2017, quando aceita o alojamento local em moldes semelhantes à permissão legal de indústrias domésticas (art.º 1092.º e 1093.º CC), mas já não quando o alojamento local apresente um nível de organização da actividade próximo da actividade comercial (atendendo ao nível de afectação de meio ou recursos e exemplificando com alojamento local que muna a fracção de espaço para receber turistas, com horário de funcionamento ao público, fornecimento de refeições, alimentação ou outros serviços executados na fracção); Miguel Fernandes Freitas – "ALOJAMENTO LOCAL EM APARTAMENTOS DA (DES)NECESSIDADE DE AUTORIZAÇÃO DOS CONDÓMINOS", Ipso Jure – Abril 2017, disponível em https://www.oa.pt/upl/%7B123518e7-9a01-4ba3-97bb-9d5ff0712551%7D.pdf; Rui Pinto Duarte, Curso de Direitos Reais, 4.ªed (revista e aumentada), Princípia, 2020, págs. 161 a 166; ISABEL MENERES CAMPOS, Anotação ao acórdão STJ de 28 de março de 2017 (alojamento local): acórdão do Supremo Tribunal de Justiça (6.ª Secção) de 28.3.2017, P. 12579/16.0T8LSB.L, Cadernos de Direito Privado, N.º 58 (abr.-jun. 2017), p. 42-5.

iii) Favorável à posição intermédia – os que entendem não ser permitido o AL na modalidade de "hostel", mas já o aceitam em outras modalidades – conforme nos dá nota ANA TAVEIRA DA FONSECA, "Comentário ao art.º 1422.º do CC", Comentário ao Código Civil, Vol. Direito das Coisas, UCEditora, 2021, p. 454-456, podendo ser exemplo a posição suavizada de Aristides Rodrigues de Almeida (Cf. supra).

17.6. Não menos relevantes são as análises doutrinais reportadas ao AL e seu confronto com outros institutos, ou que explicitam os contornos do seu regime jurídico, para as quais se reclama atenção, nomeadamente, através da seguinte bibliografia: Maria Olinda Garcia, "Arrendamento de curta duração a turistas: um (impropriamente) denominado contrato de Alojamento Local", Revista Electrónica de Direito, 2017 (n.º3), disponível em https://cije.up.pt/pt/red/edicoes-anteriores/2017-nordm-3/arrendamento-de-curta-duracao-a-turistas-um-impropriamente-denominado-contrato-de-alojamento-local/; Januário da Costa Gomes, "Notas soltas sobre a relação entre o «proprietário» e o «hóspede» no alojamento local", I Congresso do Alojamento Local, Almedina, 2020; ANA TAVEIRA DA FONSECA, "Comentário ao art.º 1422.º do CC", Comentário ao Código Civil, Vol. Direito das Coisas, UCEditora, 2021, p. 454-456.

18. **desenvolvimento da fundamentação e segmento uniformizador**

18.1. Não é hodiernamente questionada a autonomia dogmática ou legal da propriedade horizontal relativamente à propriedade das fracções autónomas e à compropriedade das partes comuns.

A sujeição do prédio constituído em propriedade horizontal a regras administrativas de construção e licenciamento é outro facto incontestável, sendo de assumir que a licença de utilização emitida para uma fracção autónoma com destino à habitação é compatível com a fixação de residência, permanente ou não, e sendo possível aí pernoitar de modo continuado, ou esporádico. Em regra, essa permissão administrativa, indicativa da finalidade possível da utilização de fracção, não é contrária a uma utilização no âmbito da regulamentação legal do alojamento local. Contudo, como se diz no acórdão recorrido:

> *"A par do destino do prédio ou das suas fracções autónomas fixado no projeto de construção e na autorização de utilização, pode o título constitutivo da propriedade horizontal conter a menção do fim a que se destina cada fracção autónoma ou parte comum, conforme o disposto na alínea a) do n.º 2 do artigo 1418.º do CC.*
>
> *Uma tal menção, contrariamente ao respeitante às especificações referidas no n.º 1 do mesmo artigo, não reveste natureza obrigatória.*
>
> *Pode ainda o título constitutivo conter proibições de os condóminos praticarem quaisquer atos ou atividades, de acordo com o previsto no artigo 1422.º, n.º 2, alínea d), 1.ª parte, do CC, e pode do regulamento do condomínio que seja, porventura, inserido naquele título, constar a disciplina do uso, fruição e conservação, quer das partes comuns, quer das frações autónomas.*
>
> *Como pode também, já posteriormente à constituição da propriedade horizontal, ser proibida a prática de atos ou de atividades mediante deliberação da assembleia de condóminos aprovada sem oposição, conforme resulta do disposto na parte final da alínea d) do n.º 2 do citado artigo 1422.º.*
>
> *No entanto, as proibições assim tomadas são suscetíveis de ser suprimidas por nova deliberação aprovada por maioria dos votos representativos do capital investido, nos termos gerais do artigo 1432.º, n.º 3, do CC.*

Tanto a menção do fim a que se destina cada fração autónoma ou parte comum como as específicas proibições de prática de atos ou atividades constantes do título constitutivo, de regulamento do condomínio nele inserido ou de deliberação posterior nos termos referidos devem ser compatíveis com o fim do prédio ou das suas frações fixado no projeto e atestado na autorização de utilização, sob pena de nulidade, conforme o estatuído no n.º 3, parte final, do mencionado artigo 1418.º.

Nessa medida, aquela menção e as aludidas proibições constituem modos de delimitar ou restringir, por via negocial, o destino ou o uso das frações autónomas ou das partes comuns, na órbita mais lata do fim fixado no projeto de construção e na autorização de utilização, em ordem a delinear o modelo ou estilo de convivência condominial pretendido, quiçá como mais-valia da função sócio-económica do conjunto imobiliário. O que não será lícito é que tais delimitações ou proibições desvirtuem o conteúdo essencial dos direitos de propriedade abrangidos (1 Neste sentido, vide HENRIQUE MESQUITA, A propriedade horizontal no Código Civil português, in RDES Ano XXIII, pp.123-124).

Essa delimitação do fim e as restrições de utilização das frações autónomas e das partes comuns, embora de génese negocial, sendo objeto do registo a que se encontram sujeitas nos termos dos artigos 2.º, n.º 1, alíneas b) e v), e 95.º, n.º 1, alíneas r) e z), do Código de Registo Predial, integram o estatuto do condomínio, assumindo natureza real com eficácia erga omnes, para além do conteúdo típico dos direitos reais inerente ao numerus clausus estabelecido no artigo 1306.º do CC.

(...) tais restrições só assumem eficácia real, tornando-se eficazes em relação a terceiros, após o respetivo registo predial.

Em suma, as sobreditas delimitações do fim e proibições do uso das frações autónomas incorporadas no estatuto condominial não se confundem com as menções genéricas de destino e uso urbanísticos das mesmas constantes do projeto de construção e da autorização de utilização, devendo antes ser interpretadas na sua função económico-social de definição do conteúdo dos direitos de propriedade singular incidentes sobre essas frações em conexão com os direitos de compropriedade sobre as partes comuns."

É assim defensável a orientação perfilhada no acórdão recorrido quando afirma:

"a menção do destino para habitação das frações autónomas, mormente a constante do título constitutivo, nos termos do artigo 1418.º, n.º 2, alínea a), do CC, deve ser interpretada na perspetiva de uso substancialmente colimado ao modelo ou estilo de vivência condominial pretendido no âmbito do negócio constitutivo da propriedade horizontal.

Com efeito, tratando-se de uma menção facultativa de quem constitui a propriedade horizontal, mal se compreenderia que aquela menção do destino das frações no título constitutivo fosse uma mera repetição ou reedição da indicação constante do projeto construtivo ou da autorização de utilização. Terá, em princípio, de traduzir algo de mais útil, mormente associado à sua função de servir de parâmetro ao conteúdo dos direitos inerentes ao estatuto condominial, devendo o seu âmbito ser encarado neste contexto e não como simples expressão do uso urbanístico do prédio.

Em tal perspetiva, importa colher, nos termos do artigo 236.º, n.º 1, do CC, o alcance da declaração negocial constitutiva da propriedade horizontal com o sentido que um declaratário normal, colocado na posição de um real declaratário, possa deduzir do comportamento do declarante constituinte." (fim de citação)

18.2. A posição adoptada no acórdão recorrido é aquela que melhor adesão colhe no regime civilista da protecção da propriedade condominial e dos direitos dos condóminos, suplantando-se os eventuais obstáculos da posição contrária, e pode sustentar-se a partir das seguintes premissas, também desenvolvidas no acórdão recorrido (que se seguem de perto):

a) A nova versão dada ao regime do AL pela Lei n.º 62/2018 não introduz alterações no regime civilista da propriedade horizontal, envolvendo uma opção legal de âmbito administrativo no sentido de se prescindir do controlo administrativo sobre o fim ou destino ou sobre as proibições de uso da fracção constantes do título constitutivo da propriedade horizontal ou de deliberações levadas a registo;

b) Do novo regime do AL não consta qualquer disposição que revele intenção de derrogar o estatuto condominial inserido no CC;

c) A alteração legal ao regime do alojamento local operada pela Lei n.º 62/2018, de 22 de Agosto – art.º 9, n.ºs 2 e 3 do DL 128/2014, de

29 de Agosto, permitindo à assembleia de condóminos adoptar deliberação em que se opõe ao exercício da actividade de alojamento local em fracções autónomas, por mais de metade da permilagem do edifício, fundamentando a deliberação na prática reiterada e comprovada de actos que perturbem a normal utilização do prédio, bem como de actos que causem incómodo e afectem o descanso dos condóminos é uma medida de reacção, a posteriori, para um AL que não respeita o normal funcionamento de um condomínio, distinta da permissão para o exercício do AL a partir de uma "autorização para habitação" da fracção autónoma; não se trata de um meio susceptível de substituir os meios de tutela cível dos direitos privados dos condóminos alicerçada na reserva de jurisdição consagrada nos artigos 20.º, n.º 1, e 202.º, n.º 1 e 2, da Constituição;

d) Aquele meio constituiu apenas uma tutela administrativa que, além de apresentar uma frágil garantia do exercício dos direitos condominiais, nem tão pouco contempla a tutela de cada condómino nos casos em que ocorra uso da fracção autónoma diversa do destino que lhe é dado pelo estatuto condominial, nem das hipóteses de violação de proibições condominiais de actos ou actividades, nos termos previstos, respectivamente, nas alíneas c) e d) do n.º 2 do artigo 1422.º do CC, independentemente do seu grau de concretização, podendo aproximar-se da tutela concedida ao condomínio, que não propriamente aos condóminos, confinada a actos de turbação à semelhança do tipo de actos previstos no artigo 1346.º do CC;

e) Nas situações dos autos o regime do alojamento local constante dos Dec.-Leis n.º 39/2008 e n.º 128/1014 – o aplicável – , não contém sequer nenhuma disposição normativa que contemple a protecção dos direitos dos condóminos perante a instalação de estabelecimentos de alojamento local em fracção autónoma destinada a habitação por parte de outro condómino, como também não contém nenhuma disposição que possa ser tida como derrogatória da tutela desses direitos conferida pelo regime da propriedade horizontal disciplinado pelo CC;

f) Na situação dos autos, a par deste regime de alojamento local (constante dos Dec.-Leis n.º 39/2008 e n.º 128/1014), a qualquer condómino de fracção autónoma de prédio em regime de propriedade horizontal assistem os meios de tutela previstos no âmbito deste regime consagrado no CC para reagir contra a violação das limitações ao exercício do direito de outro condómino, nomeadamente em caso de uso da respectiva fracção em desvio do destino que lhe é dado pelo estatuto condominial ou nos casos de prática de actos ou actividade violadoras de proibições condominiais, respectivamente, ao abrigo do disposto nas alíneas c) e d) do n.º 2 do artigo 1422.º do referido Código, assim como assiste a qualquer condómino a tutela geral da propriedade constante do artigo 1346.º do mesmo Código contra concretos actos de turbação ali contemplados praticados por outro condómino;

g) A tais domínios de tutela não obsta o facto de ter sido viabilizado, por via administrativa, o registo e instalação de estabelecimento de alojamento local nos termos do respectivo regime;

h) O AL não é um simples habitar da fracção, equivalente à habitação que dele fazem os usuários não abrangidos pelo AL, ainda que possam aí pernoitar e descansar – sob o ponto de vista da destinação da coisa e da respectiva envolvência sócio-económica condominial, uma vivência habitacional é essencialmente diversa da sua utilização em alojamento de terceiros, com repercussões diversas no meio inter-habitacional ou condominial em que se desenvolvem;

i) A afectação de uma fracção destinada a habitação a AL pode ou não implicar o exercício de actividade comercial, mas isso não afasta a sua natureza de afectação distinta da habitação constante do título constitutivo da propriedade horizontal;

j) Os motivos que conduziram o legislador a autonomizar a figura do AL são específicos e não conduzem a que no AL se possa identificar um arrendamento de curta duração, nos termos desta figura;

k) As utilidades proporcionadas pelo explorador do alojamento local ao utente alojado, através do uso do prédio ou fracção dele, embora requeiram as necessárias condições de habitabilidade, não se consubstanciam numa prestação de gozo habitacional, por natureza com um grau de permanência e estabilidade que não se verificam nos casos de alojamento local;

l) No âmbito do Dec.-Lei n.º 128/014, quer na sua versão original, quer na actual redacção dada pela Lei n.º 62/2018, a exploração de estabelecimentos de alojamento local é expressamente definida no artigo 4.º, n.º 1, como correspondendo ao exercício, por pessoa singular e coletiva, da actividade de prestação de serviços de alojamento;

m) Para efeitos tributários o AL não é tratado como habitação;

n) O uso de fracções autónomas em hospedagem no âmbito do contrato de arrendamento, nos termos do artigo 1093.º do CC, em arrendamentos sazonais de curta duração em áreas de veraneio ou "alojamento" de estudantes em determinados núcleos urbanos universitários inserem-se noutro contexto económico-social, distinto do AL, não justificando necessariamente a mesma solução jurídica;

o) A solução preconizada é perfeitamente harmoniosa com a Constituição da República Portuguesa, que reconhece a propriedade privada mas não a absolutiza em termos de impedir que o legislador ordinário limite os direitos de propriedade singular sobre as fracções autónomas, no âmbito do regime da propriedade horizontal, atenta a especificidade deste direito real, que sofre de limitações específicas ao seu exercício, como as constantes do artigo 1422.º, n.º 2, do CC, e que são justificadas pela ordem unitária do conjunto imobiliário em que essas fracções se integram;

p) O paralelismo que se possa fazer com outras actividades permitidas pelo legislador, em diploma específico, como sucede como o Regime Jurídico aplicável ao Sistema de Indústria Responsável (aprovado pelo Decreto-Lei n.º 169/2012, de 1 de Agosto – art.º 18.º do SIR), não determina que a solução preconizada pelo legislador nesse diploma se possa sobrepor necessariamente ao estatuto condominial, sem alteração jurídica do mesmo.

18.3. Na situação de facto apurada nos acórdãos recorrido e fundamento, porque similares, o título constitutivo da propriedade horizontal, no que se reporta à situação sujeita a apreciação do tribunal era idêntica: estavam em causa fracções autónomas destinadas a habitação. No caso do acórdão recorrido foi dado por assente que:

> *"Dos factos assentes consta que o prédio urbano aqui em referência compreende 16 frações autónomas, das quais as designadas pelas letras A e B, localizadas no rés-do-chão, com entradas, respetivamente, pelo n.º 231 da Rua ... e pelo n.º 365 da Avenida ..., se destinam a comércio, enquanto que as designadas pela letras C a Q, localizadas nos 1.º a 4.º andares, com entrada pelo n.º 241 da Rua ..., se destinam a habitação.*

No caso do acórdão fundamento também se apurou que a A. era proprietária da fracção autónoma identificada pelas letras "AQ", correspondente ao 6.º andar, letra E, para habitação, incluindo um estacionamento. O imóvel possui a licença de utilização e destina-se a habitação e em assembleia de condóminos foi aprovada deliberação de proibição de realização de alojamento local na fracção da A., com a sua oposição (e de outro condómino).

18.4. A dicotomia de destinos das fracções autónomas aporta significado (citando o acórdão recorrido):

> *"Esta dicotomia revela, por si só, um padrão condominial em que as frações destinadas a comércio se encontram localizadas em espaço físico distinto do ocupado pelas frações habitacionais e até com entradas também distintas entre aquelas e estas."*

Apurando-se o carácter voluntário da dicotomia de destinos, não se apurando o sentido efectivo da vontade dos declarantes, é de aplicar o regime legal decorrente das normas de interpretação dos negócios jurídicos – art.º 236.º e ss do CC – para se concluir (citando o acórdão recorrido):

> *"o sentido normal do destino "habitação" para qualquer potencial adquirente das referidas frações não poderá deixar de ser o de que a sua função económico-social*

é a de servir de fogos ou de residência para pessoas e agregados familiares, proporcionando-lhes o sossego, a tranquilidade, a segurança e o conforto requeridos por qualquer economia doméstica, num envolvente espaço comum instrumental desse tipo de convivência coletiva." (...) "Será, portanto, em função desse destino ou fim que importa aferir o âmbito de tutela traçado no artigo 1422.º, n.º 2, alínea c), do CC, que confere a cada condómino o direito de se opor a que qualquer das frações dos restantes condóminos seja usada para fim diverso do que lhe é destinado no estatuto da propriedade horizontal em foco." (...) "Não é demais sublinhar que o fim ou destino das frações autónomas configurado no título constitutivo assegura, antecipadamente, aos potenciais adquirentes delas o conteúdo dos direitos de propriedade singular e de compropriedade que lhe são inerentes."

18.5. Decorre do exposto que a orientação tida por mais conforme com o espírito do sistema jurídico e com as normas legais que regulam a propriedade horizontal e o alojamento local, em análise, coincide com a orientação adoptada no acórdão recorrido.

18.6. Cumpre, no entanto, indicar (de novo) que não se envereda neste recurso na análise da questão da comercialidade ou não da actividade do alojamento local, por a mesma não integrar o objecto do recurso e por não se considerar que a mesma tenha repercurssões na questão condominial.

Considerando que no alojamento local podem estar envolvidas organizações de actividades económicas de dimensão diversa – desde a empresa societária ao sujeito individual, proprietário de espaço que aloca ao alojamento local, com maior ou menor frequência (podendo ser marginal mesmo ou acessória de uma qualquer outra actividade não comercial, o que sempre levaria a excluí-la da natureza comercial), a qualificação como acto de comércio tout court pelo intérprete, sem cabal enquadramento legal inequívoco, não se apresenta isenta de dúvidas, como sucede igualmente na delimitação do AL face a outras figuras, conforme se destaca da literatura, nomeadamente no escrito de Januário da Costa Gomes, "Notas soltas sobre a relação entre o «proprietário» e o «hóspede» no alojamento local", *I Congresso do Alojamento Local*, Almedina, 2020, págs. 96-97, onde se lê:

> *"...o contrato de alojamento local apresenta-se, debaixo do manto da sua unicidade designativa, como uma figura bicéfala: tanto pode ter, em concreto, a natureza de arrendamento de vilegiatura como pode assumir, em concreto, a natureza de hospedagem. Como conjugar o exposto com o facto de o próprio art.º 4.º, n.º 1 do RAL se reportar a uma "atividade de prestação de serviços de alojamento" por parte do titular do estabelecimento? E como compatibilizar essa diversidade sob a unidade designativa com o facto de o RAL insistir em ver um "estabelecimento" em cada modalidade de alojamento local? Essas linguagens designativas revelam, por um lado, o facto acima referido, de o berço do alojamento local estar na legislação do turismo; por outro, evidenciam o propósito "normalizador" do legislador, quer das plúrimas situações de alojamento local quer dos clássicos, fiscalmente "rebeldes", arrendamentos de vilegiatura."*

A integração do AL nos actos de comércio, tal como indicada no acórdão recorrido, parece-nos ter sido justificada sobretudo com base na necessidade de distinguir a utilização da fracção para "habitação" de outras utilizações, distinção esta que sempre será possível de realizar sem entrar na qualificação da actividade de alojamento local como comercial.

É que com alguma facilidade se consegue distinguir o fim "habitação" do fim "comércio" inserido no título constitutivo da propriedade horizontal com recurso às regras da interpretação do negócio jurídico – art.º 236.º e ss do CC – sem qualificar o alojamento local como acto de comércio, dada a artificialidade da qualificação, em face da utilização específica que o alojamento local comporta (pernoitar e ter certos serviços associados à pernoita).

18.7. Na esteira do afirmado no acórdão recorrido, a solução interpretativa proposta na Uniformização não é contrária à letra ou ao espírito do regime do alojamento local constante dos Dec.-Leis n.º 39/2008 e n.º 128/1014, os quais não contém nenhuma disposição normativa que contemple a protecção dos direitos dos condóminos perante a instalação de estabelecimentos de alojamento local em fracção autónoma destinada a habitação por parte de outro condómino, tal como não contém nenhuma disposição que possa ser tida como derrogatória da tutela desses direitos conferida pelo regime da propriedade horizontal disciplinado pelo CC e legislação de direito privado.

Mesmo após a alteração do regime do alojamento local introduzida pela Lei n.º 62/2018, de 22-11, e no que toca ao mecanismo introduzido no n.º 2 do artigo 9.º (prevendo a possibilidade de oposição ao exercício da atividade de alojamento local em fracção autónoma de prédio sujeito a propriedade horizontal mediante apresentação ao órgão municipal competente de deliberação fundamentada da assembleia de condóminos, aprovada por mais de metade da permilagem do edifício, decorrente da prática reiterada e comprovada de atos que perturbem a normal utilização do prédio, bem como de atos que causem incómodo e afetem o descanso dos condóminos) a situação não se modificou, pelo que é de considerar que se trata "de um meio alternativo de tutela administrativa, para efeitos de cancelamento, até ao máximo de um ano, do registo de estabelecimento de alojamento local, o que se mostra, portanto, insuscetível de substituir os meios de tutela cível dos direitos privados dos condóminos alicerçada na reserva de jurisdição consagrada nos artigos 20.º, n.º 1, e 202.º, n.º 1 e 2, da Constituição." (cf. acórdão recorrido).

18.8. Ainda que o regime legal do alojamento local aplicável à situação sub judice no âmbito dos acórdãos recorrido e fundamento não seja aquele que decorre da redacção legal introduzida em 2018, não poderá deixar de se considerar a solução legal introduzida, para daí concluir: ainda que fosse aplicável, nada se modificaria na situação jurídica do acórdão recorrido, por a alteração legal não ter modificado o estatuto condominial, com base no qual o tribunal tem de julgar a causa.

18.9. É assim de confirmar a orientação colhida no acórdão recorrido, em detrimento da constante do acórdão fundamento, e, tendo em conta a contradição jurisprudencial, **uniformizar jurisprudência nos seguintes termos**: No regime da propriedade horizontal, a indicação no título constitutivo, de que certa fracção se destina a habitação, deve ser interpretada no sentido de nela não ser permitida a realização de alojamento local.

19. **Reflexo da posição adoptada em Uniformização sobre o acórdão recorrido**

O Acórdão recorrido colheu a orientação correcta, de acordo com a perspectiva defendida nesta uniformização, pelo que não é de alterar a decisão adoptada pelo tribunal, que assim se mantém.

III. **Decisão**

Nestes termos e pelos fundamentos invocados, acorda-se no Pleno das Secções Cíveis do Supremo Tribunal de Justiça: a) Uniformizar a Jurisprudência nos seguintes termos: No regime da propriedade horizontal, a indicação no título constitutivo, de que certa fracção se destina a habitação, deve ser interpretada no sentido de nela não ser permitida a realização de alojamento local.

b) Confirmar o acórdão recorrido. Custas pela recorrente.

Lisboa, Supremo Tribunal de Justiça, 22 de Março de 2022

Fátima Gomes (Relatora)

Graça Amaral Maria Olinda Garcia (com declaração de voto)

Catarina Serra

António Oliveira Abreu

Maria João Vaz Tomé

António Magalhães

Fernando Jorge Dias

José Maria Ferreira Lopes

João Cura Mariano

Manuel Capelo

Tibério Nunes da Silva

António Barateiro Martins

Fernando Batista de Oliveira

José Vieira e Cunha

Luís Espírito Santo
António Isaías Pádua
Nuno Ataíde das Neves
António José Ferraz de Freitas Neto
Maria dos Prazeres Couceiro Pizarro Beleza
Ana Paula Boularot
Maria Clara Sottomayor
Manuel Tomé Soares Gomes
José Rainho
Maria da Graça Trigo
Pedro de Lima Gonçalves
Maria Rosa Oliveira Tching
Rijo Ferreira (vencido conforme declaração de voto que junto).

****

Proc. 24471/16.4T8PRT.P1.S2-A Declaração de voto

Voto favoravelmente o acórdão; embora com algumas dúvidas, porque sob a designação ampla de "alojamento local" (enquanto alojamento para fins turísticos ou para satisfazer outras necessidades habitacionais transitórias), desenvolvido numa fração autónoma, podem caber realidades contratuais bastante diversas (que serão diferentemente afetadas pelos sentidos possíveis a dar ao problema em equação).

Todavia, o desenvolvimento do "alojamento local", enquanto sinónimo de uma atividade organizada de caráter regular e intenso (ressalvadas as restrições que já resultam da própria lei, nos artigos 4.º, n.4 e 11.º, n.4 do DL n. 128/2014, alterado e republicado pela Lei n.62/2018), em prédios exclusivamente ou dominantemente compostos por frações destinadas a habitação permanente, é dificilmente compaginável com o fim habitacional tipicamente pressuposto pelo regime legal da propriedade horizontal.

Entender que o alojamento local constitui um uso diverso do fim habitacional (constante do título constitutivo a que a fração se destina) para, com base no art.1422.º, n.2, al. c) do CC, considerar tal prática vedada aos condóminos, não é uma mera questão de interpretação literal. É um modo de (sopesando interesses contrapostos) dar prevalência aos interesses (legítimos) de sossego e segurança dos condóminos que têm no prédio a sua residência habitual, em detrimento dos interesses económicos dos condóminos que, não necessitando da fração para sua própria habitação, pretendem a respetiva rentabilização.

O denominado alojamento local, em termos genéricos, não constitui um uso *tipologicamente diverso* da habitação, porque continua a corresponder a uma finalidade habitacional. Mas pode corresponder a um uso *funcionalmente diverso*, porque enformado por dinâmicas diferentes daquelas que compõem as rotinas próprias da habitação comum ou permanente. São estas diferentes dinâmicas de uso da fração destinada regularmente ao alojamento local que contêm a potencialidade de afetar os interesses de sossego e segurança dos condóminos que residem habitualmente num imóvel de habitação coletiva.

Sob a designação "alojamento local" é comportável uma multiplicidade de configurações contratuais e de intensidades organizativas que, em concreto, são suscetíveis de conduzir a diferentes níveis de afetação dos interesses dos residentes permanentes. Se em alguns casos essa afetação pode ser inexpressiva, noutros casos o prejuízo para o sossego e o repouso (e, consequentemente, a saúde) dos residentes permanentes poderá ser muito significativa. Assim acontecerá, sobretudo, na hipótese de o condómino "hospedeiro" (diretamente ou por intermédio de outrem) ter uma organização profissionalizada propiciadora de grande rotatividade de hóspedes ou facilitadora de sobreocupação da fração. Em tal tipo de hipótese existirá já uma grande aproximação à realidade fáctica própria de um estabelecimento comercial onde se regista o rotineiro afluxo de clientes. E aqui já não será difícil concluir que se trata de uma realidade equiparável a um uso diverso da habitação (dita normal). E, por isso, um uso vedado pelo art.1422.º, n.2, al. c) do CC. O proprietário da fração destinada a habitação, que não necessita dela para sua própria residência, tem legítimo interesse em rentabilizar esse património. Porém, o denominado alojamento local (no sentido em que tipicamente o estamos a considerar) não é a única forma de rentabilização da fração, pois este imóvel pode ser destinado ao arrendamento urbano, nas diferentes modalidades temporais previstas nos artigos 1094.º e 1095.º do CC.

O alojamento local desenvolvido numa fração autónoma será potencialmente menos conflituante com os interesses dos demais condóminos, se estiver em causa um prédio composto, essencialmente, por segundas residências ou residências de férias (sobretudo localizados em praias ou lugares de vilegiatura). Neste tipo de situação, a solução defendida no acórdão acaba, na prática, por ser menos justificada, porque as razões fundamentais para equiparar o alojamento local a um uso não habitacional (ou próximo de um uso comercial) não têm aqui a mesma intensidade.

De todo o modo, o facto de o DL 128/2014 pressupor que o AL é suscetível de ser desenvolvido numa fração autónoma não deve ser interpretado como contendo um comando permissivo que se projeta inelutavelmente no regime da propriedade horizontal. Dir-se-ia: se as frações destinadas a comércio ou serviços não têm, em regra, pelas suas caraterísticas próprias, aptidão física e funcional para servir o alojamento local, então o DL n. 128/2014 só poderá estar a referir-se às frações licenciadas para fim habitacional. Logo, deste diploma resultaria a autorização para o exercício do "alojamento local" em frações destinadas (pelo título constitutivo) ao fim habitacional. Porém, tal conclusão não deve extrair-se com absoluta linearidade, pois ao regular o exercício do alojamento local em frações autónomas, aquele diploma apenas pressupõe que esse exercício é, em termos genéricos, possível. Não estabelece específicas normas permissivas que se sobreponham às normas da propriedade horizontal em matéria de definição do uso do imóvel.

Assim, face ao quadro legal vigente, ainda que a opção defendida no acórdão possa ser, em algumas hipóteses, significativamente penalizadora dos interesses do proprietário da fração que pretende rentabilizar o seu património, ela acaba por, de modo preventivo, tutelar os interesses de sossego e segurança dos residentes habituais de um imóvel de habitação coletiva.

Maria Olinda Garcia

****

Declaração de voto

A meu ver, o Regime Jurídico da Exploração dos Estabelecimentos de Alojamento Local (DL 128/2014, 29AGO, na republicação anexa à Lei 62/2018, 22AGO) ao excepcionar única e especificamente a necessidade de autorização prévia do condomínio no caso de 'hostel' – n.º 4 do art.º 4.º, introduzido em 2018 – ou do senhorio no caso de arrendamento – art.º 6.º, n.º 2, al. d) – e ao estabelecer um limite máximo do número de fracções exploráveis por edifício – art.º 11.º, n.º 4 – está a permitir, genérica e incondicionalmente, em todas as demais situações, e uma vez cumpridos os requisitos de tal legislação específica, a exploração de estabelecimentos de alojamento local em fracções autónomas de edifícios destinadas a 'habitação'; o que pressupõe e implica que aquele é um uso compatível com o fim a que são destinadas, retirando essa actividade do âmbito de aplicação da al. c) do n.º 2 do art.º 1422.º do Código Civil.

Além de que não só não se mostra líquido que o conceito de 'habitação' não englobe também o de 'alojamento local', como não se mostra, à luz do critério do art.º 236.º do CCiv, que a expressão 'habitação' atinente ao uso das fracções autónomas constante dos títulos constitutivos de propriedade horizontal quisesse excluir esse tipo de actividade, na medida em que à data da outorga daqueles títulos (momento em que se deve colocar o declaratário normal) a problemática em causa ainda se não vislumbrava., ou pelo contrário, e pense-se em imóveis situados em zonas de vilegiatura, até foi pensada e admitida.

Isso não prejudica, no entanto, que os condóminos não possam, em função do concreto circunstancialismo em que essa exploração se desenvolva, lançar mão dos meios de tutela que a lei lhes confere, em particular a tutela geral do direito de propriedade – art.º 1346.º do Código Civil – e a tutela geral dos direitos de personalidade – art.º 70.º do Código Civil (sendo que a oposição prevista no n.º 2 do art.º 9.º do referido regime jurídico mais não é do que um meio alternativo e simplificado, dependente da formação da maioria aí requerida para a aprovação da deliberação da assembleia de condóminos e da apreciação do Presidente da Câmara Municipal, não constituindo um verdadeiro meio de defesa dos condóminos).

Nem, por outro lado, prejudica a proibição específica desse tipo de actividade no título constitutivo ou por deliberação posterior da assembleia de condóminos aprovada sem oposição – art.º 1422.º, n.º 2, al. d) do Código Civil (na medida em que tal proibição seja oponível ao explorador do estabelecimento).

Numa outra perspectiva argumentativa, reconhecendo que nas situações em causa possa ocorrer um conflito de interesses, não se me afigura adequado que a sua resolução se faça partindo da genérica e apriorística afirmação da ilicitude da exploração de alojamento local em fracção autónoma destinada a 'habitação', devendo antes, por mais consentâneo com critérios de proporcionalidade, tal conflito ser resolvido, na falta de prévia e específica proibição de tal actividade, em função da ponderação da concreta e individualizada situação e mediante a subsequente invocação de um uso efectivo que ponha em causa a integridade do imóvel ou os direitos de personalidade dos condóminos.

Por outro lado, ainda, não vislumbro que tenham sido ponderadas as consequências da jurisprudência firmada, sendo que um dos factores de interpretação estabelecido no art.º 9.º do Código Civil são '*as condições específicas do tempo em que é aplicada*'. Com efeito da jurisprudência firmada resulta a ilicitude de todas as explorações de alojamento local instaladas em fracções autónomas de imóveis constituídos em propriedade horizontal destinadas a 'habitação', ainda que registadas e com título de abertura ao público, podendo qualquer condómino isoladamente exigir a cessação de tal actividade, perspectivando-se uma avalanche de processos dessa natureza e uma disrupção significativa nesse não despiciendo sector da actividade económica. Destarte formularia o seguinte segmento uniformizador:

"Sem prejuízo da oponível proibição específica desse tipo de actividade no título constitutivo ou em deliberação posterior da assembleia de condóminos sem oposição (art.º 1422.º, n.º 2, al. d), do Código Civil) e do uso dos meios de tutela geral dos direitos de personalidade (art.º 70.º do Código Civil) e de propriedade (art.º 1346.º do Código Civil), a exploração de estabelecimento de alojamento local em fracção autónoma de edifício constituído em propriedade horizontal destinado no título constitutivo a 'habitação' não constitui 'uso diverso do fim a que é destinada', nos termos e para os efeitos do art.º 1422.º, n.º 2, al. c), do Código Civil".

E, consequentemente, revogaria o acórdão recorrido, julgando a acção improcedente.

Rijo Ferreira

[1] Aprovado pelo Dec.-Lei n.º 38 382, de 07/08/1951, e do Regime Jurídico da Urbanização e da Edificação (RJUE), estabelecido pelo Dec.-Lei n.º 555/99, de 16-12, com as sucessivas alterações neles introduzidas.

[2] Sobre o fenómeno do Alojamento Local e sua evolução, vide estudo intitulado O Alojamento Local em Portugal – qual o fenómeno?, desenvolvido pela Nova School of Business and Economics e pela Faculdade da Universidade Nova de Lisboa para a Associação Hotelaria de Portugal, Novembro de 2016, acessível na Internet.

[3] N.º 4 com a seguinte redacção: Não pode haver lugar à instalação e exploração de "hostels" em edifícios em propriedade horizontal nos prédios em que coexista habitação sem autorização dos condóminos para o efeito, devendo a deliberação respetiva instruir a comunicação prévia com prazo.

[4] Com a seguinte redacção:

9 – Pode haver oposição à comunicação prévia com prazo se, num prazo de 10 dias contados a partir da sua apresentação ou num prazo de 20 dias no caso dos hostels, o Presidente da Câmara Municipal territorialmente competente, com faculdade de delegação nos vereadores ou dirigentes, se oponha ao registo, com os fundamentos identificados se seguida:

a) Incorreta instrução da comunicação prévia com prazo;

b) Vigência do prazo resultante de cancelamento de registo, nos termos do artigo 9.º;

c) Violação das restrições à instalação decididas pelo município, nos termos do artigo 15.º-A, ou falta de autorização de utilização.

Anotação crítica ao Acórdão Uniformizador de Jurisprudência STJ 22-03-2022, Proc. n.º 24471/ /16.4T8PRT.P1.S2-A/ITIJ em matéria de alojamento local em imóveis destinados, pelo título, a habitação (propriedade horizontal – título constitutivo – alojamento – fração autónoma – prestação de serviços)

§ 1. O segmento uniformizador e a fundamentação do Acórdão; § 2. Declaração de voto da Senhora Conselheira MARIA OLINDA GARCIA e respetiva fundamentação; § 3. Voto de vencido do Senhor Conselheiro RIJO FERREIRA; § 4. Os pressupostos metodológico-jurídicos subjacentes à argumentação, fundamentação e solução do Acórdão Uniformizador e à declaração de voto da Senhora Conselheira MARIA OLINDA GARCIA. Análise crítica; § 5. Da aplicabilidade (ou não) do artigo 236.º do Código Civil à interpretação do título constitutivo. Crítica. § 6. O sentido do declaratário normal, fosse o artigo 236.º aplicável. Crítica à solução do Aresto Uniformizador. 7. § Os pressupostos de facto assumidos pelo Acórdão Uniformizador na fundamentação e formulação do segmento uniformizador. Análise crítica; § 8. A apreciação crítica do Acórdão à luz do sistema e do regime do Direito das coisas, especialmente, do regime da propriedade horizontal assim como do sistema e regime das relações de vizinhança que o limitam positiva e negativamente; § 8. 1. A apreciação do Acórdão à luz do sistema de Direitos reais e do regime da propriedade horizontal e das relações de vizinhança; § 8. 2 A apreciação do Acórdão à luz do sistema de Direitos reais e do regime da propriedade horizontal e das relações de vizinhança, pressupostos pelo Regime do Alojamento Local; § 9. A apreciação crítica da solução do Acórdão à luz do critério interpretativo da ponderação das consequências dos efeitos da solução nele defendida. Crítica; § 10. O âmbito de aplicação do Acórdão na eventualidade de ele ser de seguir; 11. A possibilidade de alteração da finalidade do título constitutivo por usucapião; § 12. Conclusões.

Sumário:

Palavras-chave: alojamento local – prestação de serviços – propriedade horizontal – fração autónoma – finalidade habitacional – título constitutivo da propriedade horizontal – regime da propriedade horizontal – regime das relações de vizinhança – sistema do Direito das coisas – Acórdão de Uniformização de Jurisprudência.

§ 1. O segmento uniformizador e a fundamentação do Acórdão

I – No presente Acórdão, relativo ao problema de saber se é permitida a prestação de alojamento local em imóveis sujeitos ao regime de propriedade horizontal, se o respetivo título constitutivo indicar ser ele destinado a habitação, o STJ procedeu à uniformização de jurisprudência nos seguintes termos:

> No regime da propriedade horizontal, a indicação no título constitutivo, de que certa fração se destina a habitação, deve ser interpretada no sentido de nela não ser permitida a realização de alojamento local.

II – Fê-lo com base nos seguintes fundamentos:

1. A questão consiste em saber se o exercício da atividade de alojamento local, regulada pelo Decreto-Lei n.º 128/2014, de 29 de agosto, com as alterações introduzidas pelo Decreto-Lei n.º 63/2015, de 23 de abril, em fração autónoma destinada a habitação, segundo menção constante do título constitutivo da propriedade horizontal do prédio em que esta se integra, nos termos do artigo 1418.º/ 2/*a*), do Código Civil, constitui, ou não, uso diverso do fim a que essa fração é destinada, vedado aos condóminos, nos termos e para os efeitos do preceituado no artigo 1422.º/2/*c*), do mesmo Código[1].

[1] Note-se que, entretanto, o Decreto-Lei n.º 128/2014, de 29 de agosto, foi sucessivamente alterado pela Lei n.º 62/2018, de 22 de agosto, pela Lei n.º 71/2018, de 29-01, pelo Decreto-Lei n.º 9/2021, de 29 de janeiro.

2. Os contornos do regime da propriedade horizontal e do regime do alojamento local mais relevantes para efeitos do presente recurso são aqui considerados pressupostos – sendo desnecessária a sua repetição – tornando-se apenas essencial algumas notas, na medida em que o acórdão recorrido fez a análise dos regimes indicados.
3. A constituição válida da propriedade horizontal depende da verificação dos parâmetros e requisitos legais a que está sujeita, como são os previstos, quanto ao seu objeto, no artigo 1415.º do mesmo Código, e as prescrições respeitantes à construção urbanística e respetiva utilização constantes, nomeadamente, do Regulamento Geral das Edificações Urbanas (RGEU).
4. Da conjugação destes regimes, resulta que a existência de licença de utilização, para um determinado uso de certa fração, não visa propriamente estabelecer as condições específicas ou setoriais para o exercício de cada tipo de atividade económica que neles se pretenda instalar, mas tão só que se indica o fim, como categoria de utilização genérica ou aberta, no quadro dos usos urbanísticos dominantes admissíveis para cada zona territorial.
5. Por isso, é admissível a utilização com sentidos complementares ou mistos, face ao indicado, sem necessidade de alteração das autorizações de utilização emitidas (cf. artigo 62.º do Regime Jurídico da Urbanização e da Edificação).
6. O alojamento local (AL), no quadro destas licenças, é compatível com o destino genérico "habitação" dado a um prédio urbano em regime de propriedade horizontal e às suas frações autónomas no respetivo projeto de construção e atestado na subsequente autorização de utilização, o que também é compatível com o seu uso para a instalação de alojamento local, em face do disposto no artigo 6.º/1/*a*), do Decreto-Lei n.º 128/2014, de 29 de agosto.
7. Ainda assim, isso não invalida que se tenham de conjugar as regras civilistas com o regime urbanístico e de cariz administrativo e que, em consequência, a par do destino do prédio ou das suas frações autónomas fixado no projeto de construção e na autorização de utilização, o

título constitutivo da propriedade horizontal contenha a menção do fim a que se destina cada fração autónoma ou parte comum (cf. o artigo 1418.º/2/*a*) do Código Civil) de âmbito mais restrito do que aquele que consta do projeto ou da licença de utilização.

8. A menção do fim a que se destina cada fração autónoma ou parte comum, como as específicas proibições de prática de atos ou atividades constantes do título constitutivo, de regulamento do condomínio nele inserido ou de deliberação posterior nos termos referidos, devem ser compatíveis com o fim do prédio ou das suas frações fixado no projeto e atestado na autorização de utilização, sob pena de nulidade (cfr. parte final do mencionado artigo 1418.º/3 do Código Civil).
9. Nessa medida, aquela menção e as aludidas proibições constituem modos de delimitar ou restringir, por via negocial, o destino ou o uso das frações autónomas ou das partes comuns, desde que tais delimitações ou proibições não desvirtuem o conteúdo essencial dos direitos de propriedade abrangidos.
10. O efeito de publicidade, que resulta da conjugação dos regimes indicados com as regras do registo predial, em que a delimitação do fim e as restrições de utilização das frações autónomas e das partes comuns, porque objeto do registo, adquirem eficácia externa real, *para além do conteúdo típico dos direitos reais inerente ao* numerus clausus *estabelecido no artigo 1306.º do Código Civil*, e oponibilidade generalizada (cf. artigos 2.º/1/*b*) e *v*), e 95.º/1/*r*) e *z*), do Código de Registo Predial), da qual decorre, ainda, que o fim ou destino das frações autónomas configurado no título constitutivo assegura, antecipadamente, aos potenciais adquirentes, delas, o conteúdo dos direitos de propriedade singular e de compropriedade que lhe são inerentes.
11. É por isso de acompanhar a posição afirmada no Acórdão recorrido quando diz: «*Em suma, as sobreditas delimitações do fim e proibições do uso das frações autónomas incorporadas no estatuto condominial não se confundem com as menções genéricas de destino e uso urbanísticos das mesmas constantes do projeto de construção e da autorização de utilização, devendo antes ser interpretadas na sua função económico-social de definição do conteúdo dos*

direitos de propriedade singular incidentes sobre essas frações em conexão com os direitos de compropriedade sobre as partes comuns.»

12. Por via disso, se conclui que o destino de certa fração autónoma mencionado no título constitutivo da propriedade horizontal e constante do respetivo registo predial é o de ser usada para habitação como centro da vida doméstica. Ainda que a licença de utilização se reporte a uma menção genérica de "habitação", não é lícito concluir que qualquer utilização da fração que comporte pernoitar ou descansar, independente do modo como ela ocorre ou se organiza, deve ser lícita, segundo as regras civilistas indicadas.
13. E é aqui que o alojamento local surge como potencialmente causador de problemas de compatibilidade entre o regime administrativo e o regime civilista da propriedade horizontal, pois de acordo com este será em função do destino ou fim decorrente da propriedade horizontal que importa aferir o âmbito de tutela traçado no artigo 1422.º/2/*c*), do Código Civil, que confere a cada condómino o direito de se opor a que qualquer das frações, dos restantes condóminos, seja usada para fim diverso do que lhe é destinado no estatuto da propriedade horizontal.
14. Porque o «*fenómeno hoje designado por "alojamento local" traduz-se numa realidade sócio-económica que tem vindo a desenvolver-se a partir de 2008 e, de forma exponencial, desde 2014, abrindo um pujante segmento de mercado, em especial na esfera da oferta turística, propiciador de proventos bem mais rentáveis do que os auferidos pela via do tradicional mercado imobiliário urbano de venda e arrendamento habitacional*» (citação do acórdão recorrido), originando uma pressão crescente da procura turística no mercado português, muitos proprietários de prédios urbanos procederam à sua afetação ao mercado de alojamento local, respondendo ao repto de oportunidade económica surgida, e que também mereceu por parte do legislador uma atenção especial, com a criação de regras específicas dirigidas à referida mudança.
15. Porque a situação de facto a que se reporta o Acórdão recorrido ocorreu no domínio da vigência temporal do Decreto-Lei n.º 128/2014,

será esta a lei aplicável, ainda que as soluções introduzidas devam ser tidas em conta para efeitos de interpretação do regime anterior à modificação, nomeadamente, na parte que podem trazer aportações interpretativas à lei anterior e à questão da sua conjugação com o regime civilista (que se considera serem sobretudo as seguintes: artigo 4.º/2/*b*) e 4.º/4; artigo 6.º/9 e 10).

16. O Acórdão uniformizador passa, depois, a explicitar e a aderir à posição do Acórdão recorrido, considerando que, em defesa da posição neste adotada: O Regime do Alojamento Local constante do Decreto-Lei n.º 39/2008, de 7 de março, e depois do Decreto-Lei n.º 128/2014, de 29 de agosto, este na sua versão originária, não contém nenhuma disposição normativa que contemple a proteção dos direitos dos condóminos perante a instalação de estabelecimentos de alojamento local em fração autónoma destinada a habitação por parte de outro condómino. Como também não contém nenhuma disposição que possa ser tida como derrogatória da tutela desses direitos conferida pelo regime da propriedade horizontal disciplinado pelo Código Civil.

17. Só com a Lei n.º 62/2018, de 22 de agosto, que alterou o Decreto-Lei n.º 128/2014, é que passou a ser exigível, para efeitos de registo desses estabelecimentos, a apresentação com a comunicação prévia com prazo de ata da assembleia de condóminos a autorizar a instalação de *hostels* e se passou a admitir a faculdade de ser apresentada, ao órgão municipal competente, deliberação fundamentada, aprovada por mais de metade da permilagem do edifício, a comprovar a prática reiterada de atos que perturbem a normal utilização do prédio, bem como de atos que causem incómodo ou afetem o descanso dos condóminos, com vista a eventual cancelamento do registo por decisão desse órgão.

18. Esse mecanismo dirigido à proteção do condomínio, que não dos condóminos, previsto no artigo 9.º/2, do Decreto-Lei n.º 128/2014, na redação dada pela Lei n.º 62/2018, traduz-se num meio alternativo de tutela administrativa, para efeitos de cancelamento, até ao máximo

de um ano, do registo de estabelecimento de alojamento local, insuscetível de substituir os meios de tutela cível dos direitos privados dos condóminos alicerçada na reserva de jurisdição consagrada nos artigos 20.º/1 e 202.º/1 e 2, da Constituição. Está-se diante de um mero mecanismo administrativo, fundamentando a deliberação na prática reiterada e comprovada de atos que perturbem a normal utilização do prédio, bem como de atos que causem incómodo e afetem o descanso dos condóminos. É uma medida de reação, *a posteriori*, para um alojamento local que não respeita o normal funcionamento de um condomínio, distinta da permissão para o exercício do alojamento local a partir de uma «autorização para habitação» da fração autónoma; não se trata de um meio suscetível de substituir os meios de tutela cível dos direitos privados dos condóminos.

19. Das inovações introduzidas pela Lei n.º 62/2018 não se afigura resultarem disposições normativas que impliquem a derrogação ou compressão dos meios de tutela cível dos condóminos constantes do estatuto da propriedade horizontal plasmado no Código Civil, nomeadamente, do previsto no artigo 1422.º/2/*c*), nem o regime do alojamento local envolve alguma derrogação do regime da propriedade horizontal. A nova versão dada ao regime do alojamento local, pela Lei n.º 62/2018, não introduz alterações no regime civilista da propriedade horizontal, envolvendo uma opção legal de âmbito administrativo no sentido de se prescindir do controlo administrativo sobre o fim ou destino ou sobre as proibições de uso da fração constantes do título constitutivo da propriedade horizontal ou de deliberações levadas a registo.
20. O conceito de habitação como destino de fração autónoma mostra-se qualitativamente distinto do conceito de utilização da mesma para alojamento local, já que o gozo de uma fração habitacional tem uma envolvência personalizada e de tendencial estabilidade do usuário com a coisa, enquanto que o uso em sede de alojamento local por sucessivos e diversos utilizadores, transitórios, é volúvel e dissemi-

nado, um e outro com repercussões qualitativamente diferenciadas no meio inter-habitacional ou condominial em que se desenvolvem.

21. O Acórdão entende ser desnecessário apurar se a atividade de exploração de alojamento local, tal como se encontra regulada no Decreto-Lei n.º 128/2014, reveste natureza comercial.
22. Tratando-se a indicação da finalidade das frações, de uma menção facultativa de quem constitui a propriedade horizontal, mal se compreenderia que aquela menção fosse uma mera reedição da indicação constante do projeto construtivo ou da autorização de utilização.
23. Terá, em princípio, de traduzir algo de mais útil, mormente associado à sua função de servir de parâmetro ao conteúdo dos direitos inerentes ao estatuto condominial, devendo o seu âmbito ser encarado neste contexto e não como simples expressão do uso urbanístico do prédio.
24. A rotatividade e a aleatoriedade dos utentes aumentam inevitavelmente o risco de perturbação ao descanso, a insegurança, o desgaste e a sujidade das partes comuns, sempre em prejuízo dos demais condóminos, que vêem o seu imóvel desvalorizado e com despesas adicionais, sem retirar qualquer proveito (segmento de fundamentação do Acórdão recorrido que o Uniformizador entende ter vertido a solução correta e que decidiu confirmar). «Nessa medida, o sentido normal do destino "habitação" para qualquer potencial adquirente das referidas frações não poderá deixar de ser o de que a sua função económico-social é a de servir de fogos ou de residência para pessoas e agregados familiares, proporcionando-lhes o sossego, a tranquilidade, a segurança e o conforto requeridos por qualquer economia doméstica, num envolvente espaço comum instrumental desse tipo de convivência coletiva.» (fim de citação do Acórdão recorrido).
25. Adicionalmente, a esta fundamentação do Acórdão recorrido, a que o Acórdão Uniformizador adere (cfr. *supra* os n.ºs 16 a 24 da explicitação e transcrição, nesta anotação, dos fundamentos deste Acórdão), ainda se poderia considerar, segundo o Acórdão Uniformizador, que esta orientação tem em seu favor dois argumentos: *i*) a possibilidade

de haver alteração do título constitutivo e do regulamento do condomínio no sentido de permitir o alojamento local; *ii*) a prevalência da autonomia da vontade no que respeita à limitação das atividades passíveis de serem exercidas na fração autónoma, face à introdução de uma permissão normativa de sua realização que não regula especificamente, nem altera o regime da propriedade horizontal.

26. A sujeição do prédio constituído em propriedade horizontal a regras administrativas de construção e licenciamento é outro facto incontestável, sendo de assumir que a licença de utilização emitida para uma fração autónoma com destino à habitação é compatível com a fixação de residência, permanente ou não, e sendo possível aí pernoitar de modo continuado, ou esporádico. Em regra, essa permissão administrativa, indicativa da finalidade possível da utilização de fração, não é contrária a uma utilização no âmbito da regulamentação legal do alojamento local.
27. Porém, as delimitações do fim e proibições do uso das frações autónomas incorporadas no estatuto condominial da propriedade horizontal, reguladas pelo regime dessa propriedade, não se confundem com as menções genéricas de destino e uso urbanísticos das mesmas constantes do projeto de construção e da autorização de utilização, devendo antes ser interpretadas na sua função económico-social de definição do conteúdo dos direitos de propriedade singular incidentes sobre essas frações em conexão com os direitos de compropriedade sobre as partes comuns.
28. A posição de considerar o fim habitacional incompatível com o alojamento local é a que melhor adesão colhe no regime civilista da proteção da propriedade condominial e dos direitos dos condóminos, suplantando-se os eventuais obstáculos da posição contrária, e pode sustentar-se a partir das seguintes premissas.
29. A tutela prevista no artigo 9.º/2, do Decreto-Lei n.º 128/2014, na redação dada pela Lei n.º 62/2018, é apenas uma tutela administrativa que, além de apresentar uma frágil garantia do exercício dos direitos condominiais, nem tão-pouco contempla a tutela de cada condómino

nos casos em que ocorra uso da fração autónoma diversa do destino que lhe é dado pelo estatuto condominial, nem das hipóteses de violação de proibições condominiais de atos ou atividades, nos termos previstos, respetivamente, no artigo 1422.°/2/*c*) e *d*) do Código Civil, independentemente do seu grau de concretização, confinada a atos de turbação à semelhança do tipo de atos previstos no artigo 1346.° do Código Civil.

30. O alojamento local não é um simples habitar da fração, equivalente à habitação que dele fazem os usuários não abrangidos pelo alojamento local, ainda que possam aí pernoitar e descansar – sob o ponto de vista da destinação da coisa e da respetiva envolvência socioeconómica condominial, uma vivência habitacional é essencialmente diversa da sua utilização em alojamento de terceiros, com repercussões diversas no meio inter-habitacional ou condominial em que se desenvolvem.

31. A afetação de uma fração destinada a habitação a alojamento local pode, ou não, implicar o exercício de atividade comercial, mas isso não afasta a sua natureza de afetação distinta da habitação constante do título constitutivo da propriedade horizontal. Os motivos que conduziram o legislador a autonomizar a figura do alojamento local são específicos e não conduzem a que no alojamento local se possa identificar um arrendamento de curta duração, nos termos desta figura.

32. As utilidades proporcionadas pelo explorador do alojamento local ao utente alojado, através do uso do prédio ou fração dele, embora requeiram as necessárias condições de habitabilidade, não se consubstanciam numa prestação de gozo habitacional, por natureza com um grau de permanência e estabilidade que não se verificam nos casos de alojamento local.

33. No âmbito do Decreto-Lei n.° 128/014, quer na sua versão original, quer na atual redação dada pela Lei n.° 62/2018, a exploração de estabelecimentos de alojamento local é expressamente definida no artigo 4.°/1, como correspondendo ao exercício, por pessoa singular e coletiva, da atividade de prestação de serviços de alojamento.

34. Para efeitos tributários o alojamento local não é tratado como habitação.
35. O uso de frações autónomas em hospedagem no âmbito do contrato de arrendamento, nos termos do artigo 1093.º do Código Civil, em arrendamentos sazonais de curta duração em áreas de veraneio ou "alojamento" de estudantes em determinados núcleos urbanos universitários inserem-se noutro contexto económico-social, distinto do alojamento local, não justificando necessariamente a mesma solução jurídica.
36. A solução preconizada é perfeitamente harmoniosa com a Constituição da República Portuguesa, que reconhece a propriedade privada mas não a absolutiza em termos de impedir que o legislador ordinário limite os direitos de propriedade singular sobre as frações autónomas, no âmbito do regime da propriedade horizontal, atenta a especificidade deste direito real, que sofre limitações específicas ao seu exercício, como as constantes do artigo 1422.º/2, do Código Civil, e que são justificadas pela ordem unitária do conjunto imobiliário em que essas frações se integram.
37. O paralelismo que se possa fazer com outras atividades permitidas pelo legislador, em diploma específico, como sucede como o Regime Jurídico aplicável ao Sistema de Indústria Responsável (aprovado pelo Decreto-Lei n.º 169/2012, de 1 de agosto – artigo 18.º do SIR), não determina que a solução preconizada pelo legislador, nesse diploma se possa sobrepor necessariamente ao estatuto condominial, sem alteração jurídica do mesmo.
38. Apurando-se o caráter voluntário da dicotomia de destinos, não se apurando o sentido efetivo da vontade dos declarantes, é de aplicar o regime legal decorrente das normas de interpretação dos negócios jurídicos – art.º 236.º e seguintes do Código Civil – para se concluir (citando o acórdão recorrido): o sentido normal do destino "habitação" para qualquer potencial adquirente das referidas frações não poderá deixar de ser o de que a sua função económico-social é a de servir de fogos ou de residência para pessoas e agregados familiares, proporcionando-lhes o sossego, a tranquilidade, a segurança e o con-

forto requeridos por qualquer economia doméstica, num envolvente espaço comum instrumental desse tipo de convivência coletiva.

39. Será, portanto, em função desse destino ou fim que importa aferir o âmbito de tutela traçado no artigo 1422.°/2/*c*), do Código Civil, que confere a cada condómino o direito de se opor a que qualquer das frações dos restantes condóminos seja usada para fim diverso do que lhe é destinado no estatuto da propriedade horizontal em foco.

40. Não é demais sublinhar que o fim ou destino das frações autónomas configurado no título constitutivo assegura, antecipadamente, aos potenciais adquirentes delas o conteúdo dos direitos de propriedade singular e de compropriedade que lhe são inerentes.

§ 2. **Declaração de voto da Senhora Conselheira MARIA OLINDA GARCIA e respetiva fundamentação**

I – A declaração de voto da Senhora Conselheira MARIA OLINDA GARCIA consta, naturalmente, do próprio texto do Acórdão, reproduzido integralmente no início. Por uma questão de comodidade do leitor, desta nossa anotação, optou-se por reproduzi-lo novamente, nesta mesma anotação:

Declaração de Voto

Voto favoravelmente o acórdão; embora com algumas dúvidas, porque sob a designação ampla de "alojamento local" (enquanto alojamento para fins turísticos ou para satisfazer outras necessidades habitacionais transitórias), desenvolvido numa fração autónoma, podem caber realidades contratuais bastante diversas (que serão diferentemente afetadas pelos sentidos possíveis a dar ao problema em equação).

Todavia, o desenvolvimento do "alojamento local", enquanto sinónimo de uma atividade organizada de caráter regular e intenso (ressalvadas as restrições que já resultam da própria lei, nos artigos 4.°/.° 4 e 11.°/4 do Decreto Lei n.° 128/2014, alterado e republicado pela Lei n.°

62/2018), em prédios exclusivamente ou dominantemente compostos por frações destinadas a habitação permanente, é dificilmente compaginável com o fim habitacional tipicamente pressuposto pelo regime legal da propriedade horizontal.

Entender que o alojamento local constitui um uso diverso do fim habitacional (constante do título constitutivo a que a fração se destina) para, com base no artigo 1422.º/2/*c*) do Código Civil, considerar tal prática vedada aos condóminos, não é uma mera questão de interpretação literal. É um modo de (sopesando interesses contrapostos) dar prevalência aos interesses (legítimos) de sossego e segurança dos condóminos que têm no prédio a sua residência habitual, em detrimento dos interesses económicos dos condóminos que, não necessitando da fração para sua própria habitação, pretendem a respetiva rentabilização.

O denominado alojamento local, em termos genéricos, não constitui um uso tipologicamente diverso da habitação, porque continua a corresponder a uma finalidade habitacional. Mas pode corresponder a um uso funcionalmente diverso, porque enformado por dinâmicas diferentes daquelas que compõem as rotinas próprias da habitação comum ou permanente. São estas diferentes dinâmicas de uso da fração destinada regularmente ao alojamento local que contêm a potencialidade de afetar os interesses de sossego e segurança dos condóminos que residem habitualmente num imóvel de habitação coletiva.

Sob a designação "alojamento local" é comportável uma multiplicidade de configurações contratuais e de intensidades organizativas que, em concreto, são suscetíveis de conduzir a diferentes níveis de afetação dos interesses dos residentes permanentes. Se em alguns casos essa afetação pode ser inexpressiva, noutros casos o prejuízo para o sossego e o repouso (e, consequentemente, a saúde) dos residentes permanentes poderá ser muito significativa. Assim acontecerá, sobretudo, na hipótese de o condómino "hospedeiro" (diretamente ou por intermédio de outrem) ter uma organização profissionalizada propiciadora de grande rotatividade de hóspedes ou facilitadora de sobreocupação da fração. Em tal tipo de hipótese existirá já uma grande aproximação à realidade fáctica própria de um estabelecimento comercial onde se regista o rotineiro afluxo de clientes. E aqui já não será difícil concluir que se trata de uma realidade equiparável a um uso diverso da habitação (dita normal). E, por isso, um uso vedado pelo art.1422.º/2/*c*) do Código Civil.

O proprietário da fração destinada a habitação, que não necessita dela para sua própria residência, tem legítimo interesse em rentabilizar esse património. Porém, o denominado alojamento local (no sentido em que tipicamente o estamos a considerar) não é a única forma de rentabilização da fração, pois este imóvel pode ser destinado ao arrendamento urbano, nas diferentes modalidades temporais previstas nos artigos 1094.º e 1095.º do Código Civil.

O alojamento local desenvolvido numa fração autónoma será potencialmente menos conflituante com os interesses dos demais condóminos, se estiver em causa um prédio composto, essencialmente, por segundas residências ou residências de férias (sobretudo localizados em praias ou lugares de vilegiatura). Neste tipo de situação, a solução defendida no acórdão acaba, na prática, por ser menos justificada, porque as razões fundamentais para equiparar o alojamento local a um uso não habitacional (ou próximo de um uso comercial) não têm aqui a mesma intensidade.

De todo o modo, o facto de o Decreto-Lei n.º 128/2014 pressupor que o alojamento local é suscetível de ser desenvolvido numa fração autónoma não deve ser interpretado como contendo um comando permissivo que se projeta inelutavelmente no regime da propriedade horizontal. Dir-se-ia: se as frações destinadas a comércio ou serviços não têm, em regra, pelas suas caraterísticas próprias, aptidão física e funcional para servir o alojamento local, então o DL n.º 128/2014 só poderá estar a referir-se às frações licenciadas para fim habitacional. Logo, deste diploma resultaria a autorização para o exercício do "alojamento local" em frações destinadas (pelo título constitutivo) ao fim habitacional. Porém, tal conclusão não deve extrair-se com absoluta linearidade, pois ao regular o exercício do alojamento local em frações autónomas, aquele diploma apenas pressupõe que esse exercício é, em termos genéricos, possível. Não estabelece específicas normas permissivas que se sobreponham às normas da propriedade horizontal em matéria de definição do uso do imóvel.

Assim, face ao quadro legal vigente, ainda que a opção defendida no acórdão possa ser, em algumas hipóteses, significativamente penalizadora dos interesses do proprietário da fração que pretende rentabilizar o seu património, ela acaba por, de modo preventivo, tutelar os interesses de sossego e segurança dos residentes habituais de um imóvel de habitação coletiva.

§ 3. Voto de vencido do Senhor Conselheiro Rijo Ferreira

I – É a seguinte a declaração de voto de vencido do Senhor Conselheiro Rijo Ferreira:

Voto de Vencido

A meu ver, o Regime Jurídico da Exploração dos Estabelecimentos de Alojamento Local (DL 128/2014, 29AGO, na republicação anexa à Lei 62/2018, 22 de agosto) ao excecionar única e especificamente a necessidade de autorização prévia do condomínio no caso de *hostel* – 4.°/4, introduzido em 2018 – ou do senhorio no caso de arrendamento – art.° 6.°/2/*d*) – e ao estabelecer um limite máximo do número de frações exploráveis por edifício – art.° 11.°/4 – está a permitir, genérica e incondicionalmente, em todas as demais situações, e uma vez cumpridos os requisitos de tal legislação específica, a exploração de estabelecimentos de alojamento local em frações autónomas de edifícios destinadas a 'habitação'; o que pressupõe e implica que aquele é um uso compatível com o fim a que são destinadas, retirando essa atividade do âmbito de aplicação do artigo 1422.°/2/*c*) do Código Civil. Além de que não só não se mostra líquido que o conceito de 'habitação' não englobe também o de 'alojamento local', como não se mostra, à luz do critério do art.° 236.° do Código Civil, que a expressão 'habitação' atinente ao uso das frações autónomas constante dos títulos constitutivos de propriedade horizontal quisesse excluir esse tipo de atividade, na medida em que à data da outorga daqueles títulos (momento em que se deve colocar o declaratário normal) a problemática em causa ainda se não vislumbrava, ou pelo contrário, e pense-se em imóveis situados em zonas de vilegiatura, até foi pensada e admitida. Isso não prejudica, no entanto, que os condóminos não possam, em função do concreto circunstancialismo em que essa exploração se desenvolva, lançar mão dos meios de tutela que a lei lhes confere, em particular a tutela geral do direito de propriedade – artigo 1346.° do Código Civil – e a tutela geral dos direitos de personalidade – artigo 70.° do Código Civil (sendo que a oposição prevista no artigo 9.°/2 do referido regime jurídico mais não é do que um meio alternativo e simplificado, dependente da formação da maioria aí requerida para a aprovação da deliberação da assembleia de condóminos e da apreciação do Presidente da Câmara Municipal, não constituindo um verdadeiro meio de defesa dos condóminos). Nem, por outro lado, prejudica a proibição específica desse tipo de atividade no título constitutivo ou por deliberação posterior da assembleia de condóminos aprovada sem oposição – artigo 1422.°/2/*d*) do Código Civil (na medida em que tal proibição seja oponível ao explorador do estabelecimento). Numa outra perspetiva argumentativa, reconhecendo que nas situações em causa possa ocorrer um conflito de interesses, não se me afigura adequado que a sua resolução se faça partindo da genérica e apriorística afirmação da ilicitude da exploração de alojamento local em fração autónoma destinada a 'habitação', devendo antes, por mais consentâneo com critérios de proporcionalidade, tal conflito ser resolvido, na falta de prévia e específica proibição de tal atividade, em função da ponderação da concreta e individualizada situação e mediante a subsequente invocação de um uso efetivo que ponha em causa a integridade do imóvel ou os direitos de personalidade dos condóminos. Por outro lado, ainda, não vislumbro que tenham sido ponderadas as consequências da jurisprudência firmada, sendo que um dos fatores de interpretação estabelecido no artigo 9.° do Código Civil são 'as condições específicas do tempo em que é aplicada'. Com efeito da jurisprudência firmada resulta a ilicitude de todas as explorações de alojamento local instaladas em frações autónomas de imóveis constituídos em propriedade horizontal destinadas a 'habitação', ainda que registadas e com título de abertura ao público, podendo qualquer condómino isoladamente exigir a cessação de tal atividade, perspetivando-se uma avalanche de processos dessa natureza e uma disrupção significativa nesse não despiciendo setor da atividade económica. Destarte formularia o seguinte segmento uniformizador: "Sem prejuízo da oponível proibição específica desse tipo de atividade no título constitutivo ou em deliberação posterior da assembleia de condóminos sem oposição (artigo1422.º/2/*d*) do Código Civil) e do uso dos meios de tutela geral dos direitos de personalidade (artigo 70.º do Código Civil) e de propriedade (artigo 1346.º do Código Civil), a exploração de estabelecimento de alojamento local em fração autónoma de edifício constituído em propriedade horizontal destinado no título constitutivo a 'habitação' não constitui 'uso diverso do fim a que é destinada', nos termos e para os efeitos do art.º 1422.º/2/*c*), do Código Civil". E, consequentemente, revogaria o acórdão recorrido, julgando a ação improcedente.

§ 4. **Os pressupostos metodológico-jurídicos subjacentes à argumentação, fundamentação e solução do Acórdão Uniformizador e à declaração de voto da Senhora Conselheira Maria Olinda Garcia. Análise crítica**

I – Na presente anotação propomo-nos refletir sobre se esta uniformização de jurisprudência tem, ou não, na nossa perspetiva e salvo melhor entendimento, razão de ser. E se tiver, determinar as realidades e figuras jurídicas por ela abrangida e os termos dessa abrangência. Para isso, refletiremos, em primeiro lugar, sobre a metodologia jurídica usada pelo Aresto Uniformizador para chegar à solução avançada, assim como sobre a congruência argumentativa e a sustentação lógica, ou não, do Acórdão.

O primeiro aspeto a sublinhar, a este nível, traduz-se, no facto de, com a devida vénia e consideração, haver, na nossa perspetiva, várias petições de princípio em grande parte da fundamentação do Acórdão Uniformizador.

II – Na verdade, nesse Acórdão, diz-se não ter o Regime do Alojamento local alterado o da propriedade horizontal, pois, esse regime pressupõe, quando a finalidade seja habitacional, uma utilização estável como centro de morada de alguém, usualmente a de uma família. Isto, de modo a assegurar uma tutela preventiva dos direitos dos condóminos que ultrapassaria, em muito, a extensão e intensidade da dispensada pelo regime legal dos direitos de personalidade e da tutela por eles proporcionada. Tudo, também, a ir em muito, para além das regras das relações de vizinhança negativamente delimitadoras do tipo real *propriedade horizontal* aqui, então e para tanto, afastadas (sendo, no entanto, diga-se, em abono da verdade, isso impossível, por força de uma norma própria do regime da propriedade horizontal – o artigo 1422.º/1 do Código Civil. Na verdade, este preceito remete para elas traduzindo, por isso, uma forma de delimitação negativa do tipo propriedade horizontal).

Todavia, a afirmação no sentido de o regime da propriedade horizontal pressupor – se a finalidade das frações for, segundo o título, habitacional – a respetiva afetação a uma morada de alguém – pressuposição onde se faz assentar a inferência de que o regime da propriedade horizontal estaria a salvo e não sofreria nenhum impacto a partir do Regime do Alojamento Local – é, ela própria, assente na afirmação no sentido de as disposições referentes ao alojamento local não mudarem, nem atingirem, os direitos decorrentes, para os condóminos, do estatuto condominial. Ou seja, deduz-se o regime condominial da propriedade horizontal a partir da afirmação de ele não ter sido afetado pelo regime do alojamento local, enquanto, ao mesmo, se diz não interferirem as normas do alojamento local no estatuto condominial a partir desse mesmo estatuto. Porém, se as normas referentes ao alojamento local tiverem de ser ponderadas, na fixação e determinação de qual o sentido e alcance da finalidade habitacional, já não pode dizer-

-se implicar essa finalidade uma utilização estável normalmente associada a uma morada mais ou menos permanente.

Portanto, com a devida vénia e respeito, o Acórdão extrai o resultado por ele obtido, de forma apriorística, a partir desse mesmo resultado[2]. Ou seja, o sentido da finalidade habitacional é obtido a partir da afirmação da ausência de interferência da disciplina do alojamento local com a propriedade horizontal. E a afirmação dessa falta de interferência é, ela própria, assente no sentido dado pelo Acórdão à finalidade habitacional. De resto, a qualificação como apriorística, e nesse sentido, com esguardo sempre expresso, meramente apodítica e tautológica, do método argumentativo e da fundamentação, seja do Acórdão recorrido a cujo itinerário justificativo o Uniformizador adere, seja deste último, é ela própria assinalada no voto de vencido do Senhor Conselheiro Rijo Ferreira, ao afirmar: «*Numa outra perspectiva argumentativa, reconhecendo que nas situações em causa possa ocorrer um conflito de interesses, não se me afigura adequado que a sua resolução se faça partindo da genérica e apriorística afirmação da ilicitude da exploração de alojamento local em fracção autónoma destinada a* "habitação".»

II – A única forma de se chegar à inferência obtida pelo Acórdão, no sentido de dizer, não haver interferência ou harmonização, entre, de um lado, o Regime do Alojamento Local e, do outro, o da propriedade horizontal – e de ausência de proteção do alojamento local devidamente licenciado, mesmo se em imóveis destinados à habitação – a, teria, necessariamente de passar por uma análise exaustiva, extensiva e intensiva, do regime da propriedade horizontal, nomeadamente das regras relativas às relações de vizinhança (aplicáveis ao regime da propriedade horizontal por força de remissão expressa do artigo 1422.º/1 do Código Civil) a par de igual análise do Regime do Alojamento Local.

A indagação de sentido do fim habitacional, presente no título constitutivo da propriedade, tem de assentar nos dados normativos.

[2] Nesse sentido, também, pode ver-se o voto do Senhor Conselheiro Rijo Ferreira.

De facto, a determinação do que seja o fim de habitação que delimita o uso admitido ao condómino de fração autónoma, segundo o disposto nos artigos 1418.º/ 2/*a*) e 1422.º/2/*c*), ambos do Código Civil, deve ser obtido dos dados normativos proporcionados pelo sistema jurídico – pois o resultado do processo interpretativo, tem de assentar, sempre, necessariamente, numa dimensão normativa[3] – negativa e positivamente delimitativos do gozo do proprietário. Deve, além disso, respeitar o princípio da tipicidade dos direitos reais[4].

Ora, isso não é, a nosso ver e com a devida vénia, feito no Acórdão. Adiante voltaremos ao problema da tipicidade. Para já assinalaremos apenas resultar dele a necessidade de prevenir metadiscursos[5].

A afirmação, no sentido de a finalidade habitacional pressupor uma utilização estável como morada de alguém, de forma a assegurar uma tutela preventiva inclusivamente mais ampla e a ultrapassar a tutela dispensada pelos direitos de personalidade e pelo regime, das relações de vizinhança, delimitadoras e conformadoras do tipo real de propriedade agora em análise, é, assim – ao não ser sustentada em nenhuma norma concreta, em termos de dever ser, em proposições que exprimam parâmetros jurídicos, em conjuntos articulados, concatenados em função de determinadas coordenadas e do sistema dos Direitos reais e do regime da propriedade horizontal, ou, sequer, em nenhum seu aspeto ou traço específico, salvo melhor entendimento e com a devida reverência – obtida de modo de modo apriorístico, por mera inferência lógico-conceptual, assente numa pura pré-compreensão do sentido supostamente a dar à finalidade habitacional, presente no título, no regime da propriedade horizontal. E, muito embora, a pré-compreensão seja um aspeto legítimo do processo de interpretação-

[3] V. o nosso, *A vinculação das sociedades comerciais anónimas e por quotas*, 2017, 948 e 949.

[4] Nesse sentido, expressamente, José Alberto Vieira, *Direitos reais*, 3.ª ed., 2020, 704.

[5] Assim, Menezes Cordeiro, *A tipicidade dos direitos reais*, in *Revista de direito civil*, 2021, VI, 3-4, 25.

-aplicação-compreensão e realização do Direito, em espiral hermenêutica, ele não pode ser o único aspeto onde se fundamenta o sentido intencional e normativo da finalidade habitacional referida no título.

III – Dado a expressão habitação, não ser uma definição axiomaticamente conclusa, mas envolver uma textura e intencionalidade abertas, a determinação do sentido jurídico relevante da finalidade habitacional, ou a respetiva teleologia, não podem ser obtidas por inferência meramente lógica, por pura dedução, estruturadas ambas em torno de pré-compreensões anteriores ao próprio processo de interpretação-aplicação-compreensão e realização do Direito. Só se poderá sustentar a divergência do alojamento local relativamente ao previsto por determinado regime (o da propriedade horizontal destinada, segundo o título, para fins habitacionais) e fazer-se a afirmação de essa divergência não superar ou sobrelevar a «semelhança» ou analogia, entre o problema concreto, de um lado, e o artigo 1418.º/2/*a*) do Código Civil, do outro, através do cotejo da hipótese com uma análise intensiva e extensiva dos dois regimes – o do alojamento local e o da propriedade horizontal. Só isso, pode dar uma resposta.

De outra forma incide-se, com o respeito expresso e ressalvada melhor opinião, num processo metodológico de inversão metodológica e conceptual própria das oitocentistas *reine juristische Methode* ou *reine Rechtslehre* (método jurídico puro) e da vetusta jurisprudência dos conceitos, há muito superadas. E isso, não é hoje mais, viável ou sustentável. Tudo se processa, a omitir-se os passos anteriormente enfatizados, ressalvado mais douto entendimento, ao nível de um metadiscurso prevenido, não apenas pelo realismo metodológico, mas também pelo próprio princípio da tipicidade dos direitos reais.

IV – E não nos parece, com vénia e esguardo, possível a objeção[6] no sentido de a afirmação e fundamentação do Acórdão, na direção de a

[6] V. o Voto da Senhora Conselheira Maria Olinda Garcia.

finalidade habitacional, presente no título, pressupor uma utilização estável como morada de alguém, de modo a oferecer aos condóminos, maior tranquilidade, figurar uma opção teleológica e não uma, mera inferência obtida através de um processo lógico-conceptual e lógico dedutivo, baseado na sua totalidade, aprioristicamente, numa pré-compreensão do regime da propriedade horizontal. É que, essa própria dimensão teleológica, alegada, é, sempre com respeito, obtida através de mera inferência lógica.

Portanto, uma vez mais, em nossa perspetiva, salvo diferente entendimento, com apelo à metodologia jurídica própria da jurisprudência dos conceitos. Afigura-se-nos ser assim, pois, parece-nos, excetuado mais douto entendimento, uma mera forma de perpetuação do referido irrealismo metodológico e do metadiscurso.

Assim: no Acórdão recorrido cuja fundamentação o Acórdão Uniformizador transcreve, para aderir a ela, como forma de justificar a existência de um direito subjetivo ao sossego e tranquilidade, *de natureza preventiva que iria inclusivamente mais longe e ultrapassaria a própria tutela dispensada pelas normas referentes aos direitos de personalidade e pelo regime das relações de vizinhança*, lê-se: « *A menção do fim das frações autónomas, embora de génese negocial, sendo objeto do registo a que se encontram sujeitas nos termos dos artigos 2.º, n.º 1, alíneas b) e v), e 95.º, n.º 1, alíneas r) e z), do Código de Registo Predial, integram o estatuto do condomínio, assumindo natureza real com eficácia* erga omnes, *para além do conteúdo típico dos direitos reais inerente ao* numerus clausus *estabelecido no artigo 1306.º do CC. Tratando-se* (...)» (a finalidade da propriedade horizontal) «(...) *de uma menção facultativa de quem constitui a propriedade horizontal, mal se compreenderia que aquela menção fosse uma mera reedição da indicação constante do projeto construtivo ou da autorização de utilização. Terá, em princípio, de traduzir algo de mais útil, mormente associado à sua função de servir de parâmetro ao conteúdo dos direitos inerentes ao estatuto condominial, devendo o seu âmbito ser encarado neste contexto e não como simples expressão do uso urbanístico do prédio. Nessa medida, o sentido normal do destino "habitação" para qualquer potencial adquirente das referidas frações não poderá deixar de ser o de que a sua função económico-social é a de servir de fogos ou de residência para pessoas e agregados familiares, proporcionando-lhes o sossego, a tranquilidade, a segurança e o conforto requeridos por qualquer economia doméstica, num envolvente espaço comum instrumental desse tipo de convivência coletiva.»*

O processo de obtenção da conclusão, a respeito da teleologia da finalidade é aqui, de facto, ressalvada melhor opinião, apenas obtido por inferência lógica. Que aspeto ou traço de regime concreto da propriedade se alega para sustentar a inferência de que «*o sentido normal do destino "habitação" para qualquer potencial adquirente das referidas frações não poderá deixar de ser o de que a sua função económico-social é a de servir de fogos ou de residência para pessoas e agregados familiares, proporcionando-lhes o sossego, a tranquilidade, a segurança e o conforto requeridos por qualquer economia doméstica, num envolvente espaço comum instrumental desse tipo de convivência coletiva*»? O facto de se tratar de uma menção facultativa e, portanto, não representar *uma mera reedição da indicação constante do projeto construtivo ou da autorização de utilização*?

V – Admita-se, porém, provisoriamente, não representar, na verdade este raciocínio uma forma de irrealismo metodológico. Ainda assim se pode perguntar: em que medida sustenta a natureza opcional da menção, no título, a inferência de a finalidade habitacional, nele referida, não ser harmonizável com as diversas modalidades de utilização do imóvel que o termo habitação viabiliza, permitindo apenas certas formas de pernoitar e não outras igualmente abrangidas pelo termo habitação? Onde está o aspeto ou norma concreta do regime da propriedade horizontal, para finalidades habitacionais, suscetível de ser referido para sustentar garantir e assegurar esse regime *o sossego, a tranquilidade, a segurança e o conforto requeridos por qualquer economia doméstica*?

Continua, com o devido respeito, a não se sair, em lugar algum, do plano da simples inferência lógica que permitiria um desenvolvimento *praeter legem* do sentido da finalidade habitacional presente no título. Porém, num passo mais adiante enfatizado e desenvolvido**, os desenvolvimentos *praeter legem*, são vedados em áreas, como os Reais, dominadas pela tipicidade imperativa** (ou pelo menos não são permitidos sem uma observância estrita e cumulativa de certos pressupostos)[7].

O único resultado suscetível de se extrair, por inferência lógica, do facto de a menção à finalidade habitacional ser facultativa e, além disso, não ser uma reedição *da indicação constante do projeto construtivo ou da autorização de utilização* é afastar essa menção todas as utilizações do imóvel, incompatíveis com as formas suscetíveis de serem abrangidas pela abertura semântica do termo.

VI – Mas já não se pode afirmar envolver isso a opção por tornar lícitas certas formas de habitar, com afastamento de todas as outras formas de, igualmente, habitar. Em rigor, e com o respeito expressos, este passo da fundamentação, agora em análise, ao omitir toda e qualquer referência ao regime concreto da propriedade horizontal, e nomeadamente às regras destinadas a resolver os conflitos de vizinhança (diretamente aplicáveis à propriedade horizontal, por força da remissão expressa do artigo 1422.º/1 do Código Civil, em termos de dever ser), assenta, salvo melhor entendimento, numa tautologia,

[7] No sentido de a tipicidade proibir os desenvolvimentos *praeter legem* veja-se, por exemplo, Menezes Cordeiro, *A tipicidade...*, in *Revista*, 2021, VI, 3-4, 29, ao escrever: «*Perante uma tipicidade normativa, o ordenamento está, implicitamente mas eficazmente, a retirar ao juiz a capacidade para compor novas normas de decisão ou para enquadrar* praeter legem. *Esta será apenas tarefa do legislador*». Dir-se-á, porém, pressupor sempre o processo de interpretação-aplicação-compreensão-realização do Direito, desenvolvimentos *praeter legem* e, até, ser ele sempre analógico, mesmo perante situações de tipicidade. É verdade, mas, havendo tipicidade, seja o desenvolvimento *praeter legem*, seja a aplicação analógica sempre inerente a qualquer processo interpretativo, por lhe ser estrutural, pressupõe a observância de uma série estruturada e cumulativa de pressupostos e a convocação de todas as instâncias do pensamento jurídico. V. o nosso, *A vinculação...*, I, 738 e 767 e ss., e bibliografia aí citada. Assim como *infra* nota (75) e § 8. 1, IV.

num metadiscurso e, como se assinalou já, num desenvolvimento *praeter legem* do sentido da finalidade habitacional. Desenvolvimento esse proibido pelo princípio da tipicidade. Limita-se a dizer-se, no Acórdão, exceto melhor e mais autorizada opinião, assegurar a finalidade habitacional, em sede de propriedade horizontal, *o sossego, a tranquilidade, a segurança e o conforto requeridos por qualquer economia doméstica, num envolvente espaço comum instrumental desse tipo de convivência coletiva*, devendo, destarte, *a sua função económico-social* ser *a de servir de fogos ou de residência para pessoas e agregados familiares,* pois, a finalidade habitacional, presente no título, em sede de propriedade horizontal, assegura *o sossego, a tranquilidade, a segurança e o conforto requeridos por qualquer economia doméstica, num envolvente espaço comum instrumental desse tipo de convivência coletiva*, devendo, por isso, *a sua função económico-social* ser *a de servir de fogos ou de residência para pessoas e agregados familiares.*

A menção, neste passo do Acórdão, ao facto de a referência à finalidade habitacional ser objeto de registo e possuir *natureza real com eficácia* erga omnes, *para além do conteúdo típico dos direitos reais inerente ao* numerus clausus *estabelecido no artigo 1306.º do* Código Civil, não infirma aquilo que agora enfatizamos, nem pode ser a referência, em falta, ao regime da propriedade horizontal suscetível de sustentar a conclusão do Acórdão. Isto, pois, se se chegar ao resultado de o sentido normativo da expressão habitar e da finalidade habitacional ser o abranger todas as formas suscetíveis de se afigurarem abrangidas pela abertura semântica dos termos e não, apenas, um único sentido de *habitar* – aquele exclusivamente compatível, com a ideia de residência ou de morada –, então, esse sentido mais amplo está e foi, também ele, abrangido pelo registo e compreendido pelo *numerus clausus* dos direitos reais. A tipicidade dos direitos subjetivos reais obriga, já o dissemos e voltaremos a referir mais adiante, a fazer suportar os esforços de desenvolvimento *praeter legem* na observância cumulativa de pressupostos totalmente ausentes e ignorados, salvo melhor entendimento, pelo Aresto em análise. Era absolutamente imprescindível fazer assentar, o referido desenvolvimento *praeter legem,* nos traços e no regime concreto, nas normas concretas, de cada instituto jurídico real, sem se poder sossegar ou serenar com, salvo outra e mais idónea opinião, meras afirmações genéricas de princípio[8] como, nos parece, com obséquio, suceder na situação em análise.

De resto, mesmo se a *menção do fim* constante do título constitutivo não for *uma mera reedição da indicação constante do projeto construtivo ou da autorização de utilização*, como se diz no Acórdão recorrido e no Acórdão Uniformizador, não é, também, verdade determinar o artigo 1418.º/3 do Código Civil a nulidade, desse mesmo título, se existir uma falta de harmoniza entre, de um lado, o fim previsto no título constitutivo e, do outro, o fim fixado no projeto aprovado pela entidade pública competente?

VII – A única tentativa feita, a nosso ver, sempre salvo outro entendimento, no Acórdão recorrido e no Uniformizador, de romper o simples raciocínio lógico apriorístico, próprio da inversão conceptual, do irrealismo metodológico jurídico e dos metadiscursos é a menção à interpretação, do título constitutivo, segundo o critério do artigo 236.º do Código Civil. Isto, ao dizer-se no Aresto recorrido e sufragar-se no Uniformizador, que neste ponto adere, expressamente, às posições e fundamentação daquele:

> «*A menção do destino para habitação das frações autónomas, mormente a constante do título constitutivo, nos termos do artigo 1418.º, n.º 2, alínea a), do CC, deve ser interpretada na perspetiva de uso substancialmente colimado ao modelo*

[8] O próprio Acórdão recorrido, no passo aderido pelo Uniformizador, afirma, textualmente, ser a conclusão a que chega, a respeito do sentido que dá ao termo habitação e finalidade habitacional, obtida em princípio. Isto, ao dizer que essa finalidade terá «*em princípio, de traduzir*» uma utilização compatível com uma utilização como morada estável.

ou estilo de vivência condominial pretendido no âmbito do negócio constitutivo da propriedade horizontal.

Com efeito, tratando-se de uma menção facultativa de quem constitui a propriedade horizontal, mal se compreenderia que aquela menção do destino das frações no título constitutivo fosse uma mera repetição ou reedição da indicação constante do projeto construtivo ou da autorização de utilização. Terá, em princípio, de traduzir algo de mais útil, mormente associado à sua função de servir de parâmetro ao conteúdo dos direitos inerentes ao estatuto condominial, devendo o seu âmbito ser encarado neste contexto e não como simples expressão do uso urbanístico do prédio. Em tal perspetiva, importa colher, nos termos do artigo 236.º, n.º 1, do CC, o alcance da declaração negocial constitutiva da propriedade horizontal com o sentido que um declaratário normal, colocado na posição de um real declaratário, possa deduzir do comportamento do declarante constituinte.»

VIII – Porém– mesmo subtraindo-se agora o facto de o artigo 236.º não ter aplicação à factualidade em análise, como se evidenciará adiante (cfr. *infra* § 5), e, igualmente de não ser verdadeiro, como assinala o Senhor Conselheiro Rijo Ferreira no seu voto, o facto de o declaratário normal ter de chegar ao resultado pretendido pelo Acórdão –, a própria inferência no sentido de o declaratário normal chegar à ilação advogada, no Acórdão recorrido e no Acórdão Uniformizador, resulta da pura e simples inferência lógica, antes feita, *praeter legem* (portanto em violação do princípio da tipicidade), assente na alegação de, em razão da natureza facultativa da menção da finalidade no título constitutivo, esta não ter de coincidir ou repetir a *indicação constante do projeto construtivo ou da autorização de utilização.*

Portanto, a inferência, apoiada no putativo sentido do declaratário normal, determinado pelo artigo 236.º, é, ela própria, com a devida vénia e respeito, o produto de mero raciocínio lógico-dedutivo, *praeter legem, a contrario* assente na mera ponderação do artigo 1418.º/2/*a*) do Código Civil. Como se a solução desta norma, se traduzisse num *ius singulare* (única hipótese de admissibilidade deste modo de interpretação enunciativa *praeter legem a contrario*). E, como se, exceção feita ao artigo 1418.º/2/*a*), isso pudesse permitir ignorar todos os outros dados provenientes do regime da propriedade horizontal, das regras referentes às relações de vizinhança, do regime jurídico da locação e arrendamento, do Regime Jurídico do Alojamento Local e, ainda, a totalidade dos dados obtidos a partir do sistema dos Direitos reais.

Trata-se, pois, salvo melhor opinião, também agora, de inversão conceptual, tributária, em nosso entendimento, de uma forma de método jurídico puro ao jeito da metodologia de Oitocentos. Representa, assim, a nosso ver e sempre com a consideração expressa, mais um simples metadiscurso e uma forma de irrealismo metodológico proibido, a nosso ver, não apenas por uma adequada metodologia jurídica no processo de realização do Direito, mas, também, pelo princípio da tipicidade dos direitos reais[9].

Noutra perspetiva: o apelo ao artigo 236.º, é apenas, a nosso ver, com respeito pela mais douta opinião expressa no Aresto, um cripto-apelo ou criptoargumento normativo, para fundar uma inferência meramente lógica, previamente obtida a partir de um raciocínio meramente dedutivo feito perante o artigo 1418.º/2/*a*), do Código Civil.

IX – De resto, do ponto de vista estrita e apenas lógico, o argumento *a contrario*, do Acórdão recorrido e do Uniformizador, no sentido de, pelo facto de a menção do fim no título ser facultativa, ele não ter de coincidir necessariamente ou representar uma *repetição ou reedição da indicação constante do projeto construtivo ou da autorização de utilização* é, perfeitamente reversível. De facto, numa perspetiva exclusivamente lógico-dedutiva, como a seguida neste passo da fundamentação dos dois Arestos, pode dizer-se residir a razão da natureza opcional dessa menção, justamente, no facto de essa referência ao fim, no título, ter, necessariamente, de coincidir com a finalidade presente no projeto construtivo ou autorização de utilização e, por isso, tornar-se despi-

[9] Nesse sentido, também, Menezes Cordeiro, *A tipicidade...*, in *Revista*, 2021, VI, 3-4, 25.

cienda, logo, uma mera opção das partes: a sua menção não é obrigatória, precisamente, por ter de traduzir o fim presente no projeto e na licença de utilização!

Num passo devidamente acentuado por MENEZES CORDEIRO [10], a experiência ensina que a formulação de vetores extensivos só se torna produtiva quando assente num estudo pormenorizado e sério dos institutos singulares em que se manifestam e a eles estão subjacentes [11]. Diversa é, refere MENEZES CORDEIRO, todavia, a atitude mental de, num círculo vicioso, pretender derivar a partir de disposições dispersas tais vetores. Não é possível, numa dogmática adequada e apropriada, com apelo a induções simples extrair de regras legais um princípio em termos de dever ser[12]. Mais do que a dificuldade ou impossibilidade lógica pura[13] de optar entre o tópico *a contrario* e o analógico, depara-se a inconveniência de generalizar traços específicos e a necessidade de prescindir, por vezes, de aspetos particular ou singularmente apurados [14].

Processos de inferência jurídica ou de argumentação como a analogia, a redução teleológica, o *argumentum* a *fortiori* e o *argumentum ad absurdum*, foram apresentados apelando aos meios da lógica moderna. Conforme refere, porém, CANARIS[15] a este propósito, não se ganhou dessa forma nada de essencial ou aproveitável para o trabalho jurídico.

[10] MENEZES CORDEIRO, *Da boa fé em Direito civil*, I, 1984, 543 e II, 1239. V., também, os nossos, *A representação voluntária em Direito civil (Ensaio de reconstrução dogmática)*, 2004, 375 e 376; *Da responsabilidade processual por litigância de má fé, abuso de direito e responsabilidade civil em virtude de actos praticados no processo*, 2006 136; *A vinculação...*, I, 949; *A assistência financeira*, 2019, 165 e 166; *O artigo 251.º do Código das sociedades comerciais como proibição genérica de atuação em conflito de interesses. O direito de voto dos sócios para consentimento da transmissão de quotas*, 2022, 53 e 54.

[11] MENEZES CORDEIRO, *Da boa fé...*, II, 1239.

[12] *Idem*.

[13] CANARIS, *Pensamento...*, 19.

[14] MENEZES CORDEIRO, *Da boa fé...*, II, 1239, a propósito do princípio da confiança.

[15] CANARIS, *Pensamento sistemático e conceito de sistema na ciência do direito*, tradução e introdução de MENEZES CORDEIRO, 1989, 19.

Na verdade, o elemento decisivo de todos estes processos não é de natureza lógica[16], mas deve assentar numa análise intensiva e extensiva dos regimes, normas e sistema jurídico aplicável em termos de dever ser. Necessidade, esta a ditar a imperatividade de se prescindir de raciocínios meramente lógicos e dedutivos, acentuada, de resto, em hipóteses, como sucede nesta agora, emolduradas pelo princípio da tipicidade[17].

Neste cenário, o entendimento a respeito do sentido do fim habitacional, presente no título, haverá, portanto, de assentar necessariamente nos dados do sistema de Direitos reais e, em especial, da propriedade horizontal tal como delimitada, designadamente, de forma positiva e negativa, pelas relações de vizinhança a ela aplicáveis por força da remissão do artigo 1422.º/1 do Código Civil.

Mesmo, os defensores da perspetiva tradicional do processo metodológico de interpretação-aplicação-compreensão, integração e realização do Direito são indubitáveis ao afirmarem pressupor a interpretação enunciativa – por eles diferenciada da interpretação –, alicerçada no argumento *a contrario*, a demonstração da natureza de *ius singulare* da norma de onde se extrai a inferência assente neste tipo de raciocínio[18]: ou seja, a excecionalidade, não apenas formal, mas, material da norma usada para sustentar. Ora, não vemos onde está a natureza de *ius singulare* do artigo 1418.º/2/*a*) do Código Civil – única norma onde o Aresto Uniformizador estriba a sua inferência *a contrario*.

X – A uma mera inferência lógico-dedutiva, pode muito naturalmente responder-se: *quoad erat demonstrandum*. Justamente, o pretendido saber é se se nos depara uma lacuna oculta, se se deve proceder

[16] Canaris, *Pensamento...*, 19.

[17] Menezes Cordeiro, *A tipicidade...*, in *Revista*, 2021, VI, 3-4, *per totum*, especialmente 25 a 29.

[18] Assim, por exemplo, Oliveira Ascensão, *O Direito. Introdução e teoria geral*, 13.ª ed., 2005, 449 e ss..

a algum tipo de interpretação restritiva ou extensiva ou se, ao invés, estamos perante um silêncio expressivo de um legislador, o qual emanou uma regulamentação plena do fenómeno em jogo, de resto pressuposta pelo princípio da tipicidade ao proscrever desenvolvimentos *praeter laegem*[19].

Como bem sublinha FERNANDO JOSÉ BRONZE: uma omissão gramatical não traduz, forçosamente, uma eliminação ou opção normativa[20]. Uma repetição também não! Não é, portanto, o facto de o artigo 1418.º/2/*a*) do Código Civil prever a faculdade de o título constitutivo estipular o fim a que se destina a fração a ter, necessariamente, por simples inferência lógica, de levar à fatalidade de esse fim ter de ser outro para além do previsto no projeto de construção ou na licença de utilização. Muito menos ter, perante isso, um declaratário normal de entender dever o fim do título constitutivo, se for habitacional, de limitar a possibilidade de alojamento local na fração!

XI – Se tudo isto, com a devida vénia e respeito, não bastasse para afastar a pertinência da inferência lógico-dedutiva, feita pelo Acórdão recorrido e pelo Uniformizador, a propósito de qual deveria ser o entendimento do declaratário normal, e a nosso ver basta, a verdade é, tratar-se, também, de uma inferência desmentida pelo artigo 1418.º/3 do Código Civil, ao dizer, precisa e expressamente, ter de haver *coincidência* – (*sic*) é essa, na verdade, expressamente a expressão usada pelo preceito agora em referência – entre o fim presente no título constitutivo e o presente no projeto aprovado pela entidade pública competente.

Isto a traduzir, *in casu*, uma deliberada opção normativa e valorativa conforme, como se verá, ao sistema de Direitos reais e, especialmente, ao sistema e regime da propriedade horizontal assim como das

[19] Assim, também, MENEZES CORDEIRO, *A tipicidade...*, in *Revista*, 2021, VI, 3-4, 29.

[20] FERNANDO JOSÉ BRONZE, *Lições de introdução ao direito*, 2.ª ed., 2006, 910. V., também, o nosso, *A vinculação...*, I, 948 e 949.

relações de vizinhança dele positiva e negativamente delimitativas. Opção normativa, desde logo, sustentada em função do princípio da tipicidade dos direitos reais. Mas, opção normativa fundada, também, no funcionamento conjugado do artigo 1422.º/1 e 1347.º/2 do Código Civil. Voltaremos a este aspeto adiante.

XII – O mesmo raciocínio apriorístico[21] e sem nenhuma menção específica suscetível de o fundar, em termos de dever ser, assente em normas ou traços de específicos do regime normativo concreto da propriedade horizontal e das normas concretas das relações de vizinhança (expressamente aplicáveis à propriedade horizontal por força da remissão expressa do artigo 1422.º/1 do Código Civil e que, destarte, representam, uma forma de delimitação negativa do conteúdo e estrutura do tipo real propriedade horizontal) e ao seu teor estipulativo, por forma extrair-se dele a teologia da finalidade habitacional e aferir da compatibilidade, ou não, com ela, do alojamento local, se denota, salvo melhor entendimento e com obséquio e reverência, na Declaração de voto da Senhora Conselheira Maria Olinda Garcia.

> Na verdade, a única menção que, nessa declaração, se faz a uma concreta norma, solução ou regime do Código Civil é ao artigo 1422.º/2/a) do Código Civil. Porém, essa norma apenas diz ser proibido ao condómino dar uso à sua fração diverso do fim a que é destinada. Não diz o que se deve entender por fim, muito menos, o que é, ou não é, fim habitacional ou que este é apenas um, com exclusão dos demais, dos sentidos permitidos pela abertura da expressão habitação. Portanto, não pode ser usado como fundamento da solução preconizada no Acórdão Uniformizador.

[21] Qualificação dada, também, sublinhe-se de novo, pelo Senhor Conselheiro Rijo Ferreira, à solução de considerar incompatível a finalidade habitacional, quando a tenham, das frações em propriedade horizontal, sem fazer menção a aspetos específicos e concretos do regime da propriedade horizontal e das relações de vizinhança a ela aplicáveis e que limitam negativamente este tipo, de onde essa solução possa ser extraída.

É certo, afirmar a Senhora Conselheira MARIA OLINDA GARCIA, depois: «*Entender que o alojamento local constitui um uso diverso do fim habitacional (constante do título constitutivo a que a fração se destina) para, com base no artigo 1422.º, n.º 2, al. c) do Código Civil, considerar tal prática vedada aos condóminos, não é uma mera questão de interpretação literal. É um modo de (sopesando interesses contrapostos) dar prevalência aos interesses (legítimos) de sossego e segurança dos condóminos que têm no prédio a sua residência habitual, em detrimento dos interesses económicos dos condóminos que, não necessitando da fração para sua própria habitação, pretendem a respetiva rentabilização.*

O denominado alojamento local, em termos genéricos, não constitui um uso tipologicamente diverso da habitação, porque continua a corresponder a uma finalidade habitacional. Mas pode corresponder a um uso funcionalmente diverso, porque enformado por dinâmicas diferentes daquelas que compõem as rotinas próprias da habitação comum ou permanente. São estas diferentes dinâmicas de uso da fração destinada regularmente ao alojamento local que contêm a potencialidade de afetar os interesses de sossego e segurança dos condóminos que residem habitualmente num imóvel de habitação coletiva.

(...) *O proprietário da fração destinada a habitação, que não necessita dela para sua própria residência, tem legítimo interesse em rentabilizar esse património. Porém, o denominado alojamento local (no sentido em que tipicamente o estamos a considerar) não é a única forma de rentabilização da fração, pois este imóvel pode ser destinado ao arrendamento urbano, nas diferentes modalidades temporais previstas nos artigos 1094.º e 1095.º do Código Civil.*»

XIII – Todavia – mesmo sem acentuar ser essa a solução, expressa no voto da Senhora Conselheira, com a devida vénia, oposta à por ela própria defendida em estudo doutrinário sobre o alojamento local[22]

[22] MARIA OLINDA GARCIA, *Arrendamento de curta duração a turistas: um (impropriamente) denominado contrato de alojamento local*, in *Revista electrónica de direito*, 2017, setembro, 6, 8, 9 e 10: «*Deve ainda notar-se que os arrendamentos de vilegiatura nunca tiveram um regime próprio, integrado por normas que especificamente lhes fossem dirigidas, e que, sendo arrendamentos para fim habitacional, nunca foram disciplinados pelas regras especiais*

– sempre com vénia, o termo interesse, em si mesmo, em si e por si, não é um conceito dogmaticamente operacional. Ele não é apto, sem outras ponderações e sem suporte normativo, a fundar concretas saídas de regime. Foi isso que levou, há muito, à insofismável superação da velha e oitocentista jurisprudência dos interesses.

dos arrendamentos habitacionais, mas sim pelas normas gerais da locação e pelas disposições gerais do arrendamento urbano.» O Decreto-Lei n.º 128/2014, nomeadamente, o seu artigo 4.º/2: «*não contém a disciplina dos contratos celebrados entre o locador (hospedeiro) e o turista beneficiário do gozo do imóvel, mas sim as regras a observar para que um "estabelecimento" de alojamento para turistas possa ser registado e publicitado. Todavia (ainda que para esses efeitos) tal diploma parece tratar de forma idêntica figuras contratuais diferentes. Na realidade, pelo disposto no art. 4.º, o legislador parece pressupor que todos os locadores que proporcionam alojamento a turistas desenvolvem uma atividade permanente, correspondente à "exploração de estabelecimento de alojamento local". A ideia de "estabelecimento", neste sentido, sugere uma organização de fatores com caráter de durabilidade, espelhada na celebração reiterada de contratos que atribuem o gozo do imóvel (em regra, acompanhado da prestação de serviços) a sucessivos turistas. Ora tais caraterísticas não se identificam em todos os contratos pelos quais se proporciona o gozo de um apartamento ou moradia a turistas. (...) Sendo o objeto do alojamento um apartamento em propriedade horizontal, a distinção entre contratos de arrendamento e contratos mistos de locação e prestação de serviços, quando tais contratos espelham uma afetação sucessiva e permanente de um local ao alojamento de turistas (hipóteses em que o locador/hospedeiro desenvolverá, para efeitos fiscais, uma atividade de "alojamento local"), não tem relevo específico no problema de saber se esses contratos podem ou não conflituar com interesses dos condóminos residentes, pois em qualquer uma destas modalidades o conflito é, teoricamente, possível. (...) para uma análise desenvolvida das questões (que têm dividido a jurisprudência, mas que ainda não receberam suficiente tratamento doutrinal) de saber se o alojamento de turistas constitui um desvio do uso a que uma fração se destina (o uso habitacional) e se, consequentemente, a celebração dos contratos que proporcionam esse alojamento pode ser vedada por deliberação da assembleia de condóminos, podemos adiantar que, a nosso ver, aquele uso tem natureza habitacional, independentemente do tipo de contrato celebrado. Na realidade, quer se trate de um arrendamento de imóvel mobilado, quer de um contrato misto (de locação e prestação de serviços), o tipo de utilidades que o locatário/turista retira do imóvel é, na essência, idêntico e traduz-se na satisfação de uma necessidade habitacional transitória. O facto de, nos contratos mistos, o locador/hospedeiro proporcionar serviços, que tanto podem ser executados no imóvel locado (por exemplo, limpeza diária) como fora dele (por exemplo, transporte) não altera a natureza do gozo do imóvel. Este continua a corresponder a um uso habitacional da fração e não a um fim diverso (...). Idêntica conclusão se extrairá na*

Isso mesmo, tem sido acentuado, há anos incontáveis, pelos cultores da metodologia do Direito e, entre nós, designadamente, por nomes como Castanheira Neves[23], Fernando José Bronze[24] e, no campo específico da construção dogmática de diversos institutos, por Menezes Cordeiro[25].

Não é hoje possível regressar aos pressupostos metodológicos do século XIX. Interesses, em Direito, ao dia de hoje, e para efeitos do trabalho de construção e de elaboração de concretas soluções de regime jurídico e de elaboração dogmática, são os interesses tutelados por concretas normas, por concretas soluções normativas, por direitos subjetivos concretos, resultantes de um determinado regime jurídico.

Não são, como parece mais ou menos óbvio, sob pena de tudo se limitar a um metadiscurso assente numa mera tautologia, os direitos a deduzirem-se a partir de uma ponderação dos interesses juridicamente tutelados, mas, ao invés, são estes a inferirem-se, antes, daqueles. Portanto, não são os direitos e o regime resultarem de uma mera ponderação genérica e *a priori* dos interesses, mas o oposto: os interesses a emergirem e advirem de uma análise específica, intensiva e

hipótese (académica) de um hospedeiro (benemérito) comodatar o imóvel a turistas. Não se deve, nesta matéria, confundir a dimensão das relações contratuais que se estabelecem entre o locador/hospedeiro e o locatário/turista com o tratamento fiscal e administrativo da atividade de quem proporciona alojamento. Para efeitos de problemas respeitantes à eventual violação de regras sobre propriedade horizontal só o primeiro destes aspetos interessa.»

[23] Castanheira Neves, *Jurisprudência dos interesses*, in *Digesta*, 1995, I, 213 e ss., *maxime* 236 e ss..

[24] Fernando José Bronze, *O sentido actual da metodologia jurídica*, in *Boletim da Faculdade de Direito*, volume comemorativo, 2003, 159 e ss., Autor este que, à semelhança de Castanheira Neves, censura ao apelo aos interesses o facto de «(...) *atender apenas a interesses, nunca logrou distinguir o* objecto *da valoração do* fundamento de valoração», além de não permitir compreender de modo apropriado o problema do sistema jurídico.

[25] Menezes Cordeiro, *Da responsabilidade civil dos administradores das sociedades comerciais*, 1996, 521 e 522; Id., *Código das sociedades comerciais anotado*, 4.ª ed., comentário ao artigo 64.º, 323.

extensiva, dos direitos e dos regimes. É este, a nosso ver, um ponto insuscetível de sofrer atualmente impugnação. Ele tem sido, aliás, repetidamente sublinhado, de há décadas a esta parte, entre outros, por MENEZES CORDEIRO[26].

Interesses juridicamente relevantes são, pois, aqueles que correspondem a direitos jurídica e normativamente protegidos pelos respetivos regimes jurídicos e suas normas.

Portanto, dizer-se deverem prevalecer os interesses, dos condóminos residentes num determinado prédio em propriedade horizontal destinado, pelo título, a habitação, ao *sossego e segurança* a garantir de forma preventiva (ultrapassando a própria tutela dos direitos de personalidade e, em muito, as garantias dispensadas por essa tutela, assim como a assegurada pelas normas das relações de vizinhança negativamente conformadoras do tipo propriedade horizontal agora em referência), sobre o interesse económico do titular de um alojamento local, pressuporia, desde logo, a possibilidade de se topar uma norma concreta ou um específico aspeto de regime, no âmbito da disciplina da propriedade horizontal e das relações de vizinhança que lhe são aplicáveis por força do artigo 1422.º/1 do Código Civil, suscetível de assegurar aos condóminos um direito subjetivo de natureza **preventiva** a esse *sossego* e *segurança*. A expressão conflitos de interesses juridicamente relevantes é, se se não desejar voltar a sufragar apenas os

[26] Assim, MENEZES CORDEIRO, *Da responsabilidade civil dos administradores...*, 1996, 521 e 522; Id., *Código das sociedades comerciais...*, comentário ao artigo 64.º, 323, ao afirmar reconduzirem-se os interesses na verdade, e resultarem deles, apenas a normas e princípios . V., também, PAULO MOTA PINTO, *Interesse contratual negativo e interesse contratual positivo*, 2008, I, *passim*, *maxime* 83 e ss., 483 e ss.. E se este Autor defende a importância do conceito de interesse não deixa, ainda assim, de sublinhar a ambivalência e ambiguidade congénita da noção de interesse e até as suas dimensões por vezes contraditórias, necessitando de ser concretizado, segundo os critérios gerais de interpretação, em cada norma concreta dado o seu caráter lacunoso ou fragmentário e, por isso, «(...) *do* mare magnum *dos interesses do sujeito, muitos deles ou ficam logo sem protecção jurídica, ou são apenas protegidos por outros ordenamentos* (...)».

pressupostos da superada, vetusta e oitocentista jurisprudência dos interesses, na verdade, apenas, uma fórmula abreviada para designar conflitos de direitos subjetivos.

Onde está, porém, com a devida consideração, a norma, no âmbito da propriedade horizontal e no regime das relações de vizinhança a ela aplicáveis, por força da remissão do artigo 1442.º/1 do Código Civil, ou sequer o traço específico de regime da propriedade horizontal e das relações de vizinhança, de onde se possa inferir, sem apriorismos, tautologias, ou círculos viciosos, em que o resultado e a conclusão são extraídos deles mesmos, suscetível de dar aos residentes – em imóveis em propriedade horizontal destinados, pelo título, à habitação – o direito a referido sossego e se determine a prevalência desse direito sobre o direito dos titulares de alojamento local devidamente licenciado? Não existe. Ao invés, e como se verá adiante, havendo um conflito entre as posições dos dois sujeitos, a prevalência, vai decididamente, para a posição dos segundos: os titulares do alojamento local, por força do funcionamento conjugado do artigo 1422.º/1 e do artigo 1347.º, ambos do Código Civil, para o qual o primeiro expressamente remete.

XIV – Depois, mesmo se se lograsse demonstrar – e não vimos, salvo mais Douta opinião, como se logra, sem inversão metodológica e conceptual – a existência do tal direito subjetivo de natureza preventiva, fundado numa norma e num traço concreto de regime, ao *sossego* e à *segurança*, garantido pelas normas e regime da propriedade horizontal para fins habitacionais, mencionados no título, e das relações de vizinhança aplicáveis a este tipo, seria igualmente, necessário demonstrar-se ter a existência de frações afetas ao regime do alojamento local, de facto, como efeito a perturbação desse sossego, dessa segurança e envolver um maior desgaste do prédio nas suas zonas comuns. Ora, também este pressuposto se não preenche em termos de normalidade como se demonstrará adiante (cfr. *infra* § 7).

Por fim, seria, igualmente, necessário mostrar-se – além de se detetar (e não se deteta, sendo essa tutela assegurada, antes e apenas, pelas normas que protegem, em termos gerais, os direitos de personalidade, nos exatos moldes previstos para a proteção desses direitos e pelas regras de vizinhança limitativas do tipo propriedade horizontal e do seu conteúdo e estrutura) um direito subjetivo ao sossego e tranquilidade, garantido pelo regime da propriedade horizontal para fins habitacionais e das relações de vizinhança aplicáveis ao caso, para delimitar o conteúdo e estrutura do tipo real agora em jogo – prevalecer o direito dos residentes permanentes sobre o interesse económico dos titulares de frações de alojamento local. E também esse pressuposto não está preenchido. Em primeiro lugar, sempre se deveria perguntar a razão de, no âmbito da propriedade horizontal, e só nele, a tutela dispensada aos direitos de personalidade ultrapassar em muito toda outra forma de tutela desses mesmos direitos em qualquer outro âmbito. E deveria, igualmente, perguntar-se, pelo motivo de, sendo os direitos de personalidade protegidos já pelo respetivo regime, se afigurar necessária, no âmbito da propriedade horizontal, uma tripla tutela desses direitos: a dispensada pelo respetivo regime próprio dos direitos de personalidade; a outorgada, em regra, pelas normas disciplinadoras das relações gerais de vizinhança; e outra, e terceira, muito mais ampla e de natureza preventiva, suscetível de cercear posições e direitos alheios, mesmo se não houver nenhuma turbação efetiva, passando-se tudo ao nível preventivo. Depois, deveria analisar-se a efetiva dimensão e importância dos interesses económicos que gravitam em torno do alojamento local e apurar se eles são, ou não, efetivamente de tal monta, importância e intensidade de molde a superar um putativo direito preventivo – portanto, não assente em nenhuma turbação efetiva e real – dos condóminos ao sossego e tranquilidade. E como se verá, adiante, ao realizarmos uma ponderação da solução do Acórdão à luz do critério interpretativo dos resultados da solução por ele advogada (cfr. *infra* § 9), também aqui não se apura uma superioridade dos referidos interesses/direitos subjetivos dos condóminos a uma tutela preventiva, independente de toda turbação efetiva, face aos interesses económicos dos titulares de alojamento local.

XV – Uma nota final para referir um último argumento usado pela Senhora Conselheira Maria Olinda Garcia, no sentido de ao proprietário da fração afeta ao alojamento local estarem sempre abertas outras utilizações económicas da fração –, a saber a possibilidade de afetar *ao arrendamento urbano, nas diferentes modalidades temporais previstas nos artigos 1094.º e 1095.º do Código Civil.*

Em primeiro lugar, perante o disposto no artigo 1095.º/3 do Código Civil, não se percebe exatamente quais as modalidades temporais que proporcionam um uso alternativo.

É que o artigo 1083.º/2, da versão inicial do Código Civil, previa expressamente a possibilidade de haver arrendamento para habitação para fins transitórios especiais ao estipular não estarem sujeitos ao arrendamento vínculísticos os:

> Os arrendamentos para habitação, por curtos períodos, em praias, termas ou outros lugares de vilegiatura, ou para outros fins especiais transitórios.

Depois, o artigo 5.º/2/*b*), do RAU veio prever exatamente a mesma solução. Mais tarde, o artigo 1095.º/3 do Código Civil, na versão dada pela Lei n.º 6/2006, veio introduzir uma nova redação e teor normativo, mais explícito, à regra ao determinar, expressamente, a possibilidade de arrendamentos para habitação de curta duração para turistas ao estatuir:

> O limite mínimo previsto no número anterior não se aplica aos contratos para habitação não permanente ou para fins especiais transitórios, designadamente por motivos profissionais, de educação e formação ou turísticos, neles exarados.

Repare-se nas expressões *habitação não permanente para fins transitórios especiais* e entre eles *para fins turísticos!*

É verdade, ter a Lei n.º 31/2012, de 14 de agosto, revogado o artigo 1095.º/3. Porém, ele foi reintroduzido e ***repristinado*** pela Lei n.º 13/2019, de 12 de fevereiro, que se encontra atualmente em vigor. E foi reintroduzido com o mesmíssimo teor estipulativo e normativo ao estatuir:

O limite mínimo previsto no número anterior não se aplica aos contratos para habitação não permanente ou para fins especiais transitórios, designadamente por motivos profissionais, de educação e formação ou turísticos, neles exarados.

Repare-se, novamente, nas expressões *habitação não permanente para fins transitórios especiais* e entre eles *para fins turísticos!*

Portanto, o artigo 1095.º, a que a Senhora Conselheira Olinda Garcia se reporta, ao dizer haver outras opções de afetação do imóvel, prevê expressamente a possibilidade de arrendamentos para habitação de curta duração a turistas, e não apenas para morada estável. Por não parecer plausível a ignorância da reintrodução do artigo 1095.º/3 do Código Civil, e logo a admissibilidade de afetação da habitação não apenas para morada estável, mas também para alojamento de curta duração a turistas, parece que Senhora Conselheira não o julgou aplicável ao caso objeto do Acórdão Uniformizador[27]. Isto, dado a ação ter sido intentada em primeira instância em 2016, o próprio Acórdão fundamento ser de 2016 e a reintrodução e repristinação do artigo 1095.º/3 ser de 2019. Só que, como se verá, por um lado o Acórdão Uniformizador pondera várias normas do regime do alojamento local posteriores à factualidade subjacente ao Acórdão para fundamentar o segmento Uniformizador. Por outro lado, como se verá igualmente adiante, a reintrodução do artigo 1095.º/3, pela Lei n.º 13/2019, de 12 de fevereiro, tem valor interpretativo e, por isso, é aplicável retroativamente. Ela traduz, mesmo uma forma de interpretação autêntica no sentido de afirmar a possibilidade de a finalidade habitacional ser perfeitamente compatível com a *habitação não permanente* (*sic* artigo 1095.º/3). Voltaremos a este aspeto adiante.

[27] Aliás, a própria afirma, em estudo de natureza doutrinal sobre a matéria, ser o alojamento de curta duração, nomeadamente para fins turísticos, de emoldurar na noção de habitação ao escrever, à luz anterior do Direito anterior à Lei n.º 31/2012, de 14 de agosto, nomeadamente do artigo 1095.º/3 até, então, vigente, e repristinado pela Lei n.º 13/2019, de 12 de fevereiro.

XVI – Seja como for, as alternativas ao arrendamento de curta duração para turistas, como sucede com o alojamento local, anteriores à reintrodução e repristinação do artigo 1095.º/3 do Código Civil, são arrendamento de longa duração, com prazo certo ou indeterminado, nos termos do artigo 1094.º e 1095.º/1 e 2.

Só que essas alternativas podem, de facto, não existir e revelar-se simplesmente platónicas ou retóricas.

O alojamento local, sobretudo nas cidades de maior dimensão, está situado em zonas predominantemente históricas. Os dados constantes dos censos acerca da população das grandes cidades mostram uma perda constante de população ao longo dos últimos quarenta a cinquenta anos. Tomando como exemplo os censos e dados fornecidos pelo Instituto Nacional de Estatística[28] relativos à cidade de Lisboa, aquilo que se observa é que entre 1981 e 1991 a população de Lisboa diminuiu 18%. Entre 2001 e 2011 a cidade perdeu 3% da sua população. Estimativas de 2018, apontam para que a cidade tenha perdido cerca de 8% dos seus habitantes entre 2011 e 2016. Os dados provisórios do *censo* de 2021 já só apontam 545 923 habitantes em Lisboa. Como explicações para este fenómeno são oferecidas várias e não estão necessariamente ligadas, todas, ao aumento do custo das habitações em Lisboa ou ao aumento da pressão turística (basta ver como este fenómeno de desertificação da Cidade de Lisboa se iniciou na década de 1970 e se manteve ao longo de todas as décadas posteriores até ao dia de hoje, como os dados agora referidos atestam, portanto, muito antes de o alojamento local ser sequer um embrião, muito menos uma realidade). Entre elas aparece: *i*) a melhoria

[28] Cfr. o estudo, *Retrato anatómico de Lisboa, Infografia* 01, 2018, 2. Este estudo pode ser consultado em linha através do seguinte link: *https://observatorio-lisboa.eapn.pt//ficheiro/Retrato-de-Lisboa_-_Infografia-01_2018_-_Analise.pdf*. Os dados de seguida referidos no texto ou resultam deste estudo ou da consulta direta dos resultados provisórios do *Censo* de 2021. Cfr. *Censos 2021 – divulgação dos resultados provisórios*, 16 de dezembro de 2021, disponível em linha e acedido no dia 2 de junho de 2022.

da qualidade estrutural das redes viárias e de transporte a fazerem com que as pessoas prefiram viver fora de Lisboa; *ii*) o facto de se assistir ao aumento do número de habitantes e residentes nas zonas urbanas possuidores de meios de transporte próprios (o que nos anos 1960, 1970 e início dos anos 1980 era um luxo, acessível a poucos, passou a estar à mão de um número sempre maior de pessoas. Sobretudo, a partir da entrada do país para a União Europeia e da divulgação de esquemas de financiamento de aquisição de meios de transporte privados que permitem o seu pagamento a prestações (onde vão os dramas, perdidos no tempo, da velhinha aquisição de carros através da extinta *Poligrupo*?) e que, não só aumentam a mobilidade das pessoas, como as fazem não desejar viver em lugares, como os centros das grandes cidades, especialmente as zonas históricas, onde o estacionar chega a revestir contornos de verdadeira epopeia; *iii*) além disso a qualidade das habitações na periferia é, muitas vezes, superior ao das existentes nas zonas históricas; *iiii*) muitas sociedades e empresas deslocalizaram-se, elas próprias, para a periferia das grandes cidades ou para as suas zonas limítrofes, para espaços mais modernos e funcionais (veja-se os exemplos de grandes centros de escritórios como o *Tagus Park* ou o Aquiparque, etc., etc., situados nos arredores de Lisboa ou nas suas zonas limítrofes, como as Amoreiras, a zona da Expo, a zona de escritórios do Colombo, etc., etc., onde trabalham milhares e milhares de pessoas,), assim tornando desnecessário, a muitos, viver nos centros e gerando, ao invés, a necessidade de terem residência mais próxima do respetivo local de trabalho; *iiiii*) a própria qualidade de vida na periferia é, amiúde, também superior à das grandes cidades e é certamente superior à das zonas históricas dessas mesmas cidades onde, problemas estruturais como a falta de qualidade das habitações, associada a uma elevada manutenção (com problemas recorrentes nessas zonas históricas de infiltrações, falta de salubridade, deficiências de ventilação, ausência de elevadores, muitas vezes até de falta de janelas em muitas divisões, tetos baixos [por vezes ao ponto de se não poder estar em pé em todas as divisões]); *iiiiii*) à falta de estacionamento soma-se, ainda, nessas zonas, bastas vezes, a falta de infraestruturas básicas como escolas, jardins-de-

-infância e outras estruturas de apoio, assim como a distância elevada relativamente às grandes superfícies comerciais, onde a oferta de produtos é mais diversificada, entre elas os centros comercias e hipermercados.

A todas estas razões, de despovoamento das zonas centrais e históricas, adiciona-se, ainda, uma outra ligada, justamente, aos centros comerciais e às grandes superfícies. Trata-se das políticas erradas na construção, sem rei, nem roque, em oposição manifesta com a generalidade dos restantes países europeus, onde espaços congéneres são em muito menor número e de muito menor dimensão. Centros comerciais esses, entre nós, normalmente situados na periferia das grandes cidades, ou pelo menos nas suas zonas limítrofes, para mais abertos aos fins de semana e muitas vezes até às 24 horas ou, até, para além desse horário relativamente ao funcionamento das respetivas salas de cinema. O que levou, para além do despovoamento em habitantes residentes, também, ao fecho de grande parte do comércio local e, num círculo vicioso, a novo e consequente despovoamento, daí resultante, e ao desaparecimento das próprias atividades comercias locais, muitas delas condenadas à insolvência. Quem como o Autor desta anotação, para seu mal, já não se pode percecionar como novo, terá, certamente, memória da experiência, de outros tempos, de ir à Baixa de Lisboa fazer compras. Tentar cruzar a esquina entre a Rua Augusta e o Rossio era tarefa a obrigar a paciência e engenho, tal o mar de gente que ali se afunilava, nos anos 1970 e princípios dos anos 1980. Neste ponto específico, como noutros desta zona histórica, transeuntes, empurravam-se, acotovelavam-se e, por vezes, chegavam a insultar-se (e não se trata de caricatura, era mesmo assim), nesse tempo, para arranjar modo de negociar ou vencer uma nesga de espaço suscetível de lhes permitir continuar a avançar. A partir da abertura do primeiro grande centro comercial em Lisboa – as Amoreiras – este cenário principiou a alterar-se radicalmente. E agravou-se a cada abertura de um novo centro comercial ou hipermercado na periferia ou nas zonas limítrofes da cidade. Os próprios cinemas terminaram invariavelmente, uns atrás dos outros, por se ver obrigados a fechar para se concentrarem apenas nos referidos centros comerciais. Onde estão os míticos cinemas Condes, Éden, Tivoli,

São Jorge, Nimas, Mundial, Monumental, Berna, entre tantos e tantos outros, já desaparecidos das várias zonas centrais ou históricas da Cidade de Lisboa? Muitas empresas e escritórios optaram, já o assinalámos, igualmente por se deslocalizar para a periferia. Restaurantes icónicos fecharam. Lojas abertas por vezes há mais de um século encerraram. E na viragem do século e respetivos primeiros anos, ir ao centro da Cidade de Lisboa, por exemplo, ao fim de semana, tornou-se numa experiência desoladora. Ruas desertas, ausência total de vida própria, dinamismo ou comércio. O único e raro movimento detetado era, bastas vezes, o de cães ou gatos vadios e de pessoas tocadas pelo infortúnio de viverem como sem-abrigos. Prédios desabitados, entaipados ou não, deteriorados, em risco de ruína e degradação sucediam-se, uns atrás dos outros. As fachadas inapresentáveis, nas zonas históricas, eram mais do que as que se não achavam nesta situação.

XVII – Grande parte das unidades de alojamento local situam-se, precisamente, hoje, em frações anteriormente abandonadas devolutas e em completo estrago, para não dizer desintegração. Na verdade, segundo estudo coordenado por Hélia Gonçalves Pereira/ISCTE//UL[29], referente ao alojamento local em Lisboa, dos imóveis onde hoje se situam unidades, analisadas nesse estudo, destinadas a turismo de curta duração, antes de serem convertidos a esse fim, a maior parte estava desocupada (59%). Uma diminuta parcela achava-se afeta a arrendamento comercial (2,7%), outra a antigas pensões ou residenciais (2,3%). São ainda mencionadas as seguintes situações: em 4,3% das respostas, os imóveis ou estavam, pura e simplesmente, devolutos, ou eram casas de férias ou segunda habitação, ou já eram destinados a turistas, ou traduziam-se em prédios remodelados e vendidos, antigos *hostels*, construções de raiz para o efeito, entre outras.

[29] *Programa Quality*, *Os imóveis*, coordenação de Hélia Gonçalves Pereira/ISCTE//UL, 2017, 31.

Sempre segundo dados presentes nesse estudo, 75% dos imóveis utilizados para alojamento local são anteriores a 1951. Os autores do estudo enfatizam assim o ser esse facto «(...) *revelador de* (...) *este setor desempenhar um papel de grande importância na recuperação e modernização do parque imobiliário de Lisboa*».

O fenómeno da disseminação do alojamento local foi, destarte, responsável pela reabilitação de grande parte desses edifícios e do tecido urbano das grandes cidades. O pequeno comércio, nomeadamente, as pequenas mercearias de bairro, várias delas exploradas por migrantes e/ou refugiados de outros países que assim encontraram um propósito de vida, meios de provento e dignidade, voltaram muitas delas a abrir. O mesmo sucedeu com muitos restaurantes e outras formas de comércio ou atividades. As ruas voltaram a povoar-se de gente e de dinamismo, incluindo ao fim de semana. As artérias, arruamentos e bairros, especialmente os históricos, devidamente reabilitados, ganharam em beleza e dignidade, através da recuperação das fachadas. Grande parte das próprias obras realizadas, no melhoramento da qualidade de vida dos habitantes da cidade de Lisboa e na correção de várias deficiências ou fatores de incómodo por algumas deficiências estruturais, foram financiados pela taxa de dormida cobrada pela Câmara de Lisboa por cada noite passada por turistas na cidade. Vários locais passaram a ser meramente pedonais e a ser calcorreados por milhares de pessoas.

Não surpreende assim ser a opinião da vizinhança, com ênfase nas zonas históricas e mais tradicionais, ao invés dos julgamentos apriorísticos, assentes em pré-compreensões e estereótipos (porventura assentes na natureza patológica dos casos largamente minoritários), altamente favorável aos alojamentos locais e apenas uma minoria ínfima revele insatisfação, aliás, moderada[30].

[30] *Programa Quality, Os imóveis*, coordenação de Hélia Gonçalves Pereira/ISCTE//UL, 2017, 22, 40 onde, com referência a dados estatísticos devidamente apurados

Mas, neste cenário de despovoamento reiterado e ininterrupto dos centros, das zonas históricas em especial, de deslocalização e migração das populações urbanas para a periferia e zonas limítrofes – apenas dotado de suscetibilidade para se agravar e intensificar com a proliferação e enraizamento do trabalho à distância por via digital (de resto, o próprio AirBnb, colosso digital pioneiro em matéria de práticas laborais, atuante, justamente, na área do alojamento local abandonou definitivamente e para sempre a necessidade de os seus funcionários desenvolverem a sua atividade no respetivo local de trabalho apenas tendo necessidade de a ele se deslocarem uma semana por ano. Outras empresas vão na mesma linha e serão cada vez mais. O mesmo foi feito pelo *Twitter*), como pretender e sustentar que, se encerrados todos os alojamentos locais situados em prédios sujeitos ao regime da propriedade horizontal com finalidade habitacional, subitamente, uma procura por esses espaços para habitação prolongada, antes inexistente, voltaria? Como afirmar-se terem, então, os proprietários dessas frações a possibilidade de os afetar a uma procura por arrendamento tradicional em zonas em que, ao longo de quase cinquenta anos, essa procura foi sempre diminuindo até ter, virtualmente, desaparecido – pelo menos por pessoas dispostas a pagar uma renda condigna para os proprietários? Parece-nos, com vénia, excesso de otimismo.

Que razões fariam surgir uma procura por alojamento de longa duração em zonas e em imóveis onde, antes do fenómeno do alojamento local, essa procura não existia já há muito, ao ponto de muitas das frações, agora afetas ao alojamento local, antes estarem, precisamente, devolutas? E quem estaria disponível para pagar rendas, suficientes para suportarem as despesas de manutenção e, ainda, gerarem proveito aos respetivos proprietários, em imóveis velhos, sem elevador, sem estacionamento, com problemas estruturais de salubridade e

e tratados se afirma expressamente ser o alojamento local «(...) *visto como um vizinho vantajoso*».

de humidade, sem estacionamento e sem estruturas e equipamentos sociais de apoio, no local, para neles se viver prolongadamente? Quem estaria disponível para pagar rendas suscetíveis de assegurarem, sequer, a manutenção das frações em condições de habitabilidade? É que uma renda insuficiente para satisfazer as despesas de manutenção dos locados e gerar um proveito económico para assegurar de modo condigno, as necessidades económicas do proprietário não é, nem verdadeira opção, nem alternativa real. Trata-se, com a devida vénia e respeito, e é muito, de uma simples afirmação muitas vezes sem viabilidade real.

XVIII – Os turistas, esses, ao invés, estão dispostos a fazer tal pagamento, por esse alojamento, suscetível de prover às necessidades de manutenção do imóvel e assegurar uma retribuição económica digna dos respetivos proprietários. Isto, dado as suas estadas serem, justamente, limitadas, pois se fossem longas já não estariam dispostos a pernoitar ali. Além disso, para os turistas há uma dimensão de experiência e de vivência local – até de uma certa vivência alternativa socialmente valorizada[31] por quem procura experiências turísticas, porventura, mesmo, com uma dimensão de excentricidade, de gosto pelo novo e pelo antes não vivido e experimentado – por eles privilegiada (por curto espaço de tempo). Estão, também, na disponibilidade de o fazer por terem um poder de compra maior, ou pelo menos, quando o não possuam, terem um orçamento específico afeto à viagem. Portanto, pagam o suficiente para esses prédios (normalmente carecidos de intervenção para obras várias vezes ao ano e, raramente, menos de, no mínimo, uma vez por ano, dados, entre outros, os problemas com salitre, infiltrações e vários problemas dos imóveis antigos

[31] Nesse sentido v., por exemplo, Maria Olinda Garcia, *Arrendamento de curta duração a turistas: um (impropriamente) denominado contrato de alojamento...*, in *Revista...*, 2017, setembro, 7, ao afirmar ser uma das razões da opção, por parte dos turistas, a «(...) *possibilidade de maior apreensão de caraterísticas socioculturais típicas de determinadas comunidades*».

das zonas históricas) serem mantidos com, ainda, algum proveito económico para os respetivos proprietários[32].

Mas os nacionais, por norma, não pretendem pagar, nas zonas históricas, rendas dotadas da virtualidade de assegurarem a manutenção dos imóveis, nelas situados, e proporcionarem, além disso, esse rendimento condigno aos seus proprietários. Não estão sequer dispostos a viver lá, muito menos a pagar o necessário e suficiente, dadas as deficiências, limitações e precariedade oferecidos por esses alojamentos nas zonas históricas, sobretudo se comparadas com as das habitações existentes na periferia. A prova disso mesmo está no facto, acima referido e documentado pelos sucessivos censos, do abandono e desertificação das grandes cidades pelas populações e da respetiva migração para a periferia, de forma permanente e ininterrupta, ao longo já de perto de cerca de meio século. Tudo, repita-se, muito antes de o fenómeno do alojamento local ser sequer imaginado, como forma de turismo nas grandes cidades.

XIX – Por outro lado, se, como se diz no Acórdão, a opção legislativa, no âmbito das normas disciplinadoras do alojamento local não foi interferir com o Código Civil, em matéria de direitos conferidos às partes envolvidas em situações *proter rem*, como sejam as relações de vizinhança e a hipótese específica da propriedade horizontal, por elas limitada negativamente, não tendo, portanto, nenhum impacto nos regimes de Direito civil – antes traduzindo uma mera opção legal de âmbito administrativo no sentido de se prescindir do controlo administrativo sobre o fim ou destino ou sobre as proibições –, então, não se entende como é que uma figura produzida por um diploma, cujo

[32] Mas sublinhe-se, por ser verdade, a atividade de alojamento local, exceto se o respetivo proprietário possuir um número muito elevado de unidades, não é nenhum novo Brasil, Índia ou negócio da China. Os proveitos obtidos são proveitos em regra moderados, até pela elevada manutenção imposta pelos imóveis normalmente a eles afetos.

propósito e teleologia seria, apenas, estabelecer um regime administrativo, já alteraria o regime do contrato de locação, através da criação de uma figura nova em desvio ao regime dessa mesma locação. A pergunta a fazer, então, é esta: se o regime do contrato de locação de bens imóveis permite (artigo 1095.º/3 do Código Civil) o arrendamento, que não seja alojamento local, por todo tipo de tempo e pelas vezes desejadas e a quem se pretender, sendo isso perfeitamente harmonizável com a finalidade habitacional, presente no título constitutivo, qual a razão de o regime do alojamento local não ser suscetível de se harmonizar com a finalidade habitacional, mencionada no referido título, das frações em propriedade horizontal?

XX – Podemos aceitar, e subscrevemos, até, a posição do Acórdão no sentido de grande parte dos propósitos do regime de alojamento local se prenderem, não obstante a presença de normas com relevância civilística direta (ao invés do sustentado no Aresto) como o artigo 20.º-A, entre outros, do Regime do alojamento Local – a aspetos de Direito público. Mas, também fiscais, e não apenas administrativos. Isso mesmo é afirmado no próprio Decreto-Lei n.º 128/2014, ao dizer, no preâmbulo do diploma:

> No caso dos apartamentos, uma tipologia cada vez mais frequente no mercado turístico mundial, amplificada pela publicitação e intermediação digital, o presente Decreto-Lei mantém e pugna por uma importante margem de liberdade no que diz respeito à oferta do serviço, mas enquadra fiscalmente a sua exploração em prestação de serviços de alojamento, assim impedindo que tal atividade se desenvolva num contexto de evasão fiscal.

Pois bem, se o propósito do diploma não é, segundo afirmação expressa e *expressis verbis* do mesmo, o de interferir nas figuras tradicionais do Direito civil, deixando às partes a liberdade de emoldurarem e suportarem a concreta cedência do gozo ou uso dos imóveis licenciados para efeitos de alojamento local, nos tipos por elas desejados (a saber: um tradicional e típico contrato de locação, com a duração que for entendida; um comodato pelo tempo entendido, um misto de locação e de comodato, pelo tempo pretendido; um contrato de albergaria ou hospedagem pelo tempo desejado; um misto de locação, de comodato ou de hospedagem; uma mera transferência da posse ou detenção; uma sublocação de um ou mais quartos ou de toda a fração, etc.)[33]; e se se pretendeu resolver, em primeira linha, um problema fiscal, ao sujeitar a cedência do gozo, a turistas, de uma fração em propriedade horizontal ao regime do alojamento local, apenas «(...) *para impedi*[r] *que se desenvolva num contexto de evasão fiscal*», por que razão, sendo a fração, qualificada para efeitos fiscais, e apenas esses, como alojamento local, já o regime a que se acha sujeita (insista-se apenas ou primordialmente para efeitos fiscais) envolveria violação do título constitutivo e seria com ele incompatível, se a finalidade prevista no mesmo for habitacional[34]?

XXI – Igual petição de princípio, se vislumbra, a nosso ver, sempre com a devida consideração, que se verte, e salvo melhor entendimento, na afirmação no sentido de a tutela prevista no artigo 9.º/2 do Decreto-Lei n.º 128/2014, na redação dada pela Lei n.º 62/2018, não ser suficiente para assegurar a defesa dos direitos resultantes do estatuto civil condominial, por ser uma tutela administrativa *a posteriori* insuscetível de bulir com a reserva de jurisdição. O facto de essa tutela não poder bulir com a reserva de jurisdição é um facto insofismável. Porém, não é essa a respetiva pretensão normativa. A respetiva finalidade, é, precisamente, a nosso ver, a de interferir e modificar o regime da propriedade horizontal. Voltaremos a este aspeto adiante. Mas, agora diremos ser essa interferência e modificação, no sentido de aumentar a panóplia de direitos de que os condóminos dispõem,

[33] V., para uma menção, mais pormenorizada às diferentes, figuras suscetíveis de emoldurarem o alojamento local *supra* nota (27), e *infra* n.º 6, VIII, *iiii*).
[34] V., igualmente, o por nós referido *infra* n.º 6, VIII, *iiii*).

na hipótese de haver no prédio frações afetas ao alojamento local, por confronto com as outras situações onde esse alojamento não existe. Onde, portanto, neste último cenário, os condóminos não têm as mesmas possibilidades de defesa representadas por este meio administrativo, perante violações aos seus direitos de vizinhança (com limitação à via judicial) na defesa desse mesmo estatuto condominial. Aumento, traduzido na opção, ausente do estatuto da propriedade horizontal contido apenas no Código Civil, ou pela via administrativa ou, se preferirem, pela judicial. Mas, ao dar esta possibilidade de eleição já se percebe, como afinal, se bem vimos e não erramos, ao invés do sustentado no Acórdão Uniformizador, o regime do alojamento local veio mesmo bulir com o estatuto condominial, alargando-o. Fê-lo, limitadamente, mas fê-lo: alterou-o, ao prever um direito não resultante das normas civis em matéria de propriedade horizontal. É verdade tratar-se de um meio de reação *a posteriori*. Mas também o judicial, no âmbito das normais relações de vizinhança entre residentes permanentes, o é! Também este pressupõe uma violação prévia.

Todavia, onde nos parece, sempre ressalvada melhor opinião, residir, a petição de princípio existente, igualmente, neste fundamento do Acórdão, é noutro aspeto. Ela resulta do facto de se dizer ser esta tutela administrativa próxima da prevista pelo artigo 1346.º do Código Civil, para os atos nele mencionados, e se revelar, por isso, insuficiente para assegurar a tutela do estatuto condominial. Uma vez, mais, parece-nos, extrair-se, salvo melhor entendimento, a conclusão da própria conclusão. Diz-se dever o estatuto condominial ser dotado de determinado alcance, sentido e direitos, pois, a tutela administrativa proporcionada pelo artigo 1346.º do Código Civil não é suficiente. E afirma-se não ser a tutela suficiente, pois, o estatuto da propriedade horizontal seria dotado de determinado sentido!

Porém, se o estatuto condominial for outro, diverso do pressupossto pelo Acórdão, a tutela já é suficiente. Portanto, não se pode deduzir o sentido e alcance, do estatuto condominal, da suficiência ou insuficiência da tutela. É o inverso.

XXII – Não deixa, além disso, de ser, com o devido respeito, a nosso ver, curioso o seguinte. As razões na base do entendimento pelo Acórdão no sentido de a finalidade habitacional, do título, não ser harmonizável com o alojamento local, são – num passo constante do Acórdão recorrido, transcrito pelo Uniformizador e ao qual adere, de forma mais ou menos explicita (cfr. *supra* os n.os 30 a 35 e 37, da explicitação e transcrição, nesta anotação, dos fundamentos deste Acórdão), ao sustentar e fundamentar o passo uniformizador – as seguintes: a (salvo melhor e mais douta perspetiva, suposta[35]) *rotatividade e a aleatoriedade dos utentes aumentar inevitavelmente o risco de perturbação do descanso, a insegurança, o desgaste e a sujidade das partes comuns, sempre em prejuízo dos demais condóminos, que vêem o seu imóvel desvalorizado e com despesas adicionais, sem retirar nenhum proveito*. Mas, se o fundamento é esse, então, o mecanismo típico de resposta é o previsto, no âmbito das relações de vizinhança – negativamente, delimitativas do tipo propriedade horizontal, por força do artigo 1422.º/1 –, pelo artigo 1346.º do Código Civil, e não a, pura e simples, proibição de utilização da fração para aquele fim que gerou as perturbações, ao determinar:

Artigo 1346.º
(Emissão de fumo, produção de ruídos e factos semelhantes)

O proprietário de um imóvel pode opor-se à emissão de fumo, fuligem, vapores, cheiros, calor ou ruídos, bem como à produção de trepidações e a outros quaisquer factos semelhantes, provenientes de prédio vizinho, sempre que tais factos importem um prejuízo substancial para o uso do imóvel ou não resultem da utilização normal do prédio de que emanam.

XXIII – E é difícil entender a razão de todo e qualquer condómino, perante as perturbações geradas pelos seus vizinhos, apenas poder

[35] Adiante explicaremos porquê.

impedir os factos na base da perturbação, uma vez consumados estes – excetuada a hipótese do artigo 1347.º do Código Civil ao qual voltaremos adiante (cfr. *infra* § 8) para melhor perceber a estrutura do tipo real propriedade horizontal. Mas, tratando-se de alojamento local já, esse mesmo condómino, poderia não só impedir a utilização da fração para esse fim, como até o poderia fazer independentemente de qualquer perturbação[36]. Isto mesmo se, na eventualidade de a perturbação ser da responsabilidade de um vizinho, em permanência residente no local, haver o risco de essa perturbação se revelar bastante mais grave e onerosa dada a possibilidade da sua persistência ou até de existência de um mesmo padrão de comportamento. Com a agravante, ainda, de, uma vez gerado o conflito de vizinhança e de o prejudicado apelar para os meios de tutela jurisdicional, os dois condóminos terem de continuar a atravessar-se, um com o outro, durante anos, nos mesmos espaços comuns e, por isso, as perturbações evoluírem, muitas vezes, para conflitos de natureza pessoal em que inimizades e ódios se desenvolvem de forma, não raras vezes, grave.

> Nesse sentido percebe-se a perplexidade manifestada por Fernanda Paula Oliveira/Dulce Lopes[37], a este respeito, nos seguintes termos: «(...) *note-se que muitas atividades legítimas (incluindo a habitacional) podem implicar, mais até que o alojamento local,* "uma prática reiterada e comprovada de atos que perturbem a normal utilização do prédio" bem como "atos que causem incómodo e afetem o descanso dos condóminos".»

XXIV – Porém, relativamente ao alojamento local, por se entender, a nosso ver e uma vez mais salvo melhor entendimento e opinião,

[36] Entendem-se, por isso, as asserções feitas a este propósito por Fernanda Paula Oliveira/Dulce Lopes, *Alojamento local, regime jurídico comentado e guião prático*, com a colaboração de Susana A. Duarte/Joana da Silva Guerreiro, 2019, reimpressão de 2020, 99, perante a solução do artigo 9.º/2, do Decreto-Lei n.º 128/2014, na sua redação atual.

[37] Fernanda Paula Oliveira/Dulce Lopes, *Alojamento local...*, 99.

de forma apodítica e apriorística, que: «*apurando-se o carácter voluntário da dicotomia de destinos, não se apurando o sentido efectivo da vontade dos declarantes, é de aplicar o regime legal decorrente das normas de interpretação dos negócios jurídicos – art.º 236.º e seguintes do Código Civil* – (...)» se deve concluir (...) «*(citando o acórdão recorrido): o sentido normal do destino "habitação" para qualquer potencial adquirente das referidas frações não poderá deixar de ser o de que a sua função económico-social é a de servir de fogos ou de residência para pessoas e agregados familiares, proporcionando-lhes o sossego, a tranquilidade, a segurança e o conforto requeridos por qualquer economia doméstica, num envolvente espaço comum instrumental desse tipo de convivência coletiva*». Só que a esta afirmação – no sentido, segundo o qual a *residência para pessoas e agregados familiares*, lhes *proporciona o sossego, a tranquilidade, a segurança e o conforto requeridos por qualquer economia doméstica, num envolvente espaço comum instrumental desse tipo de convivência coletiva*» – pode responder-se: *quod erat demonstrandum*!

E isto, pois, a ideia – de que a utilização de residencial por pessoas e agregados familiares levaria à menor presença no prédio e respetivas zonas comuns de menor número de utentes desse espaço comum (e, portanto, entrada de um número menor de desconhecidos no prédio), a uma maior tranquilidade, a segurança e o conforto e um menor desgaste das zonas comuns – está longe de ser sequer o normal, muito menos uma inevitabilidade. Isso pode suceder. Mas pode também não suceder. E normalmente não sucederá. Será até o inverso a dar-se habitualmente. Voltaremos a este aspeto mais à frente. Por agora, dir-se-á serem as unidades de alojamento local em frações de prédios sujeitos a propriedade horizontal algo de bem diverso e distinto de um hotel.

§ 5. Da aplicabiliade (ou não) do artigo 236.º do Código Civil à interpretação do título constitutivo. Crítica

I – Já atrás se sublinhou o facto de o Acórdão recorrido e o Acórdão Uniformizador entenderem ser aplicável à interpretação do fim habitacional, presente no título, o disposto no artigo 236.º do Código Civil. E nessa perspetiva, não se logrando apurar o sentido da vontade real dos declarantes teria de se aplicar o sentido do declaratário normal referido nesse mesmo preceito. Isto, dado o título constitutivo ser um ato de natureza voluntária. Pode, na verdade, ler-se no Acórdão, por referência à posição do Aresto recorrido pelo primeiro citado e a que adere neste ponto:

> *«Apurando-se o carácter voluntário da dicotomia de destinos, não se apurando o sentido efectivo da vontade dos declarantes, é de aplicar o regime legal decorrente das normas de interpretação dos negócios jurídicos – art.º 236.º e ss do CC – para se concluir (citando o acórdão recorrido).»*
>
> *«Nessa medida, o sentido normal do destino "habitação" para qualquer potencial adquirente das referidas fracções não poderá deixar de ser o de que a sua função económico-social é a de servir de fogos ou de residência para pessoas e agregados familiares, proporcionando-lhes o sossego, a tranquilidade, a segurança e o conforto requeridos por qualquer economia doméstica, num envolvente espaço comum instrumental desse tipo de convivência colectiva." (fim de citação)».*

E isto, alicerçado no raciocínio lógico dedutivo feito perante o artigo 1418.º/2/*a*) determinaria, segundo o Acórdão recorrido, que o Uniformizador confirma, dever: *«A menção do destino para habitação das fracções autónomas, mormente a constante do título constitutivo, nos termos do artigo 1418.º, n.º 2, alínea a), do CC, deve ser interpretada na perspetiva de uso substancialmente colimado ao modelo ou estilo de vivência condominial pretendido no âmbito do negócio constitutivo da propriedade horizontal.»*

II – Mas será o artigo 236.º aplicável a esta situação? A resposta é, a nosso ver, com vénia e obséquio, indubitável e insofismavelmente negativa.

O título constitutivo não é apenas um qualquer negócio jurídico. É um negócio jurídico representativo e tradutor de um ato organizativo. Além disso, o seu conteúdo tem eficácia real. Vai ser oposto a pessoas que não tiveram jamais tiveram algum tipo de contacto ou ligação às partes que o moldaram e produziram. Os critérios para a interpretação de atos ou negócios organizativos são, com vénia e respeito, sabidamente, não os do artigo 236.º, mas os usados para a interpretação da própria lei. Passa-se, neste domínio, um fenómeno igual ao da interpretação dos estatutos das sociedades ou do seu contrato social.

Ora, neste domínio, independentemente da natureza jurídica do contrato de sociedade, e mesmo admitindo as teses *contratualistas* puras, aceita-se a existência de singularidades a este nível.

III – Singularidades diretamente associadas, por um lado, à sua natureza organizativa e, por outro[38]– diversamente do em regra sucedido num negócio jurídico –, ao facto de gozarem de uma eficácia *erga omnes*[39]. Portanto, o seu conteúdo vincula não apenas os sócios, ou condóminos, presentes ao tempo da constituição da sociedade, mas, também, os sócios ou condóminos dotados dessa qualidade apenas futura.

Estas especificidades estão presentes, com maior ou menor intensidade, em todos os contratos de sociedade, mesmo nas ditas sociedades de pessoas, e em todos os títulos constitutivos da propriedade horizontal.

IV – Estas especialidades assinaladas tornam inviável a aplicação dos critérios interpretativos gerais dos negócios jurídicos, previstos nos artigos 236.º e seguintes do Código Civil.

Se bem atentarmos, todo o regime referente à interpretação dos negócios jurídicos, previsto no Código Civil, traz subjacente a ideia da existência de um declarante e um declaratário real, de uma declaração jurídica recipienda, etc.. Basta lembrar os termos da consagração legal

[38] Excluindo aqui a hipótese de constituição da sociedade por ato normativo. Porém, em tal caso, o que se disser vale por maioria de razão.

[39] António Menezes Cordeiro, *Manual de Direito das Sociedades*, 2.ª edição, I, 2007, 447 e ss..

da *falsa demonstratio*, no artigo 236.º/2, onde se apela aos conceitos *declaratário, declarante, vontade real, declaração emitida*[40].

Nada disto é possível aferir em sede de contratos de sociedade ou títulos constitutivos. Do mesmo modo, não tem lugar falar, a propósito de integração dos estatutos ou do título, por exemplo, em *vontade hipotética das partes* (artigo 239.º do Código Civil). Na verdade, no momento do eventual apelo a essa vontade hipotética, as partes poderiam já nada ter a ver com a sociedade ou título em que se pusesse o problema[41].

V – Tendo em vista as limitações e reais incapacidades de aplicação das disposições referentes à interpretação e integração dos negócios jurídicos, e devido às exigências da especial eficácia *erga omnes* dos contratos de sociedade, a Doutrina e a Jurisprudência têm sustentado uma *interpretação objetivista* do contrato de sociedade, própria da interpretação dos atos normativos e das fontes do Direito[42].

[40] Menezes Cordeiro, *Manual...*, I, 447 e 451.

[41] António Menezes Cordeiro, *Manual...*, I, 447 e 452.

[42] Neste sentido, António Menezes Cordeiro, *Manual ...*, I, 451 e ss., com as precisões aí feitas. Em sentido parcialmente diverso Jorge Coutinho de Abreu, *Curso de Direito das Sociedades*, 2009, II, 143 e ss., preconiza a adoção dos critérios interpretativos dos artigos 236.º e seguintes do Código Civil, mas considerando que se esfumam, nas cláusulas de organização e funcionamento social relevantes também para futuros sócios, os elementos interpretativos de índole subjetiva e são muito pouco atendíveis as circunstâncias exteriores ao estatuto utilizáveis para perquirir a vontade real ou o sentido "normal" das declarações dos sócios fundadores aferidas por um declaratário comum. Haveria que aplicar um critério objetivo que não atende a circunstâncias não refletidas nos estatutos em que intervém também o artigo 9.º/2 do Código Civil (ou seja, uma norma disciplinadora da interpretação da própria lei). No caso concreto das sociedades por quotas têm sido defendidas posições no sentido de aplicação dos critérios de interpretação negocial. Mas mesmo, então, v., ainda, no sentido segundo o qual não existem, em princípio, dúvidas, para as sociedades anónimas, no tocante ao sentido objetivo a tirar dos estatutos, Vasco da Gama Lobo Xavier, *Anulação de deliberação social e deliberações conexas*, 1976, 565, nota (31), apenas com algumas ressalvas. Objetivista é também, entre outros, Soveral Martins,

Olhando para o título constitutivo da propriedade horizontal, à luz do agora enfatizado, facilmente se percebe estarem nele presentes todas as caraterísticas que levam a Doutrina e a Jurisprudência a sujeitar a interpretação do contrato social, no âmbito das sociedades, às mesmas regras da própria interpretação dos atos normativos. E obedecendo aos mesmos critérios de interpretação dos atos normativos, essa interpretação do título constitutivo sujeita-se, igualmente, à proibição de desenvolvimento jurisprudencial *praeter legem* existente em matéria de direitos reais no âmbito da tipicidade imperativa imposta[43]. Não lhe é, pois, aplicável o artigo 236.º e o sentido do título não pode, assim, ser apurado por referência à figura do declaratário normal. Portanto, também neste ponto, não nos parece poder ser seguido.

§ 6. **O sentido do declaratário normal, fosse o artigo 236.º aplicável. Crítica à solução do Aresto Uniformizador**

I – Vimos já não ser, com esguardo e respeito pela opinião diversa do Acórdão Uniformizador, o artigo 236.º do Código Civil aplicável à interpretação do título constitutivo. Mas admitamos, sem transigir, valer ele nesta hipótese. Levaria essa aplicação ao resultado pretendido pelo Acórdão? Iria um declaratário normal, posicionado no lugar do real declaratário, entender, perante a natureza voluntária do título constitutivo, não ser a finalidade habitacional a resultante da licença de utilização e do projeto devidamente aprovado pelas autoridades competentes e, apenas, permitir a habitação permanente?

Os poderes de representação dos administradores das sociedades anónimas, 1998, 304, nota (562). Mais referências podem ser confrontadas na bibliografia agora citada.

[43] No sentido da existência desta proibição, em virtude do princípio da tipicidade, MENEZES CORDEIRO, *A tipicidade...*, in *Revista*, 2021, VI, 3-4, 29. Cfr. a transcição feita *supra* na nota (7) e infra § 8. 1, IV.

Uma vez mais, a nosso ver e sempre com a reverência expressa pelo entendimento diverso do Acórdão Uniformizador, a resposta é, indubitável e insofismavelmente negativa.

II – Já o referimos, mas é importante fazê-lo novamente. O Acórdão recorrido e o Acórdão Uniformizador extraem o sentido do declaratário normal, por eles defendido, de um exercício de exegese lógico dedutiva fundada na natureza facultativa da menção do fim no título constitutivo. Já vimos não nos parecer, com o devido respeito pela opinião adversa, admissível chegar a essa inferência por processos lógico-dedutivos caraterísticos do método jurídico puro. Vimos, também, como a solução obtida pelos dois Acórdãos é, a nosso ver, com a vénia sempre expressa, desmentida pelo artigo 1418.º/3 do Código Civil ao, expressamente, obrigar à coincidência entre o fim mencionado no título constitutivo e o fim constante do projeto aprovado pelas autoridades competentes. Finalmente, entendemos não ser o artigo 236.º aplicável a esta situação.

Fosse, porém, esse processo de exegese lógico-dedutiva, ao jeito do método jurídico puro, admissível, não fosse ele desmentido, como nos parece, pelo artigo 1418.º/3 – ao impor a coincidência e concordância entre o fim do projeto e o fim do título constitutivo – e fosse o artigo 236.º aplicável a esta situação, chegaria o declaratário normal a inferências iguais às dos dois Arestos em referência? Parece-nos mais ou menos óbvio que não.

III – É, em primeiro lugar, importante enfatizar o seguinte. O Aresto Uniformizador, ao dizer, não poder o declaratário normal, deixar de inferir pela incompatibilidade entre, de um lado, a finalidade habitacional presente no título constitutivo e, do outro, o alojamento local, fá-lo, como vimos, na base do pressuposto de a menção da finalidade, no título, ser, nos termos do artigo 1418.º/2/*a*) do Código Civil, facultativa. Portanto, em rigor, o Aresto, não está a aplicar o critério do declaratário normal previsto no artigo 236.º, à interpretação do título, mas, sim, antes e apenas, à interpretação do próprio artigo 1418.º/2/*a*). E isso, não é admissível.

IV – Além disso, um declaratário normal, situado na posição do real declaratário normal, tem pouca ou nenhuma perceção ou consciência da existência do artigo 1418.º/2/*a*) do Código Civil. Um jurista poderá ter. Mas um declaratário normal não. E, por isso, jamais fará o raciocínio de exegese lógico-dedutiva feito pelos dois Acórdãos com base nesse preceito e na natureza facultativa do título.

Poder-se-ia objetar não poder ninguém alegar ignorância ou má interpretação da lei para se isentar do seu cumprimento (artigo 6.º do Código Civil). Mas o argumento não vinga. E não vinga por várias razões.

Primeiro, por ele pressupor a imperatividade da lei em jogo. Ora, o artigo 1418.º/2/*a*) é uma norma meramente subsidiária. Portanto, não é de conhecimento ou ciência obrigatória.

Depois, porque se se advoga dever o título constitutivo ser interpretado segundo o artigo 236.º do Código Civil, não em função das regras previstas para os atos normativos, então, o artigo 6.º do Código Civil não tem, relativamente à interpretação do título constitutivo e respetivo fim, aplicação por este não ser um ato normativo. As duas coisas não são possíveis: a sujeição da interpretação do título constitutivo simultaneamente às regras de interpretação dos negócios jurídicos e às regras previstas para os atos normativos (a saber, neste cenário, para além do artigo 9.º, do Código Civil, também ao artigo 6.º do mesmo diploma).

V – Além disso se, estando obrigado a ter ciência da lei, e esta obrigatoriedade fosse aplicável ao sentido a dar ao título constitutivo, nesse cenário, então, o declaratário normal seguiria, na interpretação dessa mesma Lei, os critérios de interpretação para ela previstos, não os do artigo 236.º. E, por isso, saberia que, pelo menos, desde o início da vigência do atual Código Civil, o conceito normativo de habitação jamais foi o de residência permanente, ou o morar num dado local[44]. Já atrás (*supra* § 4, XV) retratámos a evolução legislativa nesta matéria. Mas é importante referi-la de novo.

Diferentemente do advogado pelo Acórdão recorrido e pelo Uniformizador, o regime jurídico do arrendamento urbano, na versão inicial do Código Civil, dispunha no artigo 1083.º/2/*b*) não estarem sujeitos ao regime vinculístico:

> Os arrendamentos para habitação, por curtos períodos, em praias, termas ou outros lugares de vilegiatura, ou para outros fins especiais transitórios.

A mesma e exata solução seria vertida, vimo-lo já, pelo artigo 5.º/2/*b*), do RAU. Posteriormente, o artigo 1095.º/3 do Código Civil, na versão dada pela Lei n.º 6/2006, veio introduzir uma nova redação e teor normativo, mais elucidativo, à regra. Isto, ao determinar, expressamente, a possibilidade de arrendamentos *para habitação não permanente e de curta duração para turistas* ao estatuir:

> O limite mínimo previsto no número anterior não se aplica aos contratos para habitação não permanente ou para fins especiais transitórios, designadamente por motivos profissionais, de educação e formação ou turísticos, neles exarados.

Sublinhe-se e repare-se, novamente, nas expressões *habitação não permanente para fins transitórios especiais* e entre eles *para fins turísticos*! A Lei n.º 31/2012, de 14 de agosto, revogou, porém, é certo, o artigo 1095.º/3. Deveu-se isso ao facto de, com esta Lei, o regime jurídico do alojamento se ter liberalizado de forma acentuada e ter sido suprimido o prazo mínimo de duração desse mesmo arrendamento.

[44] No mesmo sentido, José Alberto Vieira, *Direitos...*, 705.

Em virtude dessa revogação, do artigo 1095.º/3, principiaram a aparecer sentenças, de diferentes tribunais, a advogar dever a expressão habitação, prevista no título constitutivo, ser entendida como pressupondo uma morada estável. Foram nesse sentido, por exemplo, as seguintes decisões:

– RLx 20-10-2016[45]: Se um condómino dá à sua fração um uso diverso do fim a que, segundo o título constitutivo da propriedade horizontal, ela é destinada, ou seja, se ele infringe a proibição contida no artigo 1422.º/2/*c*) do Código Civil, o único remédio para essa afetação é a reconstituição natural (afectação da fracção em causa ao fim a que ela estava destinada). Destinando-se a fração autónoma, segundo o título constitutivo, a habitação, não lhe pode ser dado outro destino (alojamento mobilado para turistas), sendo para tanto irrelevante o licenciamento do local para a atividade comercial acima referida por aquelas entidades.

– RPt 27-04-2017[46]: Todo o conjunto das circunstâncias de facto, quer anteriores, quer simultâneas à declaração feita no título de constituição da propriedade horizontal de que a fração se destina a habitação, leva a considerar que a intenção que presidiu à declaração foi o de considerar que o conceito de habitação se reporta ao sítio onde o condómino ou arrendatário têm um centro de vida doméstica, pequeno ou grande, temporário ou permanente mas, ainda assim, algo que não esteja totalmente desligado desse centro de vida. Em suma, quando uma fração se destina a habitação, quer dizer que se trata de uma residência, de um domicílio, lar, ou seja, de um espaço de vida doméstica com a inerente necessidade de tranquilidade e sossego, não cabendo nela o alojamento local.

Não temos dúvidas de que o sentido que um declaratário normal dá à palavra habitação como destino de uma fração no título de propriedade horizontal, fora das típicas zonas de veraneio, é o de residência, domicílio, lar, o que pressupõe a permanência com alguma estabilidade.

[45] RLx 20-10-2016, Proc. n.º 4910/16.5T8PRT-A.P1/ITIJ.
[46] RPt 27-04-2017, Proc. n.º 13721/16.7T8PRT.P1/ITIJ.

– RPt 11-04-2018[47]: O título constitutivo da propriedade horizontal tem de identificar o fim a que se destina cada fração, especificando o artigo 1422.º/2/*c*) do Código Civil ser especialmente vedado a um condómino dar-lhe um uso diverso desse fim. O exercício da atividade de alojamento local numa fração destinada a habitação viola o fim que lhe foi fixado no título de propriedade horizontal.

VI – Sucede, porém, num passo já referido anteriormente, ter, entretanto, o artigo 1095.º/3 do Código Civil, sido reintroduzido e ***repristinado*** pela Lei n.º 13/2019, de 12 de fevereiro. É a norma do Código Civil, relevante nesta matéria, atualmente em vigor. E foi reintroduzido com o mesmíssimo teor estipulativo e normativo, que tinha antes da revogação (por isso falamos em ***repristinação***), ao estatuir:

> O limite mínimo previsto no número anterior não se aplica aos contratos para habitação não permanente ou para fins especiais transitórios, designadamente por motivos profissionais, de educação e formação ou turísticos, neles exarados.

Repare-se, uma vez mais, nas expressões, já atrás sublinhadas e enfatizadas, *habitação não permanente para fins transitórios especiais* e entre eles *para fins turísticos!* Portanto, à luz do artigo 1095.º/3, surpreendentemente omitido de todo em todo do Acórdão Uniformizador, prevê-se expressamente a possibilidade de existência de uma *habitação* que é *habitação não permanente* através de arrendamentos de curta duração *para fins turísticos*, e não apenas a existência de *habitação* para morada estável.

VII – A Lei n.º 13/2019, de 12 de fevereiro, não veio reintroduzir e *repristinar* o regime vinculístico abolido pela Lei n.º 31/2012, de 14 de agosto, por seu turno, supressora do anterior artigo 1095.º/3, por nada. Por isso, o reaparecimento, reintrodução e repristinação, desse mesmo

[47] RPt 11-04-2018, Proc. n.º 24471/16.4T8PRT.P1/ITIJ.

artigo, no Código Civil, na versão atualmente em vigor, só pode ter tido um propósito. O de desfazer as dúvidas existentes, na Jurisprudência posterior à anterior revogação do artigo 1095.º/3 do Código Civil, pela Lei n.º 31/2012, de 14 de agosto, a respeito do problema de saber se a finalidade habitacional, presente no título constitutivo, pressuponha, ou não, uma morada estável! O ressurgimento e repristinação do artigo 1095.º/3 no Código Civil, neste momento vigente, tem, portanto, valor interpretativo. É, assim, uma forma de interpretação autêntica sobre o problema em análise[48]. E valor interpretativo no sentido de infirmar e afastar a jurisprudência que defendia a posição no sentido de a finalidade habitacional pressupor uma morada estável. A referência à *habitação não permanente* constante do reintroduzido e *repristinado*, artigo 1095.º/3 do Código Civil não deixa dúvidas: para haver *habitação*, não é nem necessária, nem requerida a permanência. Veio, destarte, este preceito, tornar supérflua a necessidade de qualquer uniformização de jurisprudência. Isto, pois, ela já resulta da nova redação e *repristinação* desta norma, resultante da Lei n.º 13/2019, de 12 de fevereiro. No fundo, a reintrodução e *repristinação* do artigo 1095.º/3, no Código Civil, é ela mesma uniformizadora da jurisprudência. E havendo conflito entre a uniformização de jurisprudência resultante, de um lado, do ressurgimento e *repristinação* do artigo 1095.º/3 do Código Civil e, do outro, da uniformização de jurisprudência produzida pelo presente Acórdão Uniformizador, a prevalência vai, naturalmente, para o *repristinado* artigo 1095.º/3. Pois é disso que se trata: da existência de um conflito entre dois instrumentos de uniformização de jurisprudência. Um, resultante de atividade legislativa. Outro, de uma decisão jurisprudencial. E como a jurisprudência não se pode, nem sobrepor, nem substituir, nem desrespeitar a lei, antes estando a ela vinculada, a uniformização de jurisprudência resultante deste Acórdão cede, não pode deixar de ceder, perante a norma de

[48] No sentido de as normas, destinadas a integrarem lacunas, serem uma forma de interpretação autêntica v., como expressão da *communis opinio*, Oliveira Ascensão, *O direito...*, 388.

uniformização de jurisprudência e de interpretação constante da nova redação e *repristinação* dada ao artigo 1095.º/3 do Código Civil.

VIII – Portanto, o sentido que um declaratário normal, na posição do real declaratário, ciente da Lei e a ela obrigado pelo artigo 6.º do Código Civil, fosse o artigo 236.º, aplicável à interpretação do título constitutivo e ao artigo 1418.º/2/*a*), só pode ser o resultante da reintrodução e repristinação, no nosso Ordenamento, do artigo 1095.º/3: ou seja, a de que a habitação, para o ser, não tem necessariamente de ser permanente ou de longa duração, sendo, antes perfeitamente harmonizável com a afetação a fins turísticos transitórios e não permanentes. É essa a solução expressamente imposta e resultante do novo artigo 1095.º/3, na redação dada pela Lei n.º 13/2019, de 12 de fevereiro.

IX – Destarte, parece-nos com a devida consideração e respeito sempre expressos, haver várias possibilidades:

i) – ou o Acórdão Uniformizador não faz referência nenhuma ao artigo 1095.º/3 do Código Civil, por ter entendido, dado a data da interposição da ação em primeira instância ser de 2016 e o próprio Acórdão fundamento ser dessa mesma data (2016), não possuir, por isso, a Lei n.º 13/2019, de 12 de fevereiro, aplicação ao caso objeto da sua decisão. Isto, porque:

> «(...) *a situação de facto a que se reporta o acórdão recorrido ocorreu no domínio da vigência temporal do Decreto-Lei n.º 128/2014, será esta a lei aplicável, ainda que as soluções introduzidas devam ser tidas em conta para efeitos de interpretação do regime anterior à modificação, nomeadamente na parte que podem trazer aportações interpretativas à lei anterior e à questão da sua conjugação com o regime civilista (que consideramos serem sobretudo as seguintes: artigo 4.º, n.º 2, alínea b), e n.º 4; artigo 6.º, números 9 e 10).*»

Todavia, então, se for essa a situação, o Acórdão perdeu aplicabilidade e validade para julgamentos e ações que venham a ter lugar em momentos posteriores ao da repristinação do artigo 1095.º/3. Isto, em razão da alteração legislativa operada em 2019 e da repristinação desse artigo 1095.º/3. Portanto, não é mais suscetível de aplicação a novas hipóteses, a serem julgadas no futuro, no sentido de aferir da compatibilidade entre, de um lado, o alojamento para *habitação não permanente* (*sic*: artigo 1095.º/3 do Código Civil), designadamente para *fins transitórios turísticos* (*sic*: artigo 1095.º/3 do Código Civil), e do outro, o fim habitacional das frações.

Mas, não pode deixar de suscitar estranheza, se de facto, a razão para a não aplicação, pelo Acórdão, desde 2019, do repristinado artigo 1095.º/3, for essa. Isto, pois, relativamente ao regime do alojamento local, o Acórdão leva em linha, para efeitos interpretativos, as alterações feitas a esse regime pela Lei n.º 62/2018, de 22 de agosto, pela Lei n.º 71/2018, de 31 de dezembro e pelo Decreto-Lei n.º 9/2021, de 29 de janeiro. Além disso, o Acórdão faz, ainda, referência à Lei n.º 8/2022, de 10 de janeiro. Ora, tal como a repristinação do artigo 1095.º/3, todos estes diplomas são igualmente posteriores à data de entrada, em primeira instância, da ação subjacente ao presente Acórdão e que o suscitou. Além disso, como vimos, a repristinação do artigo 1095.º/3, operada em 2019, tem valor interpretativo. Vale, pois, retroativamente para todas as situações onde não tenha havido trânsito em julgado. E à data do Acórdão Uniformizador, ainda, o processo em julgamento não tinha sido objeto desse trânsito. Por outro lado, a utilidade de um Acórdão Uniformizador insuscetível, já à data da sua prolação, de valer para toda e qualquer situação futura é: nenhuma.

ii) – ou o Acórdão Uniformizador pretende ser ab-rogante, salvo melhor opinião, e com toda a consideração e respeito consignado e expresso, da nova redação do artigo 1095.º/3, tal como resulta da Lei n.º 13/2019, de 12 de fevereiro. O que é difícil de pensar. Mas, a ser essa a hipótese, o Acórdão Uniformizador também não pode ser seguido.

iii) – ou, pura e simplesmente, ao dizerem pressupor, o termo habitação, uma morada permanente, uma vez mais com a vénia e respeito expressados, nenhum dos Juízes Conselheiros subscritores do presente Acórdão Uniformizador se apercebeu da alteração legislativa operada pela Lei n.º 13/2019, de 12 de fevereiro, e da reintrodução e repristinação, no nosso Ordenamento, do artigo 1095.º/3 e da referência nele constante a *habitação não permanente para fins transitórios* designadamente *turísticos*. E isso é igualmente difícil de pensar e crer. Ainda assim, dir-se-ia ser essa a situação. A ideia de que o tribunal não teve presente a repristinação do artigo 1095.º/3 do Código Civil é, desde logo, sugerida pela expressa afirmação, por esta feita, no sentido de o alojamento local (*ergo* – se descontarmos a dimensão de serviço – o alojamento temporário, nomeadamente a turistas: artigo 2.º/1 do Decreto-Lei n.º 128/2014) não pode ser enquadrado na figura do arrendamento de curta duração (Cfr. *supra* § 1, n.º 31), ao contrário do efetivamente ditado por aquele artigo 1095.º/3. Isto, ao mencionar o preceito, *expressis verbis*, a hipótese de alojamento a turistas. Depois, ela parece ser reforçada ao tentar o Acórdão reduzir a admissibilidade do alojamento, de curta duração, às hipóteses destinadas a estudantes ao abrigo do artigo 1093.º/3 do Código Civil. Além disso, admite também o alojamento de curta duração para fins turísticos, mas apenas nas zonas de veraneio. Solução obtida por aproximação desta situação à dos estudantes e à do artigo 1093.º/3. Em todos os outros cenários, o arrendamento de curta duração já seria, no entender do Aresto, proibido se a finalidade da fração for habitacional[49]/[50].

[49] Lê-se, de facto, no Acórdão: «*O uso de fracções autónomas em hospedagem no âmbito do contrato de arrendamento, nos termos do artigo 1093.º do CC, em arrendamentos sazonais de curta duração em áreas de veraneio ou "alojamento" de estudantes em determinados núcleos urbanos universitários inserem-se noutro contexto económico-social, distinto do AL, não justificando necessariamente a mesma solução jurídica.*»

[50] Iremos abstrair, por razões de brevidade, com a devida consideração e respeito, da estranheza e perplexidade, suscitadas pela afirmação segundo a qual em estâncias de veraneio ou alojamento de estudantes o contexto económico-social ser outro e, portanto, o alojamento local ser aí permitido (inferência para mais, não pelo artigo 1095.º/3 como se impunha, mas por referência ao sentido do artigo 1093.º e à aproximação do alojamento para turistas, nestes locais, ao dos estudantes). Mas, noutros

Segundo o Aresto Uniformizador: «*O uso de fracções autónomas em hospedagem no âmbito do contrato de arrendamento, nos termos do artigo 1093.º do*

locais (sempre por simples referência ao artigo 1093.º e não à norma efetivamente aplicável – *in casu* – e aplicável no sentido da admissibilidade ampla e sem restrições de todo o tipo de arrendamento para *habitação não permanente*, de curta duração, designadamente para fins turísticos) isso já não sucederia. Por que razão teria, *i*) à luz do regime vigente para a propriedade horizontal, um condómino, residente num imóvel para habitação, onde existe também um alojamento local, de ser privado do tal suposto direito à tranquilidade e sossego, dito resultar da presença de unidades de alojamento local, alegadamente proporcionados pela utilização associada a alguém permanentemente residente, se esse condómino viver em Cascais, Carcavelos, Costa da Caparica, Praia das Maçãs, Colares, Sintra (ou qualquer outro lugar da costa da Área Metropolitana de Lisboa), Vila Nova de Mil Fontes (ou qualquer outro lugar da costa alentejana), Albufeira, Faro, Lagos, Armação de Pêra (ou qualquer lugar da costa do Algarve), São Martinho do Porto, Figueira da Foz, nos Açores e na Madeira, ou algum outro ponto da Costa Atlântica de Portugal, tudo lugares de veraneio; *ii*) mas, noutros sítios, distintos destes, isso já não sucederia e o alojamento local seria incompatível com a finalidade habitacional da propriedade horizontal dado esta assegurar uma, dita, tutela preventiva, associada à tranquilidade e sossego resultante de uma utilização decorrente de uma residência permanente? Tudo, para mais sendo certo, precisamente, haver, nestas zonas de veraneio, um clima e propensão para maior excesso e perturbação associados ao turismo de praia e vida noturna, com muitos turistas a aproveitarem a presença, durante o verão, num país estrangeiro, para descarregarem tensões e *stress*. Assim realizando inúmeros exageros comportamentais, abuso de substâncias e bebidas, chegadas a altas horas da madrugada, etc.. Tudo em claro contraste com o, normalmente, sucedido com o turismo cultural das grandes cidades. E em Fátima, nas termas, na Serra da Estrela? Seria, ou não, possível, à luz do artigo 1093.º do Código Civil – e não tivesse o artigo 1095.º/3 sido, como foi, repristinado (como parece pressupor, de uma forma ou de outra o Acórdão Uniformizador) – o alojamento local em imóveis em propriedade horizontal dotados de finalidade habitacional? São locais de férias e de passagem, mas não são lugares de veraneio. E nas cidades e locais históricos como Óbidos, Alcobaça, Batalha, Guimarães, Tomar, Braga, Ponte de Lima, etc., etc.? Mais uma vez, são lugares de férias, mas não são estâncias de veraneio? E quando há procissões nos mais diversos lugares do país com afluência maciça de visitantes? E na eventualidade de feiras medievais por esse país fora? E se houver algum evento cultural como a *Web Summit*? E se a unidade de alojamento estiver num prédio em propriedade horizontal dotado de finalidade habitacional situado

CC, em arrendamentos sazonais de curta duração em áreas de veraneio ou "alojamento" de estudantes em determinados núcleos urbanos universitários inserem-se noutro contexto económico-social.»

A razão de ser desta inferência e solução de distinguir o sentido a dar à finalidade do fim habitação, presente no título constitutivo da propriedade horizontal, dependendo do facto de se estar diante de hipóteses de estâncias de veraneio e de núcleos universitários, de um lado, e restantes situações – assente numa asseverada e pressuposta diversidade das dinâmicas e contexto social e económico, de uns e outros – , parece ter por base ou um critério *prior (in) tempore, potiur (in) iure* ou, pelo menos, um raciocínio assente num critério de normalidade quantitativa ou, até, os dois. Todavia, neste cenário, ambos provam, manifestamente, demais. Se a ideia *prior (in) tempore, potiur (in) iure*, fosse, nesta situação, verdadeira o condómino chegado, depois, sujeitar-se-ia a não adquirir o dito, e a nosso ver putativo, direito preventivo à tranquilidade e sossego, assegurados pela finalidade habitacional do título, se os titulares de alojamentos locais, sitos nesse mesmo imóvel, tivessem chegado primeiro. Isto, independentemente de se tratar, ou não, de zona universitária ou de veraneio. Da mesma forma, se o critério fosse o da utilização a elas dado, pelo maior número de proprietários das frações, se num determinado imóvel todos ou a maioria dos condóminos se prestassem à exploração de estabelecimentos de alojamento local, ou até a atividades abrangidas pelo artigo 1346.º do Código Civil, o proprietário em minoria, sujeitar-se-ia, também ele, a não beneficiar desse alegado direito preventivo à tranquilidade e ao sossego, supostamente assegurado pela finalidade habitacional, presente no título da propriedade horizontal. Também independentemente de

perto de um campo de golfe? E não é, por exemplo, Lisboa, segundo os critérios do turismo de Portugal, também ela um lugar de turismo costeiro e, por conseguinte, também de veraneio? Não é aliás neste momento Lisboa o principal destino turístico do país e, também, segundo os dados disponíveis, senão o principal destino nacional do turismo de verão, pelo menos um dos principais? E não deverá, porventura ser diversamente com o Porto. E não são estas duas cidades também destinos de verão? Pelos vistos o regime da propriedade horizontal assegura essa se tratar, ou não, de zona universitária ou de veraneio. E o inverso seria, igualmente, verdadeiro: mesmo em zonas universitárias ou de veraneio se todos os restantes, a maioria ou o primeiro dos condóminos chegado, tivesse habitação permanente no imóvel não poderia haver ali cedência de partes ou da totalidade de frações a estudantes e para passar o verão.

Poder-se-ia, ainda, pensar utilizar o Aresto Uniformizador, ao diferenciar zonas universitárias e de veraneio, de todas as demais, num critério de frequência das cedências do gozo ou uso do imóvel. Mas, adiante (cfr. *infra* § 7) ver-se-á não ser este pressuposto pertinente. Isto, pois, segundo dados do Turismo de Portugal, as taxas de ocupação líquida de camas destinadas a turistas são, nas zonas urbanas, normalmente bem inferiores às, por exemplo, típicas zonas de veraneio do Algarve e da Madeira (apenas na região de Lisboa, se mostram algo, mas não substancialmente, maiores) e, também, largamente inferiores às da habitação permanente –, isso já não

tutela preventiva, mas só a alguns. Percebe-se a vontade do Acórdão Uniformizador em não destruir o turismo, designadamente, do Algarve, Açores e Madeira, etc.. Por isso, dado grande parte dele se fazer em apartamentos sujeitos ao regime de propriedade horizontal para fins habitacionais, ressalvou-o, na respetiva fundamentação, por aplicação analógica com o artigo 1093.º – quando tinha norma, releve-se a insistência, diretamente aplicável: o artigo 1095.º/3. E aplicável no sentido da admissibilidade de toda, e não apenas nos lugares de veraneio, cedência do gozo para habitação não permanente a turistas –, os locais de veraneio da proibição por esse mesmo Acórdão imposta. Mas já não se não percebe, salvo melhor entendimento, é qual o fundamento dogmático dessa orientação. Acaso, fosse o artigo 1095.º/3 inexistente, apenas podendo então aplicar-se o artigo 1093.º, e a solução a de dispensar, o regime da propriedade horizontal de imóveis para habitação, uma tutela preventiva aos condóminos de imóveis destinados a habitação no sentido de proibir neles a existência de alojamento local, seriam os residentes em imóveis situados em zonas de veraneio menos dignos e merecedores de tutela que os demais residentes em iguais condições noutras zonas? Teria o condómino de Lisboa, melhor proteção contra turistas culturais e normalmente mais velhos e com hábitos mais regrados, mas alguém que vive, trabalha, descansa e constrói família, em Albufeira ou Quarteira, esse, já teria de suportar os adolescentes que chegam ao imóvel, onde reside e mora com o respetivo agregado familiar, a altas horas da manhã, muitas vezes em grandes grupos, aos berros, embriagados ou sob o efeito de substâncias psicotrópicas.

é, todavia, possível relativamente às áreas universitárias. Nestas, a utilização dos espaços dos imóveis em propriedade horizontal vai de inícios de setembro a finais de julho de todos os anos. Na verdade, após a adesão de Portugal ao processo de Bolonha e semestralização de muitas, senão da totalidade, das disciplinas, as férias de Natal e Páscoa são extremamente reduzidas ou mesmo até inexistentes. Além disso, o argumento prova, uma vez mais demais. Isto, mesmo se fosse verdadeiro, e não é (como vimos para os estudantes e vermos, *infra* § 7 para a generalidade das dormidas em alojamento local). E prova demais, pois, a ser ele a fundar a teleologia da solução da diferenciação em razão de se estar, ou não, diante de áreas universitárias e de veraneio, a demonstrar-se, nas situações concretas, não ser, efetivamente, preenchido o referido pressuposto, então, a distinção teria de ceder. E teria de ceder nos dois sentidos independentemente da zona! Seria a intencionalidade normativo-problemática dos casos a impô-lo em homenagem à teleologia, pressuposta pelo Aresto Uniformizador, ao estabelecer o *distinguo*! Dito de outra forma: seria a identidade, ou falta dela, dos casos e da respetiva intencionalidade e sentido normativo-problemático, a obrigar a essa cedência.

Porém, não só, não necessitava o Acórdão, nem de fazer essa aproximação, do alojamento turístico em estâncias de veraneio, à situação dos estudantes, nem de o emoldurar no artigo 1093.º, nem de restringir, a compatibilidade desse alojamento com o fim habitacional, às hipóteses de estâncias de veraneio. Isto, dada a repristinação do artigo 1095.º/3, pela Lei n.º 13/2019, de 12 de fevereiro, de teor muito mais permissivo do que o artigo 1093.º e sem nenhum tipo de limitação, em estâncias de veraneio ou todo o outro lugar, à sua admissibilidade. Mas, a ser esse o cenário, de desconhecimento da reintrodução do artigo 1095.º/3, também nele, o Acórdão Uniformizador é insuscetível de ser seguido e de uniformizar a jurisprudência.

iiii) – A não ser nenhuma destas três hipóteses anteriores a efetiva, só resta uma: o Acórdão Uniformizador pressupôs, por um lado, haver no alojamento local a prestação de serviços e, por outro, na hipótese do artigo 1095.º/3, no arrendamento para fins de *habitação não permanente*, designadamente, para *fins transitórios a turistas*, previsto no artigo 1095.º/3, essa prestação de serviços não existir. Mas, então, devia afirmar, com vénia, ser a prestação dos serviços a mostrar-se incompatível com a finalidade habitacional e não sustentar pressupor essa finalidade, por natureza, um grau de permanência e estabilidade não verificados no alojamento local. Mas, se for esse o cenário, ao assumir ser a razão da incompatibilidade não a prestação dos serviços, mas, sim, a falta de estabilidade do gozo da coisa no alojamento local – ausência essa de estabilidade expressamente permitida pelo artigo 1095.º/3, na redação dada pela Lei n.º 13/2019, de 12 de fevereiro – há uma contradição entre os motivos, pressupostos jurídicos e fundamentação do Acórdão Uniformizador. E ao não estarem preenchidos os pressupostos onde o Acórdão alicerça a sua decisão e haver, por isso, contradição entre esses pressupostos e a fundamentação jurídico-normativa, de um lado, e a decisão tomada, do outro, então, ele não deve, nem pode, na nossa opinião e entendimento, também, ser seguido, salvo mais Douta perspetiva. Isto, dados esses pressupostos e fundamentação não levarem ao resultado traduzido no segmento uniformizador. A força de todo o Acórdão Uniformizador e a sua repercussão aplicativa, pelas instâncias, em futuras ações, não é nem uma inevitabilidade ou fatalidade, nem automática. Depende sempre do caráter persuasivo da argumentação e da sustentação da solução neles proposta. E esse caráter persuasivo e essa sustentação dependem, não apenas da conformidade do Acórdão com a Lei – e neste caso ela não nos parece existir dada a repristinação do artigo 1095.º/3 do Código Civil, jamais aludido ou referenciado sequer pelo Aresto em análise –, mas, também, da própria força da fundamentação e argumentação expendidas, para suscitar adesão aos pontos de vista expressos. E finalmente, da coerência e congruência dessa fundamentação e argumentação com a solução que se faz nelas assentar. Ora, a nosso ver, ao basear o segmento uniformizador – no sentido de o alojamento local ser insuscetível de ser harmonizado com a finalidade habitacional, presente no título constitutivo, das frações em propriedade horizontal – no facto – desmentido de forma categórica, pela repristinação do artigo 1095.º/3 do Código Civil – de o sentido da palavra *habitação*, no título, pressupor a permanência da utilização como morada e, não, na existência da prestação de serviços, então, essa coerência e congruência não existe.

Além disso, mesmo se for a presença de serviços, no alojamento local, a razão da omissão de toda e qualquer referência, no Aresto Uniformizador, à repristinação do artigo 1095.º/3 e à tentativa de emoldurar o alojamento local turístico, em estâncias de veraneio, no âmbito do artigo 1093.º, por aproximação à situação dos estudantes, e a restrição, daí resultante, da harmonização desse alojamento local para turistas, com o fim habitacional previsto no título, às hipóteses de estâncias de veraneio, mesmo assim, a solução não poderia proceder. E por várias razões.

Primeiro, pois, não é o facto de haver uma eventual prestação de serviços a envolver uma diversa utilização do gozo ou uso da fração e das partes comuns entre, por um lado, a locação para fins de *habitação não permanente* (*sic*: artigo 1095.º/3 do Código Civil), *designadamente para fins turísticos* (de novo: *sic*: artigo 1095.º/3 do Código Civil), sem prestação de nenhum serviço e, do outro, a *habitação não permanente designadamente para fins turísticos* com prestação desses serviços[51]. Isto, exceto se esses serviços se traduzirem em atividades de animação a realizar no imóvel. Mas, então, haveria, de se limitar o segmento uniformizador a essas hipóteses.

[51] Na mesma direção MARIA OLINDA GARCIA, *Arrendamento de curta duração a turistas: um (impropriamente) denominado contrato de alojamento...*, in *Revista...*, 2017, setembro, 9, ao afirmar: «*Sendo o objeto do alojamento um apartamento em propriedade horizontal, a distinção entre contratos de arrendamento e contratos mistos de locação e prestação de serviços, quando tais contratos espelham uma afetação sucessiva e permanente de um local ao alojamento de turistas (hipóteses em que o locador/hospedeiro desenvolverá, para efeitos fiscais, uma atividade de "alojamento local"), não tem relevo específico no problema de saber se esses contratos podem ou não conflituar com interesses dos condóminos residentes, pois em qualquer uma destas modalidades o conflito é, teoricamente, possível.*»

Depois, também, e num duplo *ergo*, não é isso – a eventual existência de serviços – a transformar essa *habitação não permanente* (expressamente admitida pelo artigo 1095.º/3 do Código Civil) em *não habitação*.

Finalmente, em terceiro lugar, *os arrendamentos de vilegiatura* (...), dotados de serviços ou sem eles, jamais tiveram «(...) *um regime próprio, integrado por normas que especificamente lhes fossem dirigidas, e que, sendo arrendamentos para fim habitacional, nunca foram disciplinados pelas regras especiais dos arrendamentos habitacionais, mas sim pelas normas gerais da locação e pelas disposições gerais do arrendamento urbano*»[52]. E:

> «[n]*ão se deve, nesta matéria, confundir a dimensão das relações contratuais que se estabelecem entre o locador/hospedeiro e o locatário/turista com o tratamento fiscal e administrativo da atividade de quem proporciona alojamento. Para efeitos de problemas respeitantes à eventual violação de regras sobre propriedade horizontal só o primeiro destes aspetos interessa*[53].»

Ora, a este nível, o alojamento local assume-se suscetível de se sustentar em diversas figuras jurídicas[54]. Ele pode, na verdade, traduzir-se: *a*) num mero contrato de arrendamento ou de subarrendamento para *habitação não permanente designadamente para turistas* (artigo 1095.º/3 do Código Civil); *b*) num contrato de arrendamento ou de subarrendamento para *habitação não permanente designadamente para turistas* com serviços estáticos; *c*) num contrato de arrendamento ou de subarrendamento para *habitação não per-*

[52] Maria Olinda Garcia, *Arrendamento de curta duração a turistas: um (impropriamente) denominado contrato de alojamento...*, in *Revista...*, 2017, setembro, 6.

[53] Maria Olinda Garcia, *Arrendamento de curta duração a turistas: um (impropriamente) denominado contrato de alojamento...*, in *Revista...*, 2017, setembro, 10.

[54] V. Januário Costa Gomes, *Notas soltas sobre a relação entre o "proprietário" e o "hóspede" no alojamento local*, in, *I Congresso do Alojamento Local*, coordenação de Menezes Leitão, 2020, 88. V., tabém, Maria Olinda Garcia, *Arrendamento de curta duração a turistas: um (impropriamente) denominado contrato de alojamento...*, in *Revista...*, 2017, setembro, 7 e 8. Esta bibliografia é de resto citada, expressamente, a este respeito pelo próprio Aresto Uniformizador, assim remetendo para ela.

manente designadamente para turistas com mobília; *d*) num contrato de arrendamento ou de subarrendamento para *habitação não permanente designadamente para turistas* com mobília e serviços, designadamente de limpeza; *e*) num contrato de hospedagem.

Na situação da alínea *a*) estamos perante um normal contrato de locação de bem imóvel (artigos 1022.º e 1023.º do Código civil)[55]. O mesmo sucede na hipótese da alínea *b*) (artigo 1078.º/2 do Código Civil)[56]. No cenário da alínea *c*) vale, por norma, o artigo 1065.º: há um contrato misto de arrendamento e aluguer, mas o elemento de arrendamento absorve o de aluguer[57]. Se a factualidade for a da alínea *d*) a entender-se não estarem já elas abrangidas, como nos parece, também pelo artigo 1065.º e pela referência normativa a seus *acessórios*, haverá união de contratos, com dependência e subordinação ao contrato de arrendamento, em si mesmo prevalecente em termos de regime[58] (artigo 1028.º/3 do Código Civil). Tratando-se da hospedagem, referida na alínea *e*), vale o disposto no artigo 1093.º do Código Civil[59]. Para efeitos deste preceito, a hospedagem é um negócio onde o elemento de arrendamento e locação é absorvido pelo de prestação de serviços (artigo 1028.º/3 do Código Civil)[60]. Mas, para haver hospedagem, é necessário estarem preenchidos os pressupostos do artigo 1093.º/3,

[55] Assim, também, Januário Costa Gomes, *Notas soltas sobre a relação entre o "proprietário" e o "hóspede"...*, in, *I Congresso...*, 88.

[56] Uma vez mais, no mesmo sentido, Januário Costa Gomes, *Notas soltas sobre a relação entre o "proprietário" e o "hóspede"...*, in, *I Congresso...*, 88 e 89.

[57] De novo, Januário Costa Gomes, *Notas soltas sobre a relação entre o "proprietário" e o "hóspede"...*, in, *I Congresso...*, 89.

[58] Em termos aproximados, apesar de julgar não estar a situação abrangida pelos acessórios do artigo 1065.º, Januário Costa Gomes, *Notas soltas sobre a relação entre o "proprietário" e o "hóspede"...*, in, *I Congresso...*, 90.

[59] Sempre na mesma direção, Januário Costa Gomes, *Notas soltas sobre a relação entre o "proprietário" e o "hóspede"...*, in, *I Congresso...*, 90 e 91.

[60] Januário Costa Gomes, *Notas soltas sobre a relação entre o "proprietário" e o "hóspede"...*, in, *I Congresso...*, 91.

nomeadamente, a prestação de serviços de refeição. Além disso, esses serviços, para haver hospedagem, têm de assumir preponderância relativamente ao elemento de locação[61]. Ora, normalmente esses pressupostos não estão reunidos nas hipóteses socialmente típicas de alojamento local: é mesmo isso um dos traços socialmente diferenciadores deste tipo de atividades relativamente às restantes situações de alojamento turístico[62]. Neles, em regra, os serviços prestados a existirem – e em regra não existem, nem mesmo os de limpeza, pois, por norma, nas zonas urbanas, sobretudo no alojamento disponibilizado na plataforma *Airbnb* a própria higiene do espaço é, tipicamente, assegurada pelos turistas, tendo o titular, em termos socialmente típicos

[61] Na mesma exata linha, JANUÁRIO COSTA GOMES, *Notas soltas sobre a relação entre o "proprietário" e o "hóspede"...*, in, *I Congresso...*, 912, citando no mesmo sentido o ensinamento de GALVÃO TELLES.

[62] Como observa, de modo ajustado, MARIA OLINDA GARCIA, *Arrendamento de curta duração a turistas: um (impropriamente) denominado contrato de alojamento...*, in *Revista...*, 2017, setembro, 7, precisamente muitas pessoas «(...) *optam por este tipo de alojamento (em alternativa a um hotel) porque* (...) *pretendem manter uma rotina próxima da habitual (por exemplo, confecionando as suas próprias refeições*». Mas o mesmo vale para os próprios serviços de limpeza. Tipicamente os utilizadores de alojamento local não desejam ser importunados pela entrada de estranhos na fração onde pernoitam, nem ter de se sujeitar aos horários das pessoas encarregadas de as fazer, como sucede nos hotéis. É verdade, dizer, a Autora e Conselheira, também, ser, por vezes, essa opção, pelo alojamento local, feita, «(...) *pela possibilidade de maior apreensão de caraterísticas socioculturais típicas de determinadas comunidades*». E noutros, «*a eleição deste tipo de alojamento é determinada, essencialmente, pelo acesso a serviços específicos fornecidos pelo "hospedeiro" (por exemplo, transporte ou informação e acompanhamento turístico*». Mas, a ser esse o motivo, sendo, como são, estes serviços prestados fora e no exterior do imóvel eles não impactam nem têm influência no modo de gozo ou uso da fração e são, destarte, irrelevantes para impactar no regime ao qual a cedência desse gozo ou uso de mostra sujeita. Estamos, em Direitos reais. Portanto, apenas o aproveitamento dado à coisa interessa para determinar o respetivo regime normativo. É ponto este, aliás, insofismável. Apenas o conteúdo típico injuntivo do direito interessa. No mesmíssimo sentido, relativamente à irrelevância, para efeitos de propriedade horizontal e respetivo fim, dos atos realizados no exterior da fração ou condomínio, JOSÉ ALBERTO VIEIRA, *Direitos...*, 704 e 705.

nesta plataforma, apenas de proceder à limpeza das frações quando elas estão vazias –são, normalmente, ao invés de preponderantes, de natureza meramente acessória. Mas mesmo, a regra da absorção, neste cenário de hospedagem, do elemento arrendamento pelo de prestação de serviços, por força do artigo 1028.º/3 do Código Civil, não *«é uma solução "exterminadora": os regimes absorvidos continuam a ser aplicáveis, na medida em que não contrariem o regime absorvente e a aplicação deles não se mostre incompatível com o fim principal»*[63]. Ora, não só o regime do arrendamento não contraria o fim da hospedagem, como, também, não se mostra com ele incompatível. Ele guarda assim, de pleno, aplicação, mesmo neste cenário. E o mesmo sucede relativamente à hospedagem em unidades de alojamento local. Donde, também nelas o regime do arrendamento, designadamente o previsto no artigo 1095.º, mantém, igualmente agora, de pleno, a sua validade e poder normativo.

Ao analisar-se, porém, o Aresto Uniformizador, o observado é a total ausência de referência a estes regimes e preceitos – não se menciona, nem os artigos 1022.º e 1023.º, nem o artigo 1028.º/3, nem o 1065.º, nem o 1078.º/2, nem, ainda, o 1095.º/3, todos do Código Civil. De todas as normas, agora em jogo e referência, só se topa menção ao artigo 1093.º, mas, sem jamais se proceder à caraterização e delimitação do tipo hospedagem, nela previsto, e respetivos pressupostos. Tudo, dando por demonstrado, salvo o devido respeito, de forma apodítica o que se devia demonstrar: o facto de o alojamento local de curta duração para *habitação não permanente designadamente a turistas* (artigo 1095.º/3) ser, sempre, um negócio de hospedagem (portanto, sujeito, sempre, ao regime do artigo 1093.º e, jamais, ao do artigo 1095.º/3). E não é! Isso mesmo é, facilmente, percetível através da regulamentação da hospedagem no artigo 1093.º, de um lado, e o os contratos para *habitação não permanente* de curta duração, designadamente, para fins turísticos, do outro, no artigo 1095.º/3. Entender o oposto só seria viável numa hipótese: a

[63] Januário Costa Gomes, *Notas soltas sobre a relação entre o "proprietário" e o "hóspede"...*, in, *I Congresso...*, 91.

da ab-rogação e obliteração do nosso Ordenamento do próprio artigo 1095.º/3. Portanto, a existência de um negócio de hospedagem está sempre dependente da demonstração, na situação concreta a emoldurar no seu regime, do preenchimento dos respetivos pressupostos: a saber a preponderância e maior importância do elemento de prestação de serviços relativamente ao gozo ou uso da coisa. Tudo se passa, pois, salvo a devida vénia, num passo por nós já anteriormente sublinhado e sustentado, sem nenhuma análise efetiva dos regimes em jogo. A totalidade da argumentação, depende de uma mera dedução lógico-dedutiva, apriorística, ao jeito da oitocentista da jurisprudência dos conceitos e do, igualmente oitocentista, método jurídico puro, a partir de um putativo sentido extraído, em razão dessa dedução lógico-conceptual, feita a partir da natureza facultativa da menção, no título constitutivo, da finalidade das frações sujeitas à propriedade horizontal e, destarte, a partir do artigo 1418.º/2/*a*). Como se este existisse, salvo melhor opinião, sozinho no Ordenamento jurídico português e não o pressupusesse, remetesse para ele e tivesse de ser integrado pelo regime do contrato de locação e a saber pelos artigos 1022.º e 1023.º, 1028.º/3, 1065.º, 1078.º/2, o 1095.º/3, além do artigo 1093.º (o único aludido no Aresto) todos do Código Civil.

E, de resto, mesmo se o alojamento local fosse sempre hospedagem, e não é, ainda assim seria necessário determinar e apurar o regime do negócio de hospedagem e a possibilidade de, nele, permanecer o apelo e a sujeição a aspetos de regime do regime geral do arrendamento. Possibilidade insuscetível de ser evitada, pois, ela é expressamente admitida pelo artigo 1028.º/3 do Código Civil!

X – Nada disto é, ao invés do sustentado pelo Aresto Uniformizador agora em análise, suscetível de ser, com a devida vénia, infirmado pelo facto de, do ponto de vista fiscal[64], o alojamento local ser tributado de modo diverso do arrendamento.

[64] Pode ler-se, de facto, no Aresto Uniformizador agora em análise, em sustentação da posição nele assumida: «*Para efeitos tributários o AL não é tratado como habitação.*»

Tivessem as normas de Direito fiscal a virtualidade de interferir com os regimes de Direito civil, determinando se se lhes devem ou não sujeitar certas figuras materiais ou negócios igualmente materiais e, dessa forma, delimitar o respetivo regime substantivo privado – na hipótese do regime do arrendamento e do regime da propriedade horizontal e das relações de vizinhança deste delimitadoras negativa e positivamente –, então, teria, por exemplo, de se inferir ser a emissão de uma fatura e adimplemento civil uma só e mesma realidade. Isto dado, essa simples emissão dar, por si, lugar ao pagamento de imposto como se tivesse havido adimplemento. E só reunidos os pressupostos, dos quais depende a própria possibilidade de se amortizarem proveitos fiscais resultantes de faturas não pagas, se poderia admitir ter havido inadimplemento. Porém, dado essa mesma possibilidade estar, em si mesma, dependente de um incumprimento, desde logo afastado, *prima facie*, pelas regras fiscais, impositoras da obrigação de se pagar o imposto, afinal, a própria virtualidade de se demonstrar não se ter dado o cumprimento seria, ela própria, afastada. Entrava-se numa espécie de ciclo vicioso de onde se não saía mais. Tudo, a transformar a possibilidade de amortização, em si mesma, e por si, mera solução virtual ou puramente platónica incapaz de se atestar.

Além disso, tinha de se entender ser, também, o contrato-promessa com tradição da coisa, igual à transferência da propriedade do bem.

Se tudo isto, não bastasse, o próprio preâmbulo do Decreto-Lei n.º 128/2014 é absolutamente límpido, transparente e manifesto, já o vimos (cfr. *supra* § 4, XX) ao afirmar não interferir o enquadramento fiscal dele resultante, com a moldura e regime substantivo das figuras negociais e contratuais e, portanto, com o regime dos negócios de cedência do gozo ou uso dos imóveis, ou com a sua compatibilidade, ou não, com o regime da propriedade horizontal. A razão da sujeição do alojamento de curta duração a turistas, nomeadamente através de plataformas digitais, tem um só e exclusivo propósito, expressamente vertido no próprio preâmbulo do Diploma: o de evitar o seu desenvolvimento através de uma economia paralela e informal assinalada pela evasão fiscal. Não há dúvidas a este respeito, ao dizer-se nele, num passo antes por nós já transcrito, mas importante sublinhar novamente:

> No caso dos apartamentos, uma tipologia cada vez mais frequente no mercado turístico mundial, amplificada pela publicitação e intermediação digital, o presente decreto-lei mantém e pugna por uma importante margem de liberdade no que diz respeito à oferta do serviço, mas enquadra fiscalmente a sua exploração em prestação de serviços de alojamento, assim impedindo que tal atividade se desenvolva num contexto de evasão fiscal.

Que assim é, resulta, ainda de forma plácida, do artigo 4.º/3 do Regime do Alojamento Local, ao privilegiar, de entre as várias formas de afastamento das presunções de alojamento local previstas no artigo 4.º/2/*a*) e *b*), a apresentação de um contrato de arrendamento urbano (celebrado ao abrigo dos diferentes prazos previstos no artigo 1095.º do Código Civil, incluindo os prazos admitidos pelo artigo 1095.º/3), *devidamente registado nos serviços de finanças*. Portanto, o propósito é meramente fiscal, não substantivo!

Donde, a menção à moldura tributária para determinar aspetos substantivos de compatibilidade, ou não, da *habitação não permanente designadamente para turistas* (artigo 1095.º/3 do Código Civil) a regime diverso do previsto para habitação afigura-se, a nosso ver, desprovida de toda a relevância. No mesmo sentido depõe, de resto, MARIA OLINDA GARCIA ao afirmar, sem margem para dúvidas[65]:

> *«Não se deve, nesta matéria, confundir a dimensão das relações contratuais que se estabelecem entre o locador/hospedeiro e o locatário/turista com o tratamento fiscal (...) da atividade de quem proporciona alojamento. Para efeitos de problemas*

[65] MARIA OLINDA MARIA OLINDA GARCIA, *Arrendamento de curta duração a turistas: um (impropriamente) denominado contrato de alojamento...*, in *Revista...*, 2017, setembro, 9 e 10.

respeitantes à eventual violação de regras sobre propriedade horizontal só o primeiro destes aspetos interessa.»

«Estas distinções, operáveis no plano contratual, não se confundem com as classificações que o alojamento de turistas pode receber para efeitos de registo do "estabelecimento de alojamento local" (nos termos dos artigos 5.º e 6.º do DL n.º 128/2014). Assim, o "estabelecimento" registável não corresponde necessariamente a um local que seja objeto de contratos mistos de locação e prestação de serviços, dado que o artigo 12.º do diploma citado não inclui entre os seus requisitos a exigência de qualquer prestação de serviços, mas apenas as caraterísticas que o imóvel mobilado deve apresentar. Podem, assim, reconduzir-se ao conceito de "estabelecimento de alojamento local", para fins (...) fiscais, imóveis que sejam objeto de sucessivos contratos de arrendamento.»

Isto para continuar de seguida:

«Sendo o objeto do alojamento um apartamento em propriedade horizontal, a distinção entre contratos de arrendamento e contratos mistos de locação e prestação de serviços, quando tais contratos espelham uma afetação sucessiva e permanente de um local ao alojamento de turistas (hipóteses em que o locador/hospedeiro desenvolverá, para efeitos fiscais, uma atividade de "alojamento local"), não tem relevo específico no problema de saber se esses contratos podem ou não conflituar com interesses dos condóminos residentes, pois em qualquer uma destas modalidades o conflito é, teoricamente, possível.»

E, também, Januário Gomes afirma perentoriamente[66]:

«A atividade económica regularmente desenvolvida pelo titular da exploração do estabelecimento é uma atividade terciária de serviços, o que está longe de poder ditar, ex vi legis, *que nas concretas relações entre* dans *e* accipiens *de alojamento*

[66] Januário Costa Gomes, *Notas soltas sobre a relação entre o "proprietário" e o "hóspede"...*, in, *I Congresso...*, 93.

local, em que não se vislumbrem serviços complementares ao alojamento, passem ***pretorianamente*** *a existir tais serviços, por via de uma determinbada classificação ou subclassificação na Classificação Portuguesa de Atividades Económicas»*[67], ditada pela e junto da Autoridade Tributária e Aduaneira.

XI – Curiosa e surpreendentemente, ou talvez não, com o devido respeito por nós sempre expresso nesta Anotação, a omissão ao facto de o artigo 1095.º/3 do Código Civil ter sido repristinado pela Lei n.º 13/2019, de 12 de fevereiro, é detetável, ao ponto de parecer mesmo haver – sempre com vénia e respeito – uma verdadeira obliteração e ab-rogação do nosso Ordenamento desta norma, igualmente, em toda a Jurisprudência[68] e bibliografia doutrinal, citada pelo Acórdão Uniformizador, em apoio à posição, por ele sustentada, para fundar o segmento Uniformizador. A Doutrina citada em apoio da posição do Acórdão Uniformizador é, aliás, grande parte dela, anterior à repristinação do artigo 1095.º/3 do Código Civil, operada pela Lei n.º 13/2019, de 12 de fevereiro[69]. E a posterior, mantém, apenas, de forma mais ou

[67] A ênfase gráfica em *pretorianamente* é nossa.

[68] Os Acórdãos citados, nesse sentido, são o STJ 7-11-2019, Proc. 25192/16.3T8PRT.P1.S1/ITIJ; e o próprio Acórdão, *in casu*, recorrido, do STJ 23-01-2020, Proc. 24471/16.4T8PRT.P1.S1. Aliás, os próprios Arestos citados em número, de resto, bem mais abundante, em sentido oposto, são eles próprios, todos e sem exceção, anteriores à repristinação do artigo 1095.º/3. Neles não se faz, nem uma só menção à repristinação do artigo 1095.º/3.

[69] É a seguinte a bibliografia de apoio citada pelo Acórdão Uniformizador (o Aresto, embora nalguns casos o faça, em várias citações não menciona as páginas onde seriam expressas as posições imputadas aos vários Autores. Optámos, por isso, por fazer nós próprios, nesse cenário, essa menção): PINTO FURTADO, *Do alojamento local, na sua relação com a propriedade horizontal*, in *Revista de Direito Civil*, 2017, II, 3, 529-574; JOSÉ LUÍS BONIFÁCIO RAMOS, *Manual de direitos reais*, 2017, 392 a 395; FERNANDA PAULA OLIVEIRA/SANDRA PASSINHAS/DULCE LOPES, *Alojamento local e uso de fracção autónoma*, 2017, reimpressão de 2020, 53 e ss.; FERNANDA PAULA OLIVEIRA/DULCE LOPES, *Alojamento local...*, 67 e ss., *maxime* 77, 78, 79, 80 e 99, (deve, no entanto, referir-se ir a opinião destas Autoras, precisamente, no sentido oposto ao que lhes

menos translatícia, a alegação e apresentação dos argumentos suscitados pelos Autores, anteriores ao momento da repristinação do artigo

é imputado pelo Acórdão, pois, admitem a conformidade do alojamento local com a finalidade habitacional da fração e, apenas, aceitam a possibilidade de isso não suceder em resultado de proibição expressa no título constitutivo , através de deliberação tomada pela assembleia de condóminos, por unanimidade – portanto com o próprio voto do titular do alojamento local –, assim como na hipótese prevista no artigo 9.º/2 do Regime do Alojamento Local ou, de reação judicial, em cenários de lesão ou turbação efetiva); Vítor Palmela Fidalgo, *A intervenção do Condomínio na Regulação do Alojamento Local*, in, *I Congresso do Alojamento Local*, coordenação de Menezes Leitão, 2020, 124 (esta obra tem data de 2020, mas os textos nela inseridos correspondem às posições expressas pelos respetivos Autores no Congresso sobre o alojamento local ocorrido na FDUL no dias 3 e 4 de outubro de 2019), baseando a solução no facto, justamente desmentido pela repristinação do artigo 1095.º/3, operada pela Lei n.º 13/2019, de 2 fevereiro, de o legislador ter optado por não se pronunciar sobre a admissibilidade, ou não, da cedência transitória e não permanente da fração destinada a habitação; Sandra Passinhas, *O alojamento local e o uso das fracções autónomas*, in *Idem*, 144 e 145 (também este texto corresponde ao produzido pela Autora no referido congresso que teve lugar na FDUL no dias 3 e 4 de outubro de 2019), alegando igualmente o mesmo argumento que Vitor Palmela Fidalgo – desmentido pela Lei n.º 13/2019, de 12 fevereiro (face a esta Lei não interessa, agora, debater um outro facto: o de toda a argumentação desenvolvida pela Autora, a nosso ver, justificar a conclusão oposta à por ela tirada no sentido de que a finalidade habitacional não seria compatível com o alojamento local); Ana Taveira da Fonseca, *Comentário Código Civil. Direito das coisas*, (UCP), 2021, comentário ao artigo 1422.º, 2021, 455. Porém, não só esta Autora não sustenta, ao invés do mencionado neste passo do Acórdão, a necessária incompatibilidade entre alojamento local e a finalidade habitacional das frações como afirma expressamente essa compatibilidade (daí voltar o Acórdão a citá-la, novamente mais à frente, logo no parágrafo seguinte, como defensora de uma posição diferente). Admite-se, por isso, ser a inserção, desta jurista, no âmbito dos defensores da posição sufragada no Acórdão recorrido e do Uniformizador resultado de um mero lapso ou de escrita ou na inserção do texto no documento digital produzido para escrever o texto do Acórdão. Lapso esse, depois, não detetado. Na verdade, a única coisa que Ana Taveira da Fonseca faz, aliás assente numa deficiente leitura do ensinamento, no qual se apoiou e alicerça, de José Alberto Vieira, *Direitos...*, 707, é admitir a possibilidade de, havendo essa compatibilidade, a assembleia de

1095.º/3, operada pela Lei n.º 13/2019, de 12 de fevereiro, desforáveis a uma putativa possibilidade de alojamento local em frações dotadas, em função do título, de finalidade habitacional. E isto, sem fazer a mais leve ou remota e distante menção ao preceito, para aferir da possibilidade, ou impossibilidade, de se manter essa mesma argumentação uma vez repristinada a norma.

Mas, se se atentar na bibliografia e Doutrina produzida depois da repristinação desse preceito, e onde a menção ao artigo 1095.º/3 apa-

condóminos poder condicionar o exercício do alojamento local. Porém, o que José Alberto Viera, *Direitos...*, 707, afirma – e afirma baseado justamente, entre outros argumentos, na repristinação do artigo 1095.º/3 – o oposto do pretendido pela Autora em referência. Com efeito pode ler-se, no passo de JOSÉ Alberto Viera, em que a Ana Taveira da Fonseca se estriba, para legitimar a possibilidade de condicionamento do alojamento local pela assembleia: «*A deliberação da assembleia geral que aprove regulamento com cláusula proibindo o alojamento local ou que o proíba simplesmente no condomínio tem o valor jurídico das deliberações tomadas fora do âmbito de competência material do órgão: é nula e não simplesmente anulável.*» Além disso, apesar de admitir a compatibilidade entre o alojamento local e a finalidade habitacional, na análise do tema e na fundamentação das posições por ela obtidas, para além do erro de leitura da fonte doutrinal por ela utilizada para fundar a sua posição, Ana Taveira da Fonseca não menciona, uma só vez, o repristinado artigo 1095.º/3. Parece, aliás, pelo menos à primeira vista, dado ser esta a norma *decisiva* no tema, salvo melhor entendimento, não ter a Autora perceção do facto de a solução por ela advogada, na base do tal erro de entendimento da posição de José Alberto Vieira, ser afastada por esse mesmo artigo 1095.º/3 e, por isso, dele ab-rogante. Tudo se passaria como se ele não tivesse sido repristinado: e foi. Pode, pois, por isso mesmo, perguntar-se, com efeito, e surgir a dúvida se face à omissão, de toda e qualquer referência à repristinação desse preceito, o *decisivo*, a Autora tinha, ou não, ciência e conhecimento dessa repristinação. Ao não ser plausível, como não é, ignorar esta Autora, atentas as suas elevadas qualificações, a repristinação do artigo 1095.º/3, operada pela Lei n.º 13/2019, de 12 de fevereiro, só se pode entender estar-se ela a referir a uma deliberação tomada por unanimidade e, portanto, com o voto do próprio titular do alojamento local. E nesse sentido, a posição, por ela advogada, difere, total e integralmente, da que lhe é imputada, neste segmento do Acórdão. Essa posição, não serve, pois, com a devida vénia, para fundar a posição do Acórdão recorrido e do Uniformizador.

rece e é, como se impõe, feita, já não há posições no sentido de o gozo da coisa locada, de forma temporária, curta e reiterada, de frações em propriedade habitacional dotada de finalidade habitacional, pelo título, se afigurar insuscetível de harmonização com a referida finalidade[70]. Ao invés, essa mesma Doutrina admite ser a utilização para turistas ainda uma forma de habitação. *Habitação não permanente*, como determina o preceito agora em referência, mas *habitação*!

E, nas obras onde essa omissão persiste, mesmo depois da repristinação do artigo 1095.º/3, são várias as posições doutrinárias, face à sucessão de alterações produzidas no Regime do Alojamento Local, que, apesar de não aludirem diretamente ao artigo 1095.º/3, como poderiam, se mostram favoráveis à admissibilidade de alojamento local em frações, destinadas pelo título, a habitação. É isso a suceder com Rui Pinto Duarte[71], Santos Justo[72], Menezes Leitão[73] ou, na leitura por nós feita da sua posição, com Ana Taveira da Fonseca[74]. Denota-se, até, a existência de mudanças de opinião. Assim sucede, por exemplo, com José Luís Bonifácio Ramos[75].

[70] V., por exemplo, Januário Costa Gomes, *Notas soltas sobre a relação entre o "proprietário" e o "hóspede"...*, in, *I Congresso...*, 86, 87, 91, 95, 96 e 97; José Alberto Vieira, *Direitos...*, 705.

[71] Rui Pinto Duarte, *Curso de direitos reais*, 4.ª ed., 2020, 163 e 164, apoiando-se em elementos do próprio regime do alojamento local.

[72] Santos Justo, *Direitos...*, 77, nota (1767), ao dizer apenas se suscitarem problemas antes da Reforma do Regime do Alojamento Local operada em 2018. Nessa altura é que a questão era, diz, objeto de problemas apreciados pela Doutrina e Jurisprudência que recenseia. Isto, para terminar com uma remissão para a posição de José Alberto Vieira favorável à admissibilidade do alojamento local em imóveis destinados pelo título a habitação.

[73] Menezes Leitão, *Direitos...*, 328 e ss..

[74] A respeito da posição desta Autora v. o, por nós, referido *supra* na nota (69), em especial *in fine*.

[75] V. José Luís Bonifácio Ramos, *Manual de direitos reais*, 2.ª ed., 2020, 497 e 498.

Na verdade, na 1.ª edição do seu *Manual de direitos reais*, de 2017, a única citada pelo Acórdão, o Autor afirmava perentoriamente[76]: «(...) *entendemos que o alojamento local é radicalmente diverso da habitação* proprio sensu, *pelo que o destino habitacional não se coaduna com a actividade* (...) *de alojamento local, no âmbito do exercício do condomínio*». Mas, essa posição desaparece na atual edição, não citada pelo Acórdão, desse mesmo *Manual*. Torna-se muito mais mitigada. Já não afirma a incompatibilidade, por natureza, da finalidade habitacional do condomínio com o alojamento local, e passa apenas – de resto, num desenvolvimento *praeter legem* ou aplicação analógica do regime dos *hostels*, não consentido pelo princípio da tipicidade dos direitos reais[77]/[78] – a aceitar, tão-só, em todas as hipóteses de alojamento local, a possibilidade de a assembleia de condóminos intervir, sempre, em moldes semelhantes aos previstos para os *hostels*, como forma de dirimir potenciais conflitos. O Autor, chega, porém, a este resultado, ainda assim bem mais mitigado do que o anterior, por não dar a atenção

[76] José Luís Bonifácio Ramos, *Manual de direitos reais*, 2017, 394 e 395.

[77] Menezes Cordeiro, *A tipicidade...*, in *Revista*, 2021, VI, 3-4, 28 e 29.

[78] Impõe-se, no entanto, uma precisão. Temos reiteradamente sustentado que toda e qualquer aplicação de uma norma jurídica é analógica. Nesse sentido terá de haver sempre alguma forma de analogia, também, no âmbito das normas sujeitas ao princípio da tipicidade. Havendo tipicidade, o raciocínio analógico inerente à sua aplicação é, porém, de natureza diferente do processo vulgarmente designado de integração analógica. Não podemos desenvolver agora este ponto. Remetemos, por isso, apenas, para uma das nossas muitas obras onde temos abordado o tema: o nosso *A vinculação...*, I, 738 e 767 e ss., e bibliografia aí citada. Sendo, é certo, toda a interpretação-aplicação-compreensão realização do Direito necessária e estruturalmente sempre analógica, no âmbito da tipicidade, a analogia deve, porém, obedecer a determinados pressupostos dogmáticos, numa série estruturada e cumulativa, e, além disso, assentar em todas as instâncias do pensamento jurídico. E neste cenário, essa série estruturada e cumulativa de pressupostos e a convocação de todas as instâncias do pensamento jurídico não estão, naturalmente, preenchidas, de modo a fundar a analogia proposta por José Bonifácio Ramos. E a demonstração é fácil de fazer. Basta lembrar a repristinação – não mencionada expressa e diretamente pelo Autor, quando, mesmo assim, muda a sua posição, de um quadro legislativo a ela anterior para outro a ela posterior – do artigo 1095.º/3.

devida à repristinação do artigo 1095.º/3 do Código Civil, cuja referência direta omite sempre. Não o tivesse feito, nem esse resultado mais moderado lhe teria sido possível.

O mesmo se assiste, a nosso ver, com a posição de FERNANDA PAULA OLIVEIRA/DULCE LOPES.

De facto, em estudo datado de 2017, FERNANDA PAULA OLIVEIRA//SANDRA PASSINHAS/DULCE LOPES[79], defendiam não ser o alojamento local harmonizável com a finalidade habitacional, se ela estivesse prevista no título constitutivo. Mas, em escrito de 2019[80], as duas últimas, já admitem a conformidade do alojamento local com a finalidade habitacional da fração, presente no título, e, apenas, aceitam não suceder isso em resultado de proibição expressa no referido título inicial ou, ainda, através de deliberação tomada pela assembleia de condóminos, por unanimidade – portanto com o próprio voto do titular do alojamento local –, assim como na hipótese prevista no artigo 9.º/2 do Regime do Alojamento Local ou, de reação judicial, em cenários de lesão ou turbação efetiva.

XII – Finalmente, se tudo o antes referido não bastasse, e – salvo melhor entendimento e sempre com o devido respeito expressos – basta, para afastar o putativo sentido do termo *habitação* imputado, pelo Acórdão, ao declaratário normal, nos termos do artigo 236.º do Código Civil, a verdade é que, na dúvida sobre o sentido do termo *habitação*, presente no título constitutivo, e a existência, não de uma, não de duas, mas de três licenças – a de construção, a de habitação e a o título de desenvolvimento de atividade de alojamento local –, qualquer declaratário normal presumirá e deduzirá ser o sentido do termo

[79] FERNANDA PAULA OLIVEIRA/SANDRA PASSINHAS/DULCE LOPES, *Alojamento local e uso de fracção autónoma*, 2017, reimpressão de 2020, 53 e ss..

[80] FERNANDA PAULA OLIVEIRA/DULCE LOPES, *Alojamento local...*, 67 e ss., *maxime* 77, 78, 79, 80 e 99.

habitação o que lhe é dado por, não uma, não duas, mas três licenças passadas, *por três vezes*, pelas autoridades competentes.

Segundo os artigos 5.° a 8.°, do Regime do Alojamento Local, adiante analisados mais em pormenor, o desenvolvimento desta atividade está dependente de um sistema de emissão de um título válido assente numa comunicação prévia, registo junto das autoridades administrativas, seguido de vistoria por essas mesmas autoridades, com o número de registo. Esse título é, nos termos do artigo 7.° do Regime do Alojamento Local, o único título válido de abertura ao público. Além disso, segundo o respetivo artigo 9.°, se as autoridades competentes detetarem alguma desconformidade, nomeadamente, nos termos do artigo 6.°/1/*a*) desse Regime, com a autorização ou título válido de utilização, na informação ou documento constante da comunicação feita pelo requerente do título, o resultado é o cancelamento do registo. Esse cancelamento determina a imediata cessão da exploração do estabelecimento, sem prejuízo do direito à audiência prévia (artigo 9.°/2 do Regime do Alojamento Local).

E presumirá isso mesmo, pela razão simples de uma licença ou emissão de um título administrativo válido para exercer determinada atividade envolver, sempre, e em especial no âmbito das relações de vizinhança reais, uma presunção legal, de conformidade e licitude da atividade licenciada.

Nessa direção, depunham já, por exemplo, PIRES DE LIMA/ANTUNES VARELA[81], a propósito das atuações desenvolvidas no âmbito das relações de vizinhança, aplicáveis à propriedade horizontal por força da remissão expressa do artigo 1422.°/1 do Código Civil, ao afirmarem traduzir-se o licenciamento administrativo, de determinada atividade, numa *presunção legal* de licitude e conformidade dessa atividade, assim como de ausência

[81] PIRES DE LIMA/ANTUNES VARELA, *Código civil anotado*, 4.ª ed.°, com a colaboração de HENRIQUE MESQUITA, 1987, comentário ao artigo 1347.°, 181.

de efeitos nocivos ou perturbadores dela resultantes. Por isso, escreviam: «(...) *a intervenção da* (...) *Administração deve sobrepor-se ao simples* receio *do proprietário vizinho de que possam resultar efeitos nocivos para o seu prédio*». Nessa eventualidade, só há tutela «(...) *se o prejuízo se tornar efetivo (neste sentido também o § 907 do Cód. alemão). Há, portanto, uma presunção legal, de que não advirão danos. A prova de que os houve, contra a presunção genérica* (...) *deve ser feita pelo lesado*».

Além disso, esse sentido do termo *habitação* é também o resultante do próprio Código Civil (art. 1095.º/3).

§ 7. **Os pressupostos de facto assumidos pelo Acórdão Uniformizador na fundamentação e formulação do segmento uniformizador. Análise crítica**

I – Vimos já entender o presente Acórdão Uniformizador pressupor o alojamento local um maior desgaste e perturbação do imóvel, do que o resultante da utilização desse mesmo imóvel como morada estável, ao afirmar:

> «Sucede que a rotatividade e a aleatoriedade dos utentes aumentam inevitavelmente o risco de perturbação ao descanso, a insegurança, o desgaste e a sujidade das partes comuns, sempre em prejuízo dos demais condóminos, que vêem o seu imóvel desvalorizado e com despesas adicionais, sem retirar qualquer proveito.»

É, pois, esta a factualidade pressuposta pelo referido Acórdão para fundar o segmento Uniformizador. Mas será verdadeiramente ela fundada na efetiva realidade dos factos ou, como refere o Senhor Conselheiro Rijo Ferreira, mera e indemonstrada assunção apriorística tradutora de uma simples suposição assente numa infundada e errada pré-compreensão do fenómeno em jogo? Não assenta ela numa simples presunção oficiosamente feita pelo Tribunal, legalmente, salvo melhor e mais autorizado entendimento, ilegítima e em violação das regras do ónus da prova? Não é ela, além disso, desmentida pela realidade dos factos? Tentaremos responder a estas interrogações de seguida.

II – Principiaremos pelo tema do ónus da prova, de resto, já aflorado anteriormente nesta anotação (cfr. *supra*, § 6, XII).

A este respeito é importante lembrar, agora, novamente, o disposto numa norma – diretamente aplicável aos condomínios em propriedade horizontal, por força da remissão para ela presente no artigo 1422.º/1 do Código Civil. Norma essa, destinada a resolver conflitos surgidos no âmbito das relações de vizinhança em resultado do perigo de perturbação e prejuízo de determinadas instalações ou atividades, e da suscetibilidade de elas afetarem o sossego, a tranquilidade ou segurança dos demais vizinhos. Trata-se do artigo 1347.º do Código Civil. Determina este preceito:

Artigo 1347.º
(Instalações prejudiciais)

1. O proprietário não pode construir nem manter no seu prédio quaisquer obras, instalações ou depósitos de substâncias corrosivas ou perigosas, se for de recear que possam ter sobre o prédio vizinho efeitos nocivos não permitidos por lei.

2. Se as obras, instalações ou depósitos tiverem sido autorizados por entidade pública competente, ou tiverem sido observadas as condições especiais prescritas na lei para a construção ou manutenção deles, a sua inutilização só é admitida a partir do momento em que o prejuízo se torne efectivo.

3. É devida, em qualquer dos casos, indemnização pelo prejuízo sofrido.

Vale, pois, no âmbito das relações de vizinhança do direito de propriedade, a que a propriedade horizontal se acha sujeita (artigo 1422.º/1 do Código Civil), como justamente afirma Rui Pinto Duarte[82], a solução de expressamente se admitir, contra a generalidade das situações reguladas pelo Código Civil, o impacto direto, entre privados, na modelação, dessas mesmas relações de vizinhança entre tais privados, das normas de Direito público. Na verdade, diz este Autor, a propósito deste regime:

> «*A primeira nota que este regime merece é que tem a particularidade de – contra a generalidade do espírito Código Civil – admitir a possibilidade de concurso da aplicação de normas de Direito público.*»

É, destarte, absolutamente verdadeira a afirmação, especialmente, à luz do artigo 1347.º/1 e 2 (apesar de este preceito não ser jamais mencionado ou pressuposto sequer pelo Acórdão), presente no Aresto Uniformizador, no sentido de ter de se harmonizar as regras civilistas da propriedade horizontal com as resultantes do regime urbanístico e de natureza administrativa. Isto, ao dizer ser necessário proceder-se à conjugação das:

> «(...) *regras civilistas com o regime urbanístico e de cariz administrativo e que, em consequência, a par do destino do prédio ou das suas fracções autónomas fixado no projecto de construção e na autorização de utilização, o título constitutivo da propriedade horizontal contenha a menção do fim a que se destina cada fracção autónoma ou parte comum (cf. alínea a) do n.º 2 do artigo 1418.º do CC) de âmbito mais restrito do que aquele que consta do projecto ou da licença de utilização.*»

III – Todavia, essa conjugação e harmonização, afirmada ser necessária e feita, pelo Aresto em análise, é, apenas, unidirecional, para dizer ser necessário aferir da compatibilidade da licença para exploração de alojamento local com as regras de Direito civil referentes à

[82] *Curso...*, 96.

propriedade horizontal. Mas já não é bidirecional, no sentido de afirmar deverem essas mesmas normas de Direito civil, referentes à propriedade horizontal, harmonizar-se com as urbanísticas e de Direito administrativo. Isso é manifesto ao afirmar-se no Aresto Uniformizador, simultaneamente ao passo anteriormente agora mesmo textualmente transcrito:

> «*a existência de licença de utilização para um determinado uso de certa fracção não visa propriamente estabelecer as condições específicas ou sectoriais para o exercício de cada tipo de actividade económica que neles se pretenda instalar, mas tão-só que se indica o fim, como categoria de utilização genérica ou aberta, no quadro dos usos urbanísticos dominantes admissíveis para cada zona territorial.*»

Ou ainda ao sustentar-se no Aresto Uniformizador:

> «*A nova versão dada ao regime do AL pela Lei n.º 62/2018 não introduz alterações no regime civilista da propriedade horizontal, envolvendo uma opção legal de âmbito administrativo no sentido de se prescindir do controlo administrativo sobre o fim ou destino ou sobre as proibições de uso da fracção constantes do título constitutivo da propriedade horizontal ou de deliberações levadas a registo; b) Do novo regime do AL não consta qualquer disposição que revele intenção de derrogar o estatuto condominial inserido no CC.*»

Ou, finalmente, ao escrever-se, nele:

> Mesmo aceitando-se «(...) *o campo de intervenção autónomo da licença de utilização (de âmbito público) face ao fim indicado no título constitutivo da propriedade horizontal (de âmbito privado), é de admitir que este possa limitar a utilização mais vasta permitida pela licença e que, em consequência, a par do destino do prédio ou das suas fracções autónomas fixado no projecto de construção e na autorização de utilização, o título constitutivo da propriedade horizontal contenha a menção do fim a que se destina cada fracção autónoma ou parte comum (cf. alínea a) do n.º 2 do artigo 1418.º do CC) de âmbito mais restrito do que aquele que consta do projecto ou da licença de utilização*».

IV – Vamos agora passar ao lado do facto, adiante, mais pormenorizadamente referido (cfr. *infra* § 8.2) da afirmação feita no Uniformizador, no sentido de no «(...) *novo regime do AL não consta*[r] *qualquer disposição que revele intenção de derrogar o estatuto condominial inserido no CC*», ser desde logo desmentida pelo artigo 20.º-A, desse mesmo regime. Todavia, mesmo sem nos determos agora na análise deste artigo 20.º-A, esta harmonização unidirecional feita e advogada pelo Tribunal, ao invés de bidirecional como, nos parece, se impunha, não é, em nosso entender e salvo melhor perspetiva, aceitável. E por várias razões.

Desde logo, por não ser na nossa perspetiva, salvo mais Douta opinião, verdadeiro limitar-se o Regime do Alojamento Local a prescindir de um controlo administrativo prévio. Na verdade, esse regime dispensa um controlo prévio. Mas, ainda assim, não afasta a necessidade de um controlo administrativo. Isso mesmo resulta de forma absolutamente manifesta, a nosso ver, dos artigos 8.º e 9.º do Regime do Alojamento Local.

O primeiro dos dois preceitos obriga à realização de uma vistoria, pelas autoridades competentes, para aferir da compatibilidade e observância entre a unidade de alojamento local e os requisitos para ele previstos e impostos pelo artigo 6.º – designadamente, o artigo 6.º/1/*a*) onde se refere a necessidade de existência de *licença* ou *título de utilização do imóvel válido* (repare-se na alternativa *licença* ou *título de utilização* do imóvel válido). Na falta dessa compatibilização e cumprimento desses pressupostos do artigo 6.º – nomeadamente o artigo 6.º/1/*a*) – o efeito é o cancelamento do registo. É o seguinte o teor dos artigos 6.º/1/*a*), 8.º e 9.º do Regime do Alojamento Local:

Artigo 6.º

1 – Da mera comunicação prévia dirigida ao Presidente da Câmara Municipal devem obrigatoriamente constar as seguintes informações:

a) A autorização de utilização ou título de utilização válido do imóvel;

Artigo 8.º
Vistoria

1 – A câmara municipal territorialmente competente realiza, no prazo de 30 dias após a apresentação da mera comunicação prévia, uma vistoria para verificação do cumprimento dos requisitos estabelecidos no artigo 6.º, sem prejuízo dos demais poderes de fiscalização que legalmente lhe assistem.

Artigo 9.º
Cancelamento do registo

1 – O Presidente da Câmara Municipal territorialmente competente pode, existindo qualquer desconformidade em relação a informação ou documento constante da mera comunicação prévia, cancelar o registo.

2 – O cancelamento do registo determina a imediata cessação da exploração do estabelecimento, sem prejuízo do direito de audiência prévia.

3 – O cancelamento do registo deve ser imediatamente comunicado pela Câmara Municipal territorialmente competente ao Turismo de Portugal, I. P., e à Autoridade de Segurança Alimentar e Económica (ASAE).

Há, pois, como referem Pires de Lima/Antunes Varela[83], no final deste processo – mantendo-se, após a verificação de conformidade resultante da atividade administrativa de vistoria e de aferição do cumprimento dos pressupostos previstos no artigo 6.º, em especial do artigo 6.º/1/*a*), o título de abertura em vigor –, em virtude da intervenção da atividade fiscalizadora da administração, uma presunção de natureza legal (porquanto resultante do artigo 1347.º/2 do Código Civil), de conformidade com o título constitutivo. Presunção, a respeitar, não apenas pelo declaratário normal, mas também a observar pelos tribunais na distribuição do ónus da prova. E a presunção *hominis*

[83] Pires de Lima/Antunes Varela, *Código civil...*, comentário ao artigo 1347.º, 181.

assumida pelo tribunal, no sentido de o alojamento local traduzir uma maior perturbação da tranquilidade e sossego, alegadamente, proporcionada pela finalidade habitacional eventualmente presente no título constitutivo, não se pode sobrepor às presunções legais resultantes do modo como os regimes se mostram e acham estruturados[84].

V – Depois, porque, o artigo 7.º do Regime de Alojamento Local é expresso ao afirmar depender a validade da abertura e funcionamento ao público única e exclusivamente do título emitido pelas autoridades competentes, sem dependência de outros requisitos (nomeadamente provenientes da propriedade horizontal, pois a conformidade do título com a finalidade desta, já foi aferida pelas entidades administrativas).

Artigo 7.º
Título de abertura ao público

> O documento emitido pelo Balcão Único Eletrónico dos serviços contendo o número de registo do estabelecimento de alojamento local constitui o único título válido de abertura ao público.

Ou seja, depois de consolidado este na esfera jurídica do respetivo titular, não pode mais a validade do título de abertura ser impugnada ou posta em jogo, ressalvadas as hipóteses previstas no próprio Regime de Alojamento Local. Mas não há outros fundamentos de falta de validade, ou ilegalidade, desse título, suscetíveis de ditarem o encerramento do alojamento.

Trata-se, destarte, de um efeito e de um sentido, este do artigo 7.º do Regime do Alojamento Local, em primeira instância, resultante da presunção legal de conformidade da intervenção das autoridades

[84] A respeito da importância do modo como as normas e regimes se desenvolvem e estruturam e se acham construídos, na distribuição do ónus da prova não merece impugnação.

administrativas no processo de emissão do título (artigo 1347.º/2 do Código Civil). Mas ao mesmo tempo, numa segunda instância e num duplo *ergo*, de uma norma reforçadora dessa presunção.

Nem vale a pena, dizer-se não poder a intervenção administrativa violar a reserva de jurisdição dos tribunais. Isso não sofre impugnação. Mas, a pergunta a fazer não é se a intervenção administrativa e a presunção legal de ausência de danos e de receios, resultante do artigo 1347.º/2 do Código Civil viola, ou não, a reserva de jurisdição dos tribunais. É outra. É se a intervenção administrativa é de molde, ou não, a afigurar-se constitutiva e a outorgar direitos subjetivos a quem beneficiar de atos permissivos e títulos, por si emitidos, em resultado de processos de fiscalização que pertencem a essa mesma atividade administrativa. E a resposta a esta outra interrogação, essa, é obviamente positiva. Ora, só se poderia dizer haver violação da reserva de jurisdição dos tribunais se não se pudesse sustentar ter a administração, ela própria, a possibilidade de conceder, no uso das respetivas competências legais, direitos subjetivos aos sujeitos que lhe solicitam títulos administrativos necessários ao exercício de certa atividade. A haver algum conflito – entre a atividade da administração e o título administrativo mantido válido e em vigor, no final do processo de vistoria – com alguma coisa, essa oposição não era com a reserva de jurisdição. Era, sim, apenas, com a vontade das partes expressa no título constitutivo. Mas, sendo assim, não se vê não poder uma norma jurídica, perante os conflitos de vizinhança existentes num prédio em regime de propriedade horizontal:

i) entre os habitantes permanentes, de um lado,
ii) e, do outro, os titulares do alojamento local assente em título administrativo válido e em vigor, em resultado de um processo administrativo de aferição da respetiva legalidade e de vistoria,

resolver esse conflito a favor destes. Pelo menos, enquanto tudo se passar ao nível de simples receios prévios, não provados terem efetivamente sucedido, e estivermos a debater meros meios de tutela preventiva.

Que assim é ilustra-o à saciedade o regime do artigo 1347.º/2 do Código Civil, aplicável à propriedade horizontal por força do disposto no artigo 1422.º/1 do mesmo diploma. Isto, justamente, ao invés do feito pelo tribunal, estabelecer não poder, a haver licença ou título administrativo permissivo do desenvolvimento de atividades prejudiciais, não permitidas por lei, para o imóvel ou demais condóminos, resolverem-se, em sede meramente preventiva, os conflitos a favor dos restantes vizinhos e em detrimento do titular do título administrativo.

VI – Além disso, este preceito, ao invés de muitas das normas sujeitas ao princípio da tipicidade dos Direitos reais, de onde resulta a delimitação da estrutura positiva dos singulares direitos reais – *in casu* os envolvidos por relações de vizinhança à semelhança do sucedido na propriedade horizontal – não envolve, num passo unanimemente aceite pela Doutrina e pela Jurisprudência, uma enumeração taxativa das atividades e situações por ele abrangidas e sujeitas ao respetivo regime.

Na verdade, esta norma traduz, de forma deliberada, uma tipicidade exemplificativa e aberta. Ora, nos tipos exemplificativos, ao invés dos imperativos, os tipos apenas servem de exemplos. Por outro lado, nos tipos abertos, diferentemente dos fechados, apenas se procede a descrições mais lassas. Estabelecem-se alguns elementos, mas permite-se preenchimento dos demais. Os tipos exemplificativos deixam, pois, a possibilidade de serem desenvolvidos *praeter legem* e de apelo à analogia[85]. Mas nem isso é agora necessário. O artigo 1347.º/1 e 2 é manifesto ao dizer estarem por ele abrangidas as instalações ou depósitos de substâncias corrosivas e, de um modo geral, quaisquer obras

[85] Sem apelo, portanto, aos pressupostos metodológicos referidos *supra* nas notas (7) e (75) e *infra* § 8. 1, IV.

ou instalações permitidas por títulos emitidos (autorizadas) por autoridades competentes.

A razão para se ter adotado neste preceito, deliberadamente, uma tipicidade aberta é explicitada por PIRES DE LIMA/ANTUNES VARELA:

> «*O artigo não diz de que obras* (...)» ou instalações «(...) *se trata ao contrário do Código de 1867* (...). *Pareceu preferível referir genericamente os efeitos nocivos não permitidos por lei, evitando-se omissões difíceis de resolver, dada a natureza especial do preceito.* (...). *Há que contar também com os feitos nocivos sobre a* segurança, *a* saúde *ou a* tranquilidade *das pessoas, que só indirectamente atingem o prédio, desvalorizando-o em maior ou menor escala.*»

Fosse, pois, o alojamento local gerador de maior insegurança ou falta de tranquilidade, do que a habitação permanente, e fosse ele não permitido por lei, na eventualidade de o título constitutivo ser habitacional, pressupondo essa finalidade – ao arrepio do em sentido oposto determinado, a favor da admissibilidade desta forma de alojamento, pelo artigo 1095.º/3 do Código Civil – para a *habitação* ser efetivamente habitação, a permanência duradoura no imóvel – com afastamento de possibilidades de *habitação não permanente* expressamente previstas e contempladas no dito artigo 1095.º/3 –, então, mesmo assim, deveria aplicar-se o artigo 1347.º/2 do Código Civil. Ou seja, afastar-se toda a forma de tutela preventiva. Só a tutela após a consumação efetiva da perturbação, a provar pelo lesado, permite, nos termos do artigo 1347.º/2, pôr termo à instalação da unidade de alojamento local dotada de título administrativo válido para operar.

VII – O entendimento no sentido de o artigo 1347.º do Código Civil, não pressupor uma tipicidade fechada resulta, como se viu, do próprio teor do preceito. Ele é, além disso, como não podia deixar de ser, pacificamente, aceite por Doutrina e Jurisprudência. Assim, a somar-se ao ensinamento de PIRES DE LIMA/ANTUNES VARELA, pode ainda referir-se, na mesma linha, como expressão de orientação insuscetível de impugnação, MENEZES CORDEIRO, EDUARDO DOS SANTOS, CARVALHO FERNANDES, MENEZES LEITÃO, SANTOS JUSTO, ou JOSÉ ALBERTO VIEIRA, entre outros.

Diz, o primeiro destes Autores:

> «*O Código não especifica a natureza das obras (...) instalações ou depósitos proibidos: fala apenas em* efeitos nocivos, *devendo, pois considerar-se abrangidos todos os que tenham a característica de nocividade. O artigo 2323.º do Código de Seabra (...) era criticad*[o] *pelo seu casuísmo (...). Bem avisado andou, pois, o Código actual, ao dispor com generalidade, aliás à semelhança do BGB, § 907*[86]*.*»

EDUARDO DOS SANTOS, por seu turno, refere apenas não ter o artigo 1347.º, pretensão restritiva e expressa adesão ao ensinamento de PIRES DE LIMA ANTUNES/VARELA[87]. Também CARVALHO FERNANDES[88] menciona estar-se, no artigo 1347.º do Código Civil, perante uma fórmula genérica. MENEZES LEITÃO[89], por sua vez, afirma a propósito do preceito agora em referência:

> «*A lei actual generaliza a solução a todas as obras, instalações e depósitos que possam ter sobre o prédio vizinho efeitos nocivos não permitidos por lei. O critério é assim o da susceptibilidade de ter efeitos nocivos e de esses efeitos não serem legalmente permitidos.*»

Já SANTOS JUSTO[90], escreve, abranger o preceito, além da manutenção de substâncias corrosivas ou perigosas, todo tipo de obras ou instalações:

[86] MENEZES CORDEIRO, *Direitos reais*, 1979, 427 e nota (930).

[87] EDUARDO DOS SANTOS, *Curso de direitos reais*, 1983, I, 423.

[88] CARVALHO FERNANDES, *Lições de direitos reais*, 6.ª ed., reimpressão, 2010, 221.

[89] MENEZES LEITÃO, *Direitos reais*, 9.ª ed., 2021, 184.

[90] SANTOS JUSTO, *Direitos reais*, 7.ª ed., 2019, 261 e 262, e notas (1194) e ss.

«*A* (...) ratio *desta proibição está* [n]*o receio fundado de que as obras, instalações ou depósitos, tenham efeitos nocivos não permitidos por lei. E* (...) *para evitar omissões difíceis de resolver, o Código não refere* (...) *o tipo.*» Cita, de seguida, o ensinamento de Pires de Lima/Antunes Varela[91] e José Alberto Vieira e cita uma série de Acórdãos onde este preceito foi latamente aplicado até ao ponto de entender a expressão instalações, como abrangendo omissões de limpeza e admitindo permitir, por isso, o artigo 1347.º do Código Civil servir de fundamento para exigir essa mesma limpeza.

Finalmente, José Alberto Vieira[92] assevera:

«" (...) *para além dos depósitos de substâncias corrosivas ou perigosas* (...), *o art. 1347.º do Código Civil* (...), *abarca genericamente quaisquer obras ou instalações susceptíveis de ter efeitos nocivos não permitidos por lei sobre o prédio vizinho: neles incluídos tanto os que directamente afectem o prédio, desvalorizando-o em maior ou menor escala, como os que possam atingir a saúde e a tranquilidade das pessoas".*»

O mesmo entendimento é expresso, sem margem para dúvidas pela Jurisprudência. Referem-se a título exemplificativo:

– STJ 09-04-1992[93]: é ilícito implantar instalações de onde resultem gases, vapores e cheiros próximo de logradouro de prédio urbano, independentemente deste ser habitado ou não.

– STJ 25-09-2003[94]: para além dos depósitos de substâncias corrosivas ou perigosas que refere, o artigo 1347.º do Código Civil, abarca generica-

[91] Nomeadamente ao dizerem estes abranger o artigo 1347.º do Código Civil não apenas os efeitos nocivos diretos, mas, também, os indiretos, suscetíveis de o desvalorizarem, em maior ou menor medida, nomeadamente, afetando a segurança, tranquilidade e sossego.

[92] José Alberto Vieira, *Direitos...*, 322.

[93] STJ 09-04-1992, Proc. n.º 081415/ITIJ.

[94] STJ 25-09-2003, Proc. n.º 03B2202/ITIJ.

mente quaisquer obras ou instalações suscetíveis de ter efeitos nocivos não permitidos por lei sobre o prédio vizinho: neles incluídos tanto os que diretamente afetem o prédio, desvalorizando-o em maior ou menor escala, como os que possam atingir a saúde e a tranquilidade das pessoas.

– STJ 26-06-2017[95]: o direito de exigir a limpeza de terreno vizinho, conferido pelo artigo 1347.º/1, faz parte do conteúdo do direito de propriedade.

O próprio § 907 do *BGB*, cujo teor perceto-normativo, o artigo 1347.º do nosso Código Civil pretendeu imitar, ao ter optado por seguir uma solução aberta relativamente às atividades nocivas por ele abrangidas – para se furtar aos reparos feitos durante a vigência do Código de Seabra[96], ao respetivo artigo 2338.º –, determina apenas poder um proprietário exigir não haver nas propriedades vizinhas quaisquer instalações (sem as referir ou mencionar) – com exceção de árvores e arbustos situados fora do âmbito da norma – suscetíveis de, com um grau de segurança, poderem ter efeitos não permitidos. De seguida, ressalva a hipótese de terem sido observadas as disposições que impõem regras de distância ou outras soluções. Nessa eventualidade, só o dano efetivo permite pôr termo à atividade nociva.

Não há, pois, dúvidas absolutamente nenhumas: o artigo 1347.º/1 e 2 do Código Civil vale para todo o tipo de instalações prejudiciais: logo, também, para as unidades de alojamento local!

VIII – Portanto, o Aresto Uniformizador, ao assentar a solução por ele sustentada na presunção *hominis* no sentido de o alojamento local, devidamente alicerçado num título válido de exploração, emitido

[95] STJ 26-06-2017, Proc. n.º 1281/12.2TBMCN.P1.S1/ITIJ.

[96] V., por exemplo, Cunha Goncalves, *Tratado de direito civil em comentário ao código civil português*, 1937, XII, 64, que mesmo perante a enumeração exaustiva do artigo 2338.º do Código de Seabra, afirmava não poder deixar, certamente, ela de ser meramente exemplificativa.

pela Administração pública – e que assenta num processo de aferição administrativa, pela Autoridade competente, da observância pela fração, destinada a alojamento local, designadamente da finalidade da *licença* de utilização *ou* da finalidade do *título*, a ter este menção a essa finalidade, e cuja manutenção em vigor depende da superação de um processo de vistoria – está a sobrepor a seu próprio entendimento, a respeito do sentido dessa presunção *hominis*, sobre a presunção legal resultante do artigo 1347.°/2 e, assim, a violar as regras do ónus da prova, por este preceito impostas, às hipóteses abrangidas pelo segmento Uniformizador.

É que, mesmo se o Regime do Alojamento Local não pressupusesse, como pressupõe e envolve, por si só, uma interferência bidirecional, e não apenas unidirecional como faz o Aresto Uniformizador, entre, de um lado, esse regime e, do outro, o regime da propriedade horizontal, seria este mesmo e último regime a convocar, em si e por si, essa bidirecionalidade. Isto, por força do artigo 1347.°/2 e da presunção legal, dele resultante. Presunção, como dissemos, a nosso ver, salvo melhor opinião, desrespeitada pelo Acórdão, em razão da existência de um título válido de exploração. Vale a pena enfatizar, de novo, pela sua importância e relevância na nossa hipótese, o ensinamento de PIRES DE LIMA/ANTUNES VARELA[97] a este respeito:

> «(...) *a intervenção da* (...) *Administração deve sobrepor-se ao simples* receio *do proprietário vizinho de que possam resultar efeitos nocivos para o seu prédio. Daí o regime estabelecido na parte final do n.° 2. Só há, naqueles casos, o direito de inutilizar a obra* (...) ou instalação (...) *se o prejuízo se tornar efetivo (neste sentido também o § 907 do Cód. alemão). Há, portanto, uma presunção legal, de que não advirão danos. A prova de que os houve, contra a presunção genérica* (...) *deve ser feita pelo lesado.*»

[97] PIRES DE LIMA/ANTUNES VARELA, *Código civil...*, comentário ao artigo 1347.°, 181.

IX – Se isto não bastasse e, salvo melhor entendimento, basta, há ainda outras razões para afastar a presunção *hominis* usada pelo Tribunal, no sentido da maior turbação das relações de vizinhança, em hipóteses de cessão do gozo ou do uso de frações em regime de propriedade horizontal para *habitação não permanente* (*sic*: artigo 1095.º/3 do Código Civil) *designadamente para fins turísticos* (de novo *sic*: artigo 1095.º/3 do Código Civil), do que em cenários de habitação permanente.

A primeira está ligada, desde logo, ao próprio facto de, tratando-se de *habitação não permanente*, os artigos 1095.º/3 e 1096.º/2, preverem um regime mais favorável, para o proprietário, na cedência do gozo ou uso da coisa do que o existente, em hipóteses de habitação permanente sujeita aos artigos 1095.º/1 e 2, 1096.º/1 e 1097.º, todos do Código Civil. Ora, a importância da estruturação dos regimes e das normas na forma de distribuição das regras do ónus da prova é suficientemente sabida para necessitar de ser acentuada.

Depois, a segunda, está ligada à própria natureza da presunção *hominis*. Na verdade, uma presunção *hominis* alicerça-se nas regras práticas da experiência e estriba-se nos ensinamentos obtidos através da observação (empírica) dos factos. É, nesse saber feito de experiência, sustentarem-se as presunções constantemente usadas pelos julgadores na apreciação de muitas situações de facto[98].

X – Ora, o atestado pela observação dos factos (se isso for feito de forma fundada e fundamentada – e não apriorística como refere o

[98] Cfr., ANTUNES VARELA, *Manual de Processo Civil*, com a colaboração de MIGUEL BEZERRA e SAMPAIO e NORA, 2.ª ed., 1985, 502; PEDRO DE ALBUQUERQUE, *Responsabilidade Processual por litigância de má fé, abuso de direito e responsabilidade civil em virtude de actos praticados no processo. A responsabilidade por pedido infundado de declaração da situação de insolvência ou indevida apresentação por parte do devedor*, 2006, 64, nota 170; Id., *A vinculação das sociedades comerciais...*, I, 987 e 988, nota 5749; PEDRO DE ALBUQUERQUE/ DIOGO COSTA GONÇALVES, *O impedimento do exercício do direito de voto como proibição genérica de atuação em conflito*, in *Revista de Direito das sociedades*, III, 2011, 699 e ss..

Conselheiro Rijo Ferreira ter o Tribunal feito) onde se deve estribar a presunção *hominis*, operada pelo Aresto em análise, é, não apenas, não envolver a *habitação não permanente, designadamente para fins turísticos*, nem nas zonas de veraneio, nem fora delas, uma utilização mais constante, intensiva e geradora de maior pressão, desgaste, falta de sossego ou tranquilidade como, ao invés, até é o inverso a suceder.

De facto, se olharmos para os dados fornecidos pelo Instituto Nacional de Estatística, para o ano de 2019 (pré-pandemia), a taxa de ocupação das unidades de alojamento local foi a seguinte:

A estada média nos estabelecimentos de alojamento local foi 2,22 noites. As estadas médias mais elevadas registaram-se na Região Autónoma da Madeira (4,08 noites), no Algarve (2,98 noites) e na Região Autónoma dos Açores (2,84 noites)[99].

Além disso, no alojamento local, a taxa líquida de ocupação-cama[100] atingiu 35,7%. As regiões onde se registaram os valores mais elevados neste indicador foram: a Área Metropolitana de Lisboa (45,3%)[101], Algarve (36,8%)[102] e a Região Autónoma da Madeira (36,0%)[103].

Portanto, o sucedido, de facto, não o aprioristicamente afirmado através de pré-compreensões do fenómeno, é envolver a *habitação não permanente designadamente para fins turísticos* uma utilização mais intensiva precisamente nas zonas de veraneio da Madeira e do Algarve e na Área Metropolitana de Lisboa.

A Área Metropolitana de Lisboa é onde a taxa de ocupação por cama, em alojamento local, é mais elevada. Mas ela, abrange, na verdade, indisputavelmente, várias zonas de veraneio, como toda a Linha

[99] *Estatísticas do turismo*, (Instituto Nacional de Estatística), 2019, 38.

[100] A taxa líquida de ocupação-cama é a relação entre o número de dormidas e o número de camas disponíveis no período de referência, considerando como duas as camas de casal. *Estatísticas do turismo*, (Instituto Nacional de Estatística), 2019, 75.

[101] *Estatísticas do turismo*, (Instituto Nacional de Estatística), 2019, 38.

[102] *Estatísticas do turismo*, (Instituto Nacional de Estatística), 2019, 38.

[103] *Estatísticas do turismo*, (Instituto Nacional de Estatística), 2019, 38.

de Cascais, com a própria Vila de Cascais e o Estoril à cabeça, Praia Grande, Praia das Maçãs, Costa da Caparica, Fonte da Telha, Aroeira, Azeitão, Sesimbra, etc..

Segundo dados do EUROSTAT tem-se por área costeira a unidade administrativa local (freguesia) que cumpra um dos seguintes critérios[104]:

- apresentar fronteira marítima (critério da linha costeira);
- possuir pelo menos 50% da sua superfície a uma distância inferior a 10 km do mar (critério de 50% da superfície).

Além de ser, ao menos em parte, lugar de veraneio (mesmo entendida esta expressão em sentido restritíssimo), a Área Metropolitana de Lisboa apresenta inúmeras e incontáveis, áreas universitárias.

Assim, apenas no município de Lisboa, não existe praticamente, ou não existe mesmo de todo, alguma área sem um núcleo universitário. Têm-nos, como é público: Belém, Pedrouços, Junqueira, Ajuda, Alcântara, São Bento, Campo de Ourique, Santos, Zona do Cais do Sodré, zona do Marquês de Pombal e da Avenida da Liberdade, Campo dos Mártires da Pátria, Rua da Escola Politécnica, Campolide, Avenida de Berna, zona da Rua Gomes Freire, Sete-Rios, Avenida das Forças Armadas, Cidade Universitária, Campo Grande, Lumiar, Carnide, Estrada de Benfica, zona da Fonte Luminosa, zona da Quinta do Lambert, Mouraria, Chelas, Marvila e Olivais.

A juntar-se a estes lugares, devem ainda somar-se, com zonas universitárias, na Área Metropolitana de Lisboa, a Costa da Caparica e Oeiras.

Trata-se, pois, tudo, de zonas, excecionadas, na fundamentação do Aresto, do seu segmento Uniformizador. Isto, ao dizer nessa mesma fundamentação, por adesão à posição do Acórdão recorrido:

[104] *Estatísticas do turismo*, (Instituto Nacional de Estatística), 2019, 39.

> «*O uso de fracções autónomas em hospedagem no âmbito do contrato de arrendamento, nos termos do artigo 1093.º do CC, em arrendamentos sazonais de curta duração em áreas de veraneio ou "alojamento" de estudantes em determinados núcleos urbanos universitários inserem-se noutro contexto económico-social, distinto do alojamento local, não justificando necessariamente a mesma solução jurídica.*»

Admita-se, porém, por não possuirmos dados suscetíveis de atestarem a distribuição de dormidas, pelo menos à data de 2019[105], em imóveis de alojamento para turistas, pelos diversos municípios da Área Metropolitana de Lisboa, ser a taxa de ocupação líquida das camas, na Área da Grande Lisboa, toda ela ocupada e preenchida no Município de Lisboa ou, ao menos, ser, aí, essa taxa igual, à média da zona. Admita-se, também, ser essa ocupação predominantemente em prédios de apartamentos. Se assim for teremos de calcular o número de dias do ano com a taxa média de ocupação líquida de camas. Ter-se-á, então, de fazer o seguinte cálculo para perceber essa mesma intensidade média:

$$365 \text{ (dias)} \times 45{,}3 \div 100 = 165$$

O resultado é o de uma ocupação média das camas em unidades de alojamento local, em Lisboa, de 165 dias por ano. Portanto, em menos de metade dos dias do ano. Isto em manifesta oposição com a intensidade da utilização dada em cenários de habitação permanente às mesmas frações onde ela se aproximará dos 100% ou, pelo menos não andará, no mínimo, longe dos 11/12 avos.

Se agora, para apurarmos o número de (ditos) estranhos a entrar nas zonas comuns, dividirmos 165 (número de dias por ano em que a

[105] Uma análise mais pormenorizada, mas anterior a 2017, pode ser vista em *Programa Quality, Os imóveis*, coordenação de Hélia Gonçalves Pereira/ISCTE/UL, 2017, *passim*.

unidade de alojamento local é efetivamente usada segundo a taxa de ocupação líquida de camas na zona onde ela é mais intensa – a Área Metropolitana de Lisboa), pela duração média da estada em unidades de alojamento local – 2,22 dias por estada segundo os dados do Instituto Nacional de Estatística – e, aceitarmos entrarem novos hóspedes, após essa estada de 2,22, obtemos o seguinte resultado:

$$165 \div 2,22 = 74,3243243243$$

Vamos usar por referência uma típica unidade de alojamento local correspondente a um T1[106]. Portanto, com uma capacidade a rondar as duas pessoas, devemos multiplicar este valor, anteriormente obtido, por dois. Isto, para percebermos quantas pessoas (ditas estranhas) entram, em média, por ano, no condomínio, em virtude da existência de uma unidade de alojamento local, no prédio. E o resultado é:

$$74,3243243243 \times 2 = 148,6486486486$$

Se agora, para percebermos o número de pessoas (estranhas) que, em média diária, entra no condomínio, ao longo do ano, dividirmos o número de dias anuais pelo resultado antes obtido, então, temos o seguinte:

$$365 \div 148,6486486486 = 2,455454545455349$$

Portanto, facilmente se percebe apenas entrar no condomínio, um novo estranho, em média, a cada 2,455454545455349 dias. Ou, numa outra conta:

$$148,6486486486 \div 365 = 0,40725657164$$

[106] Relativamente às tipologias de alojamento dominantes na área de Lisboa e sua distribuição pelos diversos concelhos, v. *Programa Quality, Os imóveis*, coordenação de Hélia Gonçalves Pereira/ISCTE/UL, *cit.*, 18, 23, 31. A nível nacional v. *Estatísticas do turismo*, (Instituto Nacional de Estatística), 2019, 30.

Donde, em média, no referido condomínio entram, por dia, ao longo do ano, 0,40725657164 estranhos.

XI – Será esta utilização mais intensiva e propiciadora, por natureza de mais conflitos de vizinhança, do que a resultante de um igual T1 habitado permanentemente?

A resposta é óbvia: não é!

Desde logo, não se vê ser, necessariamente, o número de estranhos a entrar no imóvel, em razão da unidade de alojamento local, maior do que a resultante de habitação permanente – basta pensar-se nas entradas diárias do carteiro (por norma inexistente nas unidades de alojamento local); nas encomendas mais variadas, desde a Uber *eats* até simples compras feitas na net (encomendas essas de artigos vendidos em linha, igualmente, por norma inexistente nas unidades de alojamento local); encomendas semanais ou mensais, porventura, feitas aos supermercados; entrada, em vários agregados, de forma muitas vezes diária de empregadas de limpeza[107]; entradas ao longo do ano de empreiteiros ou reparadores (de necessidade tornada mais intensa pela maior presença e utilização da fração pelos moradores permanentes), até aos amigos do agregado familiar (em regra, também eles, inexistentes nas unidades de alojamento local). Portanto, a haver algum excesso de estranhos no local, ele não será normalmente ditado

[107] Dir-se-á, haver, também essas entradas de empregadas ou empregados de limpeza, nas unidades de alojamento local. Sim, é verdade, mas em termos socialmente típicos, apenas a cada vez que um hóspede sai. E como a utilização dos hóspedes é, em termos estatísticos inferior à dos habitantes permanentes, também o será, tipicamente, a entrada dos serviços de limpeza necessários ao alojamento local. Dir-se-á, poder não ter o agregado familiar serviços de limpeza. É verdade, mas, também, o serviço de limpeza da unidade de alojamento local pode ser assegurada pelo próprio proprietário. Em todo o caso, o ruído (nomeadamente pelo arrastar de móveis e pela utilização do aspirador) e turbação proveniente da habitação permanente, em razão da maior intensidade, estatística, da respetiva utilização, será, por norma, sempre maior do que os provenientes da unidade de alojamento local.

pela unidade de alojamento local, mas sim, pelo agregado familiar que muito provavelmente ultrapassará os 0,40725657164 estranhos por dia, em média, das unidades de alojamento local.

A esta entrada de estranhos no local, ditada pela fração afeta a habitação permanente, deve, ainda, adicionar-se a própria utilização diária feita pelos membros do agregado familiar morador em permanência no local – e estes podem até, entrar e sair, tipicamente, de suas casas várias vezes ao dia, ao invés dos turistas pois, por norma, estes saem de manhã e voltam, apenas, à noite, uma vez terminada a sua visita pela cidade. Além disso, nas unidades de alojamento local não há, se elas estiverem apenas afetas a essa exploração, nenhuma utilização por moradores permanentes a somar-se à dos ditos estranhos que ingressam também no condomínio em cenários de habitação permanente.

Portanto, facilmente se percebe como, em razão dos dados estatísticos factuais, e não de pré-compreensões apriorísticas, a existência de unidades de alojamento local, não só, não é de molde a gerar maior turbação e conflitos no âmbito das relações de vizinhança, como, até, terá menor virtualidade para o fazer.

Se pensarmos, ainda, no facto de muitos agregados de moradores permanentes haver animais como cães ou gatos – hábeis a gerar o mais diverso tipo de turbação, impossível de negar apesar de nós próprios termos tido sempre ao longo de toda a vida animais – e isso não suceder, em regra, nas unidades de alojamento local, também por esta perspetiva, se percebe a muito menor aptidão das frações, afetas a estes últimos, para gerarem conflitos de vizinhança.

XII – Dir-se-á haver por vezes abusos e turbação proveniente das unidades de alojamento local e ser isso inquestionável. É verdade!

Mas, também, há abusos e possibilidade de turbação em hipóteses de habitação permanente. E não só os dados estatísticos, revelam uma menor intensidade da utilização das frações pelas unidades de alojamento local, como, no âmbito da habitação, a haver abusos, eles tornam-se bastante mais graves. E, podem ser do mais variado espetro.

Podem resultar desde o latido ou uivar permanente de cães, à entrada de gatos nos mais diversos espaços do condomínio, até à existência de problemas psicológicos ou psiquiátricos ou pura falta de civismo dos moradores permanentes.

A título ilustrativo. Num pequeno trabalho de campo feito pelo Autor desta anotação, em dois imóveis, com vinte frações cada, onde só habitam moradores permanentes, metade deles relataram já ter tido algum tipo de conflito de vizinhança e ter sentido alguma forma de turbação proveniente da utilização dada pelos outros condóminos à fração e zonas comuns. Esses dados sobem para quase 100% se nas frações morarem crianças, adolescentes ou jovens adultos ou albergarem animais.

Um caso revestiu mesmo gravidade extrema. Numa fração de um condomínio habitava um agregado familiar composto pelos progenitores e por um adolescente de 16 anos, além de um cão. Durante todos os dias da semana, na ausência dos donos, o cão uivava de forma permanente e incessante. Aos fis de semana os pais ausentavam-se, sempre, para fora de Lisboa. O jovem ficava, também sempre, em casa, nessa ausência dos pais. Durante o dia, convidava várias dezenas de amigos para jogarem *playstation*. Os jogos eram invariavelmente de ação, com múltiplas explosões audíveis na outra fração do mesmo andar e tornavam a permanência ali insuportável. A partir do final da tarde, a fração vizinha, à do jovem, começava, ainda, a ser invadida por fumo proveniente do uso de substância psicotrópicas. Não era, além disso, raro ouvirem-se barulhos de atividade sexual proveniente da fração onde o jovem habitava. Impropérios, esses, eram permanentes e facilmente audíveis pelos vizinhos.

À noite, o número de visitantes aumentava sempre. Entravam e saiam do imóvel continuamente centenas de jovens. Festas até altas horas eram regulares e os movimentos e saltos na fração do jovem eram tais que os próprios móveis da fração vizinha abanavam toda a noite.

Chamada a polícia, reiterada e repetidamente, ao local esta, posta perante com o facto de os infratores serem jovens, apenas recomendava silêncio e ameaçava com multas (à próxima vinda) jamais efetivamente aplicadas. A cada chamada noturna, para a esquadra mais próxima da PSP, esta demorava mais tempo a chegar, alegando estar a patrulha a tratar de outras ocorrências. Após a vinda da polícia, os jovens faziam silêncio durante alguns minutos, mas rapidamente voltavam à algazarra anterior.

Cigarros, regularmente atirados da janela, durante as festas, chegaram a pegar fogo a um sofá numa varanda de um piso inferior. Latas de cerveja eram permanentemente atiradas, também, pelas janelas.

Confrontado o pai do adolescente com estas práticas regulares terá respondido ir falar com o filho, pois, disse, a liberdade dele terminava onde começava a dos outros. Porém, se esta conversa entre pai e filho teve lugar, não deu nenhuns frutos. Tudo se manteve exatamente na mesma.

Rapidamente o pai, deixou de atender as chamadas feitas, pelos vizinhos, ao fim de semana, para o seu telemóvel.

Perante tudo isto, os vizinhos acabaram por ter de dizer ao pai que, a não cessar nada disto, teriam de apelar para os tribunais. O pai terá de imediato protestado, em termos pouco amistosos, dizendo reagir muito mal a ameaças.

Tudo isto, se prolongou durante cerca de dois anos! A cessação desta turbação, extremamente grave, apenas se deu após a venda da fração pelo dito agregado familiar a outros moradores.

Igual trabalho de campo, realizado pelo próprio Autor desta anotação, junto de vários residentes e proprietários titulares de alojamentos locais, em de perto de três dezenas de imóveis em regime de propriedade habitacional, a propósito dos incómodos recíprocos percecionados, por uns e outros, em virtude da utilização dada por todos às respetivas frações, permitiram-lhe extrair as seguintes inferências a partir dos testemunhos obtidos.

Numa situação concreta, uma residente permanente manifestou ter sentido uma perturbação continuada e persistente, em virtude de um alojamento local, entretanto, já sem operação (não se conhecem as razões da cessação dessa atividade). Tratava-se de uma fração, num imóvel moderno situado na zona da Expo. Os sucessivos hóspedes, dessa unidade de alojamento local, eram, porém, todos do mesmo país de origem e provenientes do hemisfério Sul. O que sugere: *i*) seja, pelo facto, de a unidade se encontrar num imóvel moderno, situado numa zona moderna de Lisboa, onde o metro quadrado é extremamente caro; *ii*) seja pela proveniência dos hóspedes ser sempre de uma só e mesma nacionalidade; tratar-se de uma unidade de alojamento explorada por uma grande empresa. Além disso, e porventura, a promoção e divulgação dessa (ou de outras unidades) de alojamento local, muito provavelmente, era feita diretamente no país emissor dos respetivos hóspedes, em moldes por nós ignorados, mas, eventualmente, insuscetíveis de preencherem as presunções estabelecidas pelo artigo 4.º/2 do DL n.º 128/2014, de 29 de agosto.

Um residente, num prédio em regime de propriedade horizontal, com uma unidade de alojamento local, a operar desde 2019, reporta, desde essa data, duas situações de perturbação provenientes da unidade de alojamento local. Transmitiu-as, logo, ao titular da unidade de alojamento local e elas cessaram de imediato. Afirma, ainda, pensar não ter tido provavelmente menos situações de perturbação na eventualidade de, na fração autónoma onde está o alojamento local, viver uma família. Expressou, além disso, satisfação com a recuperação da fachada do imóvel, do telhado do prédio e do travejamento em madeira de demarcação e divisão, em altura, da sua fração relativamente à de alojamento local, operada pelo proprietário da unidade de alojamento.

Numa outra unidade de alojamento local, a operar desde 2016, os residentes reportam algumas ocorrências de perturbação pelos hóspedes, mas situadas, segundo os relatos, entre uma a três por ano. Em contrapartida, se se lerem os comentários feitos pelos próprios hóspedes, na página de anúncio em linha dessa unidade, observa-se um cenário totalmente distinto. As queixas feitas, por esses mesmos hóspedes, de perturbações provenientes de residentes permanentes são recorrentes e bastantes numerosas. O titular dessa unidade relata, ainda, receber protestos e reclamações, dotadas de certa regularidade, pelos seus hóspedes, devido às perturbações geradas pelos moradores permanentes.

Num outro prédio, com três unidades de alojamento local, de diferentes titulares, mas a operarem todas, mais ou menos, desde o princí-

> pio de 2017, há protestos pontuais, de alguns hóspedes, em virtude de incómodos gerados por outros hóspedes de outras unidades de alojamento. Há, ainda, reclamações, pelos hóspedes, dotadas de bastante mais regularidade e frequência, de perturbações provenientes dos moradores permanentes do imóvel. Os residentes permanentes, esses, não reportam nenhuma situação de importunação pelos hóspedes das unidades de alojamento local.
>
> Em todas as outras situações de pedidos de testemunho, a prestar por parte dos residentes habituais de condomínios, onde há unidades de alojamento local e, ao mesmo tempo, residentes permanentes: *i*) ou foi-nos dito pelos os referidos moradores habituais não haver nada a reportar ou não terem memória de algum transtorno, gerado pelos hóspedes, diferente do normalmente associado a qualquer relação de vizinhança; *ii*) ou manifestaram total desinteresse pelas perguntas feitas – em si mesma uma atitude reveladora, pois, se sentissem perturbações, por motivos ligados aos próprios processos psicológicos inerentes à dinâmica das relações de vizinhança, então, muito provavelmente aproveitariam o ensejo para se queixarem e manifestarem desagrado.
>
> A consulta de comentários feitos pelos hóspedes dos principais *sites* de alojamento local, essa, permite observar ser um protesto, desses hóspedes, bastante recorrente o número de queixas de perturbações geradas pelos moradores habituais na utilização das zonas comuns e frações.

Os resultados obtidos por esta pequena amostra, por nós diretamente obtida, são confirmados por estudos mais abrangentes e sistematizados. Na verdade, em investigação, já anteriormente citada, coordenada por HÉLIA GONÇALVES PEREIRA/ISCTE/UL[108], atesta-se um elevadíssimo grau de satisfação, no âmbito das relações de vizinhança, com as unidades de alojamento local. Na verdade. De facto, a opinião dos vizinhos a propósito do alojamento local, distribui-se da seguinte forma:

[108] *Programa Quality, Os imóveis*, coordenação de HÉLIA GONÇALVES PEREIRA/ /ISCTE/UL, *cit.*, 22 e 40.

Positiva – 32%.
Boa – 28%.
indiferente – 21%.
negativa – 3%.

Por isso mesmo, o estudo agora citado, alicerçado em dados devidamente apurados e tratados, não hesita ao afirmar, expressamente, ser o alojamento local «(...) *visto como um vizinho vantajoso*»[109].

Apresentará a habitação permanente resultados tão positivos?

XIII – Perante tudo isto, parece-nos, salvo melhor entendimento, não ser a presunção *hominis* feita pelo Acórdão efetivamente sustentada pelas regras da experiência. Ela assenta apenas, já o afirmámos, sempre com a devida vénia, a nosso ver, num mero pré-julgamento infundado, assente em estereótipos ou clichés apriorísticos, porventura em resultado da patologia dos casos, em larguíssima minoria, apresentados nos nossos tribunais. Isto, a par da maior intensidade do eco dado pelos vizinhos insatisfeitos, a essa insatisfação, do que das expressões de satisfação pelos vizinhos agradados com o alojamento local, em regra, menos vocais no respetivo sentimento.

Por isso, a nosso ver, mesmo se ela não fosse impedida – mas, sempre se dirá, ser de facto – pelo artigo 1347.º/2 do Código Civil, a presunção *hominis* feita pelo tribunal não traduz, efetivamente, as regras da experiência e, por isso, não se nos afigura legítima e deve ser afastada. Ela limita-se, salvo erro nosso, a tomar, com o devido respeito, a nuvem por Juno ou, numa outra formulação, a andorinha pela primavera.

Não se percebe, além disso, finalmente, a razão do funcionamento da presunção *hominis* em zonas urbanas, onde segundo os dados do Instituto Nacional de Estatística a taxa de ocupação líquida de camas é muitíssimo inferior, como Beja, Évora, Setúbal, Seixal, Leiria, Abran-

[109] *Programa Quality*, *Os imóveis*, coordenação de HÉLIA GONÇALVES PEREIRA/ /ISCTE/UL, *cit.*, 22.

tes, Ponte de Sor, Crato, Portalegre, Alcobaça, Batalha, Albergaria, Coimbra, São João da Madeira, Vila Nova de Gaia, Porto, Maia, Braga (fora das áreas da Universidade), Guimarães, Caminha, Vila Real, etc., etc. Mas, no entender do Aresto Uniformizador, ela já não funcionaria em lugares de veraneio como o Algarve, a Madeira e a área de Lisboa (nos respetivas áreas de veraneio ou universitárias), onde essa taxa é maior.

Têm, pois, inteira razão FERNANDA PAULA/OLIVEIRA/DULCE LOPES[110], ao afirmarem a este respeito, num passo por nós já anteriormente citado, mas, que vale a pena reproduzir de novo:

> «(...) *note-se que muitas atividades legítimas (incluindo a habitacional) podem implicar, mais até que o alojamento local,* "uma prática reiterada e comprovada de atos que perturbem a normal utilização do prédio" bem como "atos que causem incómodo e afetem o descanso dos condóminos".»

§ 8. A apreciação do Acórdão à luz do sistema e do regime do Direito das coisas e, especialmente, do regime da propriedade horizontal assim como do sistema e regime das relações de vizinhança que o limitam positiva e negativamente

§ 8.1. A apreciação do Acórdão à luz do sistema de Direitos reais e do regime da propriedade horizontal e das relações de vizinhança

I – Já vimos não nos parecer o Aresto Uniformizador, conforme com o sistema de Direitos reais vigente no nosso Ordenamento jurídico, por não atender, nem empregar, como nos parece tinha necessariamente de o fazer, o regime do artigo 1347.º/2, diretamente aplicável à compropriedade por força do disposto no artigo 1422.º/1, ambos do Código Civil.

[110] FERNANDA PAULA OLIVEIRA/DULCE LOPES, *Alojamento local...*, 99.

Vimos, também, não se nos afigurar a decisão do Tribunal harmónica com o sistema de Direitos reais, por não fazer nenhuma alusão a aspetos do regime do contrato de locação e arrendamento, pressupostos, pelo regime da propriedade horizontal. A saber: os artigos 1022.º e 1023.º, 1028.º/3, 1065.º, 1078.º/2 e 1095.º/3, todos do Código Civil. Limita-se, apenas, a referir o artigo 1093.º, mas sem o articular com o artigo 1095.º/3.

Vimos, finalmente, não ser o Acórdão, conforme com o sistema de Direitos reais português, ao dizer não ser a cedência de curta duração, a turistas, do gozo ou uso da coisa, em unidades de alojamento local, *habitação* para efeitos do regime da propriedade horizontal e do Código Civil, dado o sentido normativo da *habitação*, no título constitutivo, pressupor uma morada permanente. Isto, em virtude de essa inferência se revelar infirmada pelo sentido normativo dado pela *repristinação* do artigo 1095.º/3, operada pela Lei n.º 13/2019, de 12 de fevereiro, e pela interpretação autêntica nele presente. Interpretação autêntica essa, de onde resulta, expressamente, abranger, *para efeitos do Código civil*, a expressão normativa (e não meramente semântica) *habitação* tanto a *habitação permanente* como a *habitação não permanente, designadamente para fins turísticos*.

Vamos, agora, analisar a solução do Acórdão à luz de uma série de elementos estruturantes do sistema de Direitos reais vigente no nosso Ordenamento. E entre eles o princípio da tipicidade já anteriormente por nós aflorado, mas, então, ao de leve.

II – Vigora em matéria de Direitos reais, como é sabido, por força de disposição expressa do artigo 1306.º do Código Civil, o princípio da tipicidade.

O *tipo* traduz a técnica de figurar uma realidade por referência às suas caraterísticas mais marcantes[111]. Diverge do conceito. Este

[111] MENEZES CORDEIRO, *A tipicidade...*, in *Revista*, 2021, VI, 3-4, 25.

exprime essa mesma realidade através da sua recondução a um género próximo e a uma diferença específica[112].

Do ponto de vista normativo, o Direito traduz as respetivas comunicações através de normas de dever ser. E pode fazê-lo mediante conceitos abstratos ou figurações lógicas ou mediante um tipo através da referência às suas caraterísticas mais marcantes[113]. O artigo 406.º/1 do Código Civil é um exemplo da primeira situação[114]. O artigo 1305.º do Código Civil, referente ao Direito de propriedade, ilustra a segunda[115].

Se o Direito optar por ordenar as situações jurídicas da vida social através do apelo a menções típicas das realidades ordenadas, das duas uma: ou a tipicidade normativa é imperativa; ou é meramente ilustrativa[116].

III – Estando nós, diante de uma tipicidade imperativa, o número de realidades relevantes é limitado[117]. Tudo, o situado fora dos tipos não tem importância ou pertinência jurídica[118]. O resultado é o aparecimento de um *numerus clausus*.

Os tipos podem ser abertos ou fechados. Os primeiros envolvem delimitações através de descrições espessas da matéria juridicamente pertinente[119]. Os segundos procedem a descrições mais lassas: impõem apenas certos elementos.

[112] Menezes Cordeiro, *A tipicidade...*, in *Revista*, 2021, VI, 3-4, 25.
[113] Menezes Cordeiro, *A tipicidade...*, in *Revista*, 2021, VI, 3-4, 26.
[114] Menezes Cordeiro, *A tipicidade...*, in *Revista*, 2021, VI, 3-4, 26.
[115] Menezes Cordeiro, *A tipicidade...*, in *Revista*, 2021, VI, 3-4, 26.
[116] Menezes Cordeiro, *A tipicidade...*, in *Revista*, 2021, VI, 3-4, 26 e 27.
[117] Menezes Cordeiro, *A tipicidade...*, in *Revista*, 2021, VI, 3-4, 27.
[118] Menezes Cordeiro, *A tipicidade...*, in *Revista*, 2021, VI, 3-4, 27.
[119] Menezes Cordeiro, *A tipicidade...*, in *Revista*, 2021, VI, 3-4, 28.

O facto de se estar diante de uma tipicidade imperativa tem efeitos jurídicos de extrema importância. Isto, seja no plano teórico como no plano prático[120]. Este tipo de tipicidade determina três aspetos[121]:

1. traduz numa descrição precisa, mesmo se por remissão, da realidade suscetível de dar lugar à estatuição.
2. A presença de um *numerus clausus* das realidades jurídicas pertinentes para o Direito.
3. Uma limitação, de princípio, das possibilidades de desenvolvimento *praeter legem* das soluções obtidas e de apelo à analogia ou a outras fórmulas de interpretação, tradicionalmente, designada de enunciativa.

IV – A razão de assim ser é, facilmente, percetível. As normas imperativamente típicas ou valem diretamente, ou não possuem virtualidade de aplicação[122].

Há razões formais e razões axiológicas para ser assim. Não faria sentido o Direito fatigar-se ou afligir-se em descrições típicas imperativas, por forma a estabelecer um *numerus clausus*, para depois ver aplicar *praeter legem* ou por analogia as normas previstas, em termos imperativos e fechados, apenas para certas situações e cenários dotados das precisas caraterísticas abrangidas pelo referido *numerus clausus*[123].

Portanto, como refere Menezes Cordeiro, perante uma tipicidade normativa, o Ordenamento está implícita, mas eficazmente, a retirar ao juiz a capacidade de compor novas normas de decisão ou de as emoldurar *praeter legem*[124].

[120] Menezes Cordeiro, *A tipicidade...*, in *Revista*, 2021, VI, 3-4, 28.
[121] Menezes Cordeiro, *A tipicidade...*, in *Revista*, 2021, VI, 3-4, 28.
[122] Menezes Cordeiro, *A tipicidade...*, in *Revista*, 2021, VI, 3-4, 29.
[123] Assim, também, Menezes Cordeiro, *A tipicidade...*, in *Revista*, 2021, VI, 3-4, 28 e 29.
[124] Menezes Cordeiro, *A tipicidade...*, in *Revista*, 2021, VI, 3-4, 29.

Dir-se-á, já o referimos, por duas vezes[125], pressupor sempre o processo de aplicação-interpretação-aplicação e realização do Direito o desenvolvimento *praeter legem* e, até, sempre, a analogia dado este ser por natureza, estrutural e invariavelmente, analógico. É verdade! Mas, a haver tipicidade normativa, no âmbito da tipicidade, o desenvolvimento *praeter legem* das soluções, assim como o apelo à analogia, feita no seu âmbito, deve, porém, obedecer a determinados pressupostos metodológicos e dogmáticos, numa série estruturada e cumulativa, e, além disso, assentar em todas as instâncias do pensamento jurídico[126]. É, pois, especialmente exigente e não se basta, naturalmente, com meros raciocínios lógicos ou inferências lógico-dedutivas. O processo de realização do Direito, não pode bastar-se jamais com esta forma de proceder e de metodologia jurídica. Mas no âmbito da tipicidade ainda menos!

V – Respeita o desenvolvimento *praeter legem* operado, nesta hipótese, pelo Aresto Uniformizador, as especiais exigências impostas ao processo interpretativo, pela tipicidade ou *numerus clausus* dos Direitos reais, resultante do artigo 1306.º do Código Civil, nomeadamente as exigências de certeza e segurança na aplicação do Direito[127]? Observa ela os tais determinados pressupostos metodológicos e dogmáticos, numa série estruturada e cumulativa, e, além disso, assenta em todas as instâncias do pensamento jurídico, imposta pela tipicidade imperativa e, em geral, fechada dos Reais? Elimina ela a subjetividade da decisão judicial pela intervenção de todos estes fatores? Garante a

[125] V. *supra* nota (7) e 75, e ainda, o nosso, *A vinculação...*, I, 769.

[126] V., o nosso *A vinculação...*, I, 769. Cfr., já antes, no mesmo sentido referido no texto v., designadamente, e desenvolvendo quais são esses pressupostos que, no âmbito da tipicidade autorizam a ir mais além, Castanheira Neves, *O princípio da legalidade da legalidade criminal*, in *Digesta*, 1995, I, 448 e ss.; Id., *Metodologia jurídica*, 1993, *passim* e 83 e ss.; Fernando José Bronze, *Lições...*, 875 e ss.

[127] No sentido de serem estas exigências, de se assegurar a objetividade total da decisão, a estarem subjacentes ao princípio da tipicidade normativa imperativa v., por todos, Menezes Cordeiro, *A tipicidade...*, in *Revista*, 2021, VI, 3-4, 29.

objetividade total da decisão[128]? Permitimo-nos, com a devida vénia, afirmar não ser essa a situação.

O argumento extraído do artigo 1418.º/2/*a*), segundo o qual, a propriedade horizontal seria regulada pelo título constitutivo, e não poder ser o sentido da finalidade habitacional nele presente, dado ser essa menção facultativa, outro senão o de apenas permitir a habitação permanente, tem de ser articulado com a tipicidade legal dos direitos reais. A estruturação livre do conteúdo de um direito real contende com o *numerus clausus*, permitindo a criação de direitos reais com o aproveitamento pretendido pelas partes[129].

O princípio da tipicidade não se basta, nem pode satisfazer, com a simples observância do *nomen iuris* do direito real, mas com o respeito pelo conteúdo típico injuntivo do direito[130].

Ora, do conteúdo típico injuntivo do direito de propriedade resulta que:

Artigo 1305.º
Propriedade de Coisas

> O proprietário goza de modo pleno e exclusivo dos direitos de uso, fruição e disposição das coisas que lhe pertencem, dentro dos limites da lei e com as restrições que lhe são impostas.

E o artigo 1422.º/1, ao regular a propriedade horizontal, pressupõe esta norma ao dizer:

Artigo 1422.º
Limitações ao exercício dos direitos

> 1. Os condóminos, nas relações entre si, estão sujeitos, de um modo geral, quanto às fracções que exclusivamente lhes pertencem e

[128] Assim, também, José Alberto Vieira, *Direitos...*, 719.
[129] José Alberto Vieira, *Direitos...*, 719.
[130] José Alberto Vieira, *Direitos...*, 719.

quanto às partes comuns, às limitações impostas aos proprietários e aos comproprietários de coisas imóveis.

É verdade estabelecer, depois, o artigo 1422.º/2/*c*) a necessidade de se respeitar o fim. Mas se as partes, na delimitação desse fim, mantendo embora a designação de propriedade, cujo regime é diretamente aplicável à propriedade horizontal por força do artigo 1422.º/1, eliminam a fruição, o gozo, o uso, ou formas dele, temos um direito de propriedade com um gozo ou uso menos extenso que o do direito de propriedade típico. E isso traduz, obviamente, a criação de um outro direito real, diverso do tipo legal consagrado[131].

E, a nosso ver, isso dá-se com qualquer diminuição dos poderes de uso, fruição e transformação que, não os eliminando de todo, lhes introduza restrições[132]. Se o proprietário tem toda a fruição, a limitação pelo título aos frutos naturais, por exemplo, afronta o gozo típico concedido ao proprietário: há violação da tipicidade (artigo 1306.º/1 do Código Civil)[133].

VI – Poderá, então, perguntar-se pelo âmbito de regulação permitido ao título constitutivo da propriedade horizontal? E a resposta será no sentido da respetiva amplitude se, obviamente, não afrontar o conteúdo injuntivo do tipo legal de propriedade[134].

A pergunta pelo sentido do fim habitacional, presente no título constitutivo da propriedade horizontal, não pode prescindir dos dados normativos para se abrigar no sentido comum e social da palavra[135] ou num putativo sentido do declaratário normal (de resto, não aplicável, ao invés do feito pelo Aresto Uniformizador, às normas e ao regime

[131] José Alberto Vieira, *Direitos...*, 719.

[132] No mesmo sentido, José Alberto Vieira, *Direitos...*, 719.

[133] Assim, também, José Alberto Vieira, *Direitos...*, 719.

[134] José Alberto Vieira, *Direitos...*, 719.

[135] Na mesma linha, José Alberto Vieira, *Direitos...*, 704.

da propriedade horizontal e, em concreto, ao artigo 1418.º/2/*a*] do Código Civil, a interpretar, não, como feito pelo Tribunal, segundo o artigo 236.º do Código Civil, mas segundo as regras de interpretação da lei e com observância do princípio da tipicidade): é justamente o oposto[136]. O entendimento do fim de *habitação* suscetível de delimitar o uso admitido ao condómino de fração autónoma, segundo o disposto nos artigos 1418.º/2/*a*) e 1422.º/2/*c*) do Código Civil, deve ser obtido a partir dos dados do sistema jurídico que procedem à limitação do gozo do proprietário e observar o princípio da tipicidade[137].

Desta forma, uma orientação destinada a associar a *habitação* a uma atividade estável e com alguma permanência na fração autónoma, é, dizer, no fundo, ser *habitação* apenas morar ou residir nesse local[138]. Porém, isso entra em colisão com o sistema jurídico português relativamente ao conteúdo e exercício do direito de propriedade mesmo se limitado à finalidade habitacional (artigo 1305.º do Código Civil)[139]. O proprietário da fração, mesmo se limitada a uma finalidade habitacional, no exercício dos seus poderes de uso e de fruição, não está impossibilitado de viabilizar o gozo ou uso da coisa a terceiros e a fazê-lo com esquemas jurídicos variados: locação, comodato ou outros, típicos ou atípicos[140]. E, do mesmo modo, ele não está obrigado a durações mínimas de prestação do gozo ou uso a terceiros (artigo 1095.º/3 do Código Civil). O proprietário de uma fração autónoma pode ceder em comodato a casa a amigos, clientes, etc., para que nela pernoitem e repousem, pelo tempo por ele entendido e pelas vezes que desejar[141]. No limite, o gozo ou uso pode ser cedido todos os dias do ano

[136] No mesmo sentido, José Alberto Vieira, *Direitos...*, 704.

[137] José Alberto Vieira, *Direitos...*, 704.

[138] José Alberto Vieira, *Direitos...*, 704.

[139] José Alberto Vieira, *Direitos...*, 704 e 705.

[140] José Alberto Vieira, *Direitos...*, 705.

[141] José Alberto Vieira, *Direitos...*, 705. V., também, Maria Olinda Garcia, *Arrendamento de curta duração a turistas: um (impropriamente) denominado contrato de alojamento...*, in *Revista...*, 2017, setembro, 6, 8, 9 e 10. A Autora refere a hipótese, por ela

a pessoas diferentes sem isso, só por si, envolver a violação do fim habitacional[142].

VII – Já atrás[143] assinalámos o facto de, desde o início da vigência do Código Civil, o conceito normativo de habitação jamais ter sido o de residência permanente, ou o de morar num determinado lugar[144]. Não era isso, a resultar, nem da redação inicial do artigo 1083.º/2/*b*) do Código Civil, nem do artigo 5.º/2/*b*), do RAU, relativamente aos arrendamentos *para habitação (sic), por curtos períodos, em praias, termas ou outros lugares de vilegiatura, ou para outros fins especiais transitórios*. Nem era isso, a resultar do artigo 1095.º/3, na versão dada pela Lei n.º 6/2006. Também, não é isso a depreender-se da *repristinação* deste preceito (que tinha sido abolido pela Lei n.º 31/2012, de 14 de agosto), operada pela Lei n.º 13/2019, de 12 de fevereiro, onde expressamente se usa a expressão normativa *habitação não permanente, designadamente para fins turísticos*.

Pois, bem, se no Código Civil o sentido, não apenas textual, mas normativo da expressão *habitação* jamais foi o de morar, ter residência[145], na fração autónoma e se o sentido da referência normativa *habitação* (artigo 1095.º/3) se harmoniza – assim como seu sentido semântico na sua respetiva abertura –, com estadas de curta duração, então, quais poderão ser os atos suscetíveis de informarem um uso conforme ao fim habitacional?

tida por académica, de um benemérito disponibilizar a título gratuito, por curtos períodos a turistas. Mas se em vez de turistas forem pessoas necessitadas já a situação deixa de ser académica.

[142] José Alberto Vieira, *Direitos...*, 705.

[143] V. *supra* § 4, XV e § 6, IV.

[144] No mesmo sentido, aliás insuscetível de impugnação, José Alberto Vieira, *Direitos...*, 705.

[145] Assim, também, José Alberto Vieira, *Direitos...*, 705.

Para essa delimitação interessam apenas os atos praticados na fração, representativos do uso ou gozo da coisa objeto da propriedade do condómino[146].

A qualificação da atividade da entidade exploradora é irrelevante[147]. Num passo devidamente acentuado por José Alberto Vieira[148]:

> «*Uma coisa é a qualificação da actividade da entidade exploradora do estabelecimento local, outra, o uso dado à fracção autónoma, ou seja, a utilização que nela tem lugar. E só este aspecto interessa para a análise da conformação da actividade desenvolvida na fracção autónoma com o título constitutivo.*»

E continua o Autor:

> «*Estamos em Direitos Reais e tudo o que se trata sempre é do aproveitamento da coisa, nada mais.*»

Por isso, afirma, ainda:

> «(...) *não é pelo facto de, por exemplo, uma sociedade de mediação imobiliária dar de arrendamento uma fracção autónoma que o uso dado pelo arrendatário é de prestação de serviços de mediação imobiliária se ele simplesmente morar no locado. Não é a actividade profissional do locador que conforma o fim de uso da fracção, mas os actos que nela são praticados. Não é diferente com o alojamento local. A circunstância de a entidade exploradora prestar serviços de alojamento não converte o uso da fracção em prestação de serviços, se esta não tiver lugar aí.*»

E tem inteira razão: estamos, de facto, em Direitos reais. *Ergo*, os dados sistemáticos dele provenientes têm de ser respeitados. E em Direitos reais apenas interessa a permissão jurídica específica de apro-

[146] Assim, também, José Alberto Vieira, *Direitos*..., 705.

[147] No mesmo sentido, José Alberto Vieira, *Direitos*..., 702.

[148] José Alberto Vieira, *Direitos*..., 702.

veitamento de uma coisa corpórea. O mesmo é dizer: apenas interessa o gozo e uso da coisa. Os atos realizados e praticados na fração. Tudo o resto é irrelevante. Os atos realizados fora da fração são impalpáveis para efeitos dos regimes dos Reais.

Além disso, seguradoras e fundos de investimento desde sempre se dedicaram à compra de imóveis que, depois, colocam em arrendamento tradicional para obterem um rendimento fixo e sem grande risco. E não é o facto de a actividade destas entidades ser comercial a afetar a sujeição dos contratos, por elas assim celebrados, ao regime civil do arrendamento urbano! Nem a obrigar os imóveis a possuírem, para poderem ser arrendados a pessoas para neles pernoitarem de forma duradoura, a possuírem uma licença de utilização para fins comerciais. Porque haveria de ser diferente com o alojamento local?

Uma vez determinada e operada esta delimitação, dir-se-á serem atos harmónicos ao uso habitacional[149]: o dormir, confecionar e tomar as refeições, descansar, tomar banho, vestir-se, ver televisão, ler, ouvir rádio, enfim, toda a gama de atitudes e atos viabilizados pela funcionalidade da coisa e desligados da prestação de serviços a terceiros ou das finalidades comerciais ou industriais[150]. É isso, o pressuposto, em termos típicos, pela habitação *permanente* ou *não permanente* (*sic*: repristinado artigo 1095.º/3), associada ao direito de propriedade para fins habitacionais! Não é, pois, legítimo, um entendimento restritivo nesta matéria. Para mais, se a solução assim obtida assentar numa interpretação, lógico-dedutiva apriorística, *a contrario*, e por aplicação, a uma norma legal, o artigo 1418.º/2/*a*)[151],

[149] José Alberto Vieira, *Direitos...*, 705.

[150] José Alberto Vieira, *Direitos...*, 705.

[151] Com efeito da natureza voluntária da menção do fim, neste preceito, extrai o Aresto a conclusão de que um declaratário normal, em razão dessa voluntariedade, sempre concluiria pela natureza restritiva da finalidade habitacional de forma a coincidir com a morada permanente. Está, pois, a aplicar a um preceito legal as regras de interpretação negocial.

dos critérios interpretativos do artigo 236.º, ambos do Código Civil. E não, como, salvo outro e melhor entendimento, devia, em razão de uma análise intensiva, extensiva, sistemática e transsistemática dos dados normativos provenientes dos diversos institutos e regimes em jogo e suscetíveis de serem convocados. Não há, pois, a observância da série estruturada e cumulativa de pressupostos e a convocação de todas as instâncias do pensamento jurídico a que o desenvolvimento *praeter legem*[152], em áreas dominadas pelo *numerus clausus* ou tipicidade imperativa e fechada – a ser possível, pois, há vozes no sentido de isso não ser de todo admissível, dada a necessidade de se assegurar, no âmbito da tipicidade, a previsibilidade total e a preponderância, nestes cenários, da ideia de segurança. Ideia avessa, nomeadamente, a interpretações enunciativas[153] –, obriga. De resto, não faltam mesmo posições no sentido de o apelo a inferências lógicas, como a presente no argumento *a contrario*, por maioria de razão ou *a simile*, se não assentes diretamente na letra da lei, mas, antes no sentido da norma obtida, já envolvem analogia[154]. Trata-se, assim, de um desenvolvimento *praeter legem* contraditado pela tipicidade dos reais e pela não superação das acrescidas exigências metodológicas, para esses desenvolvimentos *praeter legem*, em áreas sujeitas à tipicidade!

Outro entendimento, de resto, mesmo se não violasse as exigências metodológico-jurídicas impostas aos desenvolvimentos *praeter legem*, nos domínios sujeitos à tipicidade – e a nosso ver, expressando sempre o devido respeito, viola – sempre ofenderia, na nossa perspetiva, a interpretação autêntica operada pela repristinação do artigo 1095.º/3 do Código Civil, numa altura em que, apesar da divergência existente nos nossos tribunais, com alguns deles a limitarem a finalidade habitacional à morada permanente, o nosso Direito ignorou o

[152] MENEZES CORDEIRO, *A tipicidade...*, in *Revista*, 2021, VI, 3-4, 29.

[153] Isto, sendo certo serem os conflitos entre a segurança e certeza aliás, e afinal, eles próprios conflitos da ideia de justiça consigo mesma.

[154] Assim, MENEZES CORDEIRO, *Tratado de direito civil*, 4.ª ed., 2012, I, 732.

sentido espelhado por essas decisões e repristinou o artigo 1095.º/3 do Código Civil.

§ 8.2. **A apreciação do Acórdão à luz do sistema de Direitos reais e do Regime da Propriedade Horizontal e das relações de vizinhança pressupostos pelo Regime do Alojamento Local**

I – Acabámos de ver não nos parecer, salvo melhor opinião, respeitar o sentido do Acórdão o sistema de Direitos reais e do regime da propriedade horizontal e das relações de vizinhança, nomeadamente à luz das limitações ao desenvolvimento *praeter legem* de soluções impostas pelo princípio da tipicidade. Mas, também, não nos parece, sempre com vénia, respeitar o próprio sistema de Direitos reais pressuposto pelo Regime do Alojamento Local.

Já o vimos agora mesmo: uma das especiais exigências que se impõem à realização do Direito, em áreas dominadas pelo princípio da tipicidade é uma perfeita integração e interpenetração plena, não apenas sistemática, mas, mais do que isso, transsistemática, dos institutos jurídicos em jogo. Integração transsistemática essa a pressupor uma Dogmática integrada – ela é sempre necessária, mas havendo tipicidade acentua-se essa indispensabilidade – e a convocação da totalidade do pensamento jurídico. Pois, bem, na nossa perspetiva essa integração transsistemática não está, salvo melhor entendimento, presente. Já o dissemos ao sublinharmos o facto de o Aresto Uniformizador ter interpretado o Regime do Alojamento Local à luz do regime da propriedade horizontal, mas não ter feito o inverso. Não, o fez, por entender:

> «*A nova versão dada ao regime do AL pela Lei n.º 62/2018 não introduz alterações no regime civilista da propriedade horizontal, envolvendo uma opção legal de âmbito administrativo no sentido de se prescindir do controlo administrativo*

sobre o fim ou destino ou sobre as proibições de uso da fracção constantes do título constitutivo da propriedade horizontal ou de deliberações levadas a registo (...) [155].

(...) *Do novo regime do AL não consta qualquer disposição que revele intenção de derrogar o estatuto condominial inserido no CC.*

(...) *Das inovações introduzidas pela Lei n.º 62/2018 não se afigura resultarem disposições normativas que impliquem a derrogação ou compressão dos meios de tutela cível dos condóminos constantes do estatuto da propriedade horizontal plasmado no Código Civil, nomeadamente, do previsto na alínea c) do n.º 2 do respetivo artigo 1422.º, nem o regime do alojamento local envolve alguma derrogação do regime da propriedade horizontal. A nova versão dada ao regime do alojamento local, pela Lei n.º 62/2018, não introduz alterações no regime civilista da propriedade horizontal, envolvendo uma opção legal de âmbito administrativo no sentido de se prescindir do controlo administrativo sobre o fim ou destino ou sobre as proibições de uso da fração constantes do título constitutivo da propriedade horizontal ou de deliberações levadas a registo.*»

Ou ainda:

«*A alteração legal ao regime do alojamento local operada pela Lei n.º 62/2018, de 22 de Agosto – art.º 9, n.ºs 2 e 3 do DL 128/2014, de 29 de Agosto, permitindo à assembleia de condóminos adoptar deliberação em que se opõe ao exercício da actividade de alojamento local em fracções autónomas, por mais de metade da permilagem do edifício, fundamentando a deliberação na prática reiterada e comprovada de actos que perturbem a normal utilização do prédio, bem como de actos que causem incómodo e afectem o descanso dos condóminos é uma medida de reacção,* a posteriori, *para um AL que não respeita o normal funcionamento de um condomínio, distinta da permissão para o exercício do AL a partir de uma "autorização para habitação" da fracção autónoma; não se trata de um meio susceptível de substituir os meios de tutela cível dos direitos privados dos condóminos alicerçada na reserva de jurisdição consagrada nos artigos 20.º, n.º 1, e 202.º, n.º 1 e 2, da Constituição.*»

[155] Segmento do Acórdão Recorrido ao qual o Uniformizador adere.

Para aditar, também:

«Só com a Lei n.º 62/2018, de 22-08, que alterou o Decreto-Lei n.º 128/2014, é que passou a ser exigível, para efeitos de registo desses estabelecimentos, a apresentação com a comunicação prévia com prazo de acta da assembleia de condóminos a autorizar a instalação de "hostels" e se passou a admitir a faculdade de ser apresentada ao órgão municipal competente deliberação fundamentada, aprovada por mais de metade da permilagem do edifício, a comprovar a prática reiterada de actos que perturbem a normal utilização do prédio, bem como de actos que causem incómodo ou afectem o descanso dos condóminos, com vista a eventual cancelamento do registo por decisão desse órgão.»

E, por último:

«Aquele meio constituiu apenas uma tutela administrativa que, além de apresentar uma frágil garantia do exercício dos direitos condominiais, nem tão pouco contempla a tutela de cada condómino nos casos em que ocorra uso da fracção autónoma diversa do destino que lhe é dado pelo estatuto condominial, nem das hipóteses de violação de proibições condominiais de actos ou actividades, nos termos previstos, respectivamente, nas alíneas c) e d) do n.º 2 do artigo 1422.º do CC, independentemente do seu grau de concretização, podendo aproximar-se da tutela concedida ao condomínio, que não propriamente aos condóminos, confinada a actos de turbação à semelhança do tipo de actos previstos no artigo 1346.º do CC.»

II – Quais os argumentos – obtidos a partir da tal análise intensiva e extensiva dos institutos em jogo, alicerçados numa ponderação intensiva e extensiva dos dados normativos das diferentes figuras suscetíveis de serem convocadas e, ainda, a partir de uma Dogmática verdadeiramente integrada e sustentada num cruzamento sistemático e transsistemático de todos os aspetos relevantes, em termos obrigatórios, nos domínios sujeitos à tipicidade, por forma a poderem fundar desenvolvimentos *praeter legem* legítimos – alegados pelo Tribunal para sustentar este entendimento? A nosso ver, sempre salvo melhor entendimento, nenhuns.

Tudo assenta, se bem vimos, através de um processo traduzido em fazer assentar este raciocínio numa mera petição de princípio e numa simples tautologia. Dá-se, por demonstrado, o que se pretende demonstrar. Isto é, estabelece-se, por raciocínio exclusivamente *a contrario* – obtido em virtude da aplicação do critério do declaratário normal do artigo 236.º ao artigo 1418.º/2/*a*) – só poder a finalidade habitacional presente no título, dado se afigurar facultativa, ter o sentido de habitação permanente. Isto, para, de seguida, se dizer e fundar, nessa mesma conclusão, a inferência no sentido de o Regime do Alojamento Local não vir bulir com as normas da propriedade horizontal. E se o fizesse violaria as regras atributivas de jurisdição aos tribunais. Porém, os meios administrativos não se podem substituir à possibilidade de tutela jurisdicional das partes. Donde, o Regime do Alojamento Local não viria, nem poderia ter vindo interferir com o regime da propriedade horizontal.

Todavia a própria premissa é, em si mesma, conclusão. Por isso, devia ser apresentada como conclusão e não o inverso. Há, assim, salvo melhor e mais Douto entendimento, inversão metodológica e conceptual. Logo irrealismo metodológico. Isto, pois, se no final do processo interpretativo, com observância das exigências impostas pelo princípio da tipicidade, se chegar à solução inversa de o Regime do Alojamento Local ter, mesmo, vindo interferir com o regime da propriedade horizontal, então, não há nenhuma violação da reserva de jurisdição dos tribunais.

E não há ofensa dessa reserva pelo simples e, a nosso ver – sempre expressando o nosso respeito por entendimento diverso – óbvio motivo de a própria possibilidade de os tribunais afirmarem, na observância das funções jurisdicionais a eles atribuídas, a existência de direitos, das partes em litígio, estar dependente da existência desses mesmos direitos. Ora, a esta luz, julgamos não ser difícil de perceber – se for esse o resultado do processo interpretativo, realizado em obediência aos vetores intensivos e extensivos, às exigências de uma Dogmática integrada e à análise sistemática e transssistemática dos institutos em jogo, assim como à convocação da totalidade do pensamento jurídico, pressupostas pelos desenvolvimentos *praeter legem* em áreas onde reina a tipicidade – violar tanto ou tão pouco o Regime do Alojamento Local (a determinar-se vir ele, de facto, bulir com o Regime da propriedade horizontal), a reserva de jurisdição dos tribunais como o artigo 1347.º/2 do Código Civil viola, ou deixa de violar, essa reserva de jurisdição. Ou seja, não há violação nenhuma. E não há violação nenhuma, pois, pura e simplesmente, não há nenhum direito suscetível de tutela por parte dos tribunais. Ele seria e é afastado por disposições normativas próprias nesse sentido.

Não é, pois, possível obter o sentido da finalidade habitacional presente no título constitutivo apenas a partir da consideração do artigo 1418.º/2/*a*) do Código Civil e do sentido imputado pelo, putativo, declaratário normal ao facto de, segundo esse preceito, essa menção ser opcional, como se esta norma estivesse sozinha no Ordenamento jurídico português e fosse, depois, apenas conjugável com o artigo 1422.º/2/*c*), do mesmo diploma. Não! Tem de se integrar esta norma à luz de todos os regimes suscetíveis de serem convocados. E entre eles, o Regime do Alojamento Local. Não é, pois, admissível, na nossa perspetiva, fazer-se logo à partida a determinação do alcance normativo da expressão, igualmente normativa, de habitação para, depois, também à partida – aprioristicamente, para usar as palavras do Senhor Conselheiro RIJO FERREIRA – se sustentar não virem as normas referentes ao alojamento local interferir no regime da propriedade horizontal. A isso sempre se pode responder, com vénia, uma vez mais: *quoad erat demonstrandum!* Semelhante afirmação só se pode e poderia fazer no final do processo interpretativo, não no seu início.

III – Vamos, pois, de seguida tentar determinar o resultado desse processo, sujeitando-o às ampliadas exigências metodológicas pressupostas pelo princípio da tipicidade dos Reais. Mas, por já termos analisado uma série de aspetos pressupostos impostos por essas exigências – designadamente o regime do contrato de arrendamento (e especialmente o resultante da interpretação autêntica operada pela repristinação, em 2019, do artigo 1095.º/3 do Código Civil), assim como o regime das relações de vizinhança (com relevo para o artigo 1347.º/2, aplicável à propriedade horizontal por força do artigo 1422.º/1, ambos do Código Civil) – vamos agora prescindir de retomar esses aspetos e cingirmo-nos à análise do Regime do Alojamento Local.

A primeira nota, vai na direção de o Direito português admitir sem reservas que o alojamento local possa funcionar em fração autónoma de edifício constituído em propriedade horizontal. E se a permissão normativa não levantava dúvidas defronte do artigo 3.º/3 do Decreto-Lei n.º 128/2014, de 28 de agosto, a alteração ao Regime do Alojamento Local pela Lei n.º 62/2018, de 22 de agosto, com o aditamento do artigo 20.º-A, reforçou esse sentido. Isto, ao estabelecer-se nesse artigo 20.º-A:

> *«O condomínio pode fixar o pagamento de uma contribuição adicional correspondente às despesas decorrentes da utilização acrescida das partes comuns, com um limite de 30 % do valor anual da quota respetiva, a deliberar nos termos do artigo 1424.º do Código Civil.»*

IV – Mas, dado este passo, apercebe-se, mesmo descontando, entre outras, normas como o artigo 13.º-A do Regime do Alojamento Local – de onde facilmente se infere determinar ele, ao estabelecer a responsabilidade solidária do titular e dos hóspedes por danos da responsabilidade destes últimos, em manifesta derrogação do regime geral da propriedade horizontal – não ser verdade não ter o Regime do Alojamento Local tido nenhuma pretensão de interferir no regime civilístico da propriedade horizontal. É precisamente o inverso a suceder! De facto, segundo esse regime civil da propriedade horizontal, à data da entrada em vigor deste artigo 20.º-A, acima mencionado, a distribuição dos encargos de conservação e fruição do imóvel em propriedade horizontal fazia-se da seguinte forma:

Artigo 1424.º
Encargos de conservação e fruição

1 – Salvo disposição em contrário, as despesas necessárias à conservação e fruição das partes comuns do edifício e relativas ao pagamento de serviços de interesse comum são pagas pelos condóminos em proporção do valor das suas frações.

2 – Porém, as despesas relativas ao pagamento de serviços de interesse comum podem, mediante disposição do regulamento de condomínio, aprovada, sem oposição, por maioria representativa de dois terços do valor total do prédio, ficar a cargo dos condóminos em partes iguais ou em proporção à respetiva fruição, desde que devidamente especificadas e justificados os critérios que determinam a sua imputação.

3 – As despesas relativas aos diversos lanços de escadas ou às partes comuns do prédio que sirvam exclusivamente algum dos condóminos ficam a cargo dos que delas se servem.

4 – Nas despesas dos ascensores só participam os condóminos cujas frações por eles possam ser servidas.

5 – Nas despesas relativas às rampas de acesso e às plataformas elevatórias, quando colocadas nos termos do n.º 3 do artigo seguinte, só participam os condóminos que tiverem procedido à referida colocação.

E com a redação introduzida pela Lei n.º 8/2022, de 10 de janeiro, este mesmo preceito passou a dispor:

Artigo 1424.º
Encargos de conservação e fruição

1 – Salvo disposição em contrário, as despesas necessárias à conservação e fruição das partes comuns do edifício e relativas ao pagamento de serviços de interesse comum são da responsabilidade dos condóminos proprietários das frações no momento das respetivas deliberações, sendo por estes pagas em proporção do valor das suas frações.

2 – Sem prejuízo do disposto no número anterior, as despesas relativas ao pagamento de serviços de interesse comum podem, mediante disposição do regulamento de condomínio, aprovada, sem oposição, por maioria dos condóminos que representem a maioria do valor total do prédio, ficar a cargo dos condóminos em partes iguais ou em proporção à respetiva fruição, desde que devidamente especificadas e justificados os critérios que determinam a sua imputação.

3 – As despesas relativas às partes comuns do prédio que sirvam exclusivamente algum dos condóminos ficam a cargo dos que delas se servem.

4 – Nas despesas dos ascensores só participam os condóminos cujas frações por eles possam ser servidas.

5 – Nas despesas relativas às rampas de acesso e às plataformas elevatórias, quando colocadas nos termos do n.º 3 do artigo seguinte, só participam os condóminos que tiverem procedido à referida colocação.

6 – Caso o estado de conservação das partes comuns referidas no n.º 3 do artigo 1421.º afete o estado de conservação ou o uso das demais partes comuns do prédio, o condómino a favor de quem está afeto o uso exclusivo daquelas apenas suporta o valor das respetivas despesas de reparação na proporção indicada no n.º 1, salvo se tal necessidade decorrer de facto que lhe seja imputável.

Vê-se, portanto, ter o artigo 20.º-A do Regime do Alojamento local vindo interferir diretamente, com o regime civil da propriedade horizontal (independentemente de agora se saber a razão dessa interferência e qual a finalidade do imóvel), ao afastar (e afastar expressamente. O próprio artigo 1424.º do Código Civil é referido, textualmente, por este artigo 20.º-A) o regime civil da distribuição dos encargos de conservação e fruição do prédio, se no imóvel existirem frações afetas ao alojamento local. Nessa eventualidade, a forma de distribuição dos encargos, além de poder ser a prevista no artigo 1424.º do Código Civil pode, também, ser a do artigo 20.º-A do Regime do Alojamento Local.

VI – Do mesmo modo, igual interferência no regime Civil da propriedade horizontal (independentemente da respetiva finalidade) se dá com o artigo 9.º/2 do Regime do Alojamento Local.

Já vimos como, perante o regime civilístico da propriedade horizontal, os vizinhos, independentemente da finalidade das frações (seja ela, segundo o título, habitacional ou não) diante de instalações devidamente licenciadas e assentes em título administrativo válido, de onde resulte uma turbação *efetiva* (mas não preventiva) do seu prédio, podem reagir nos tribunais para pôr termo a esses cenários de turbação. Mas é o único meio ao seu dispor. O regime civil da propriedade horizontal não lhes proporciona outro meio, senão o apelo aos tribunais. E obriga-os a superar o ónus da prova resultante do artigo 1347.º/2 do Código Civil.

Todavia, o artigo 9.º/2 do Regime do Alojamento Local permite-lhe, além do apelo aos tribunais, assente no artigo 1347.º/2 do Código Civil e na superação do ónus da prova pressuposta por esse preceito, um meio de reação mais simples e expedito: a reação administrativa, inexistente segundo o Regime Civil da Propriedade Horizontal. Há, pois, nova interferência nesse mesmo Regime Civil da Propriedade Horizontal, alargando-o, operada pelas normas disciplinadoras do alojamento local (desta vez, pelo 9.º/2) e novo afastamento e derrogação, em sede de alojamento local, desse mesmo regime.

VII – Finalmente, segundo o regime civilístico da propriedade horizontal a licitude da utilização das frações está, *apenas*, dependente da respetiva conformidade com a sua finalidade (artigo 1422.º/2/*c*]), designadamente a presente no título em termos respeitadores do princípio da tipicidade do direito de propriedade.

Porém, tratando-se de alojamento local essa licitude está dependente da conformidade com a licença de utilização *ou*, se este existir, com a finalidade presente no *título* (artigo 6.º/1/*a*) do Regime do Alojamento Local). Além disso, a acrescer a esta necessidade de conformação pelo o título já resultante do artigo 1422.º/2/*c*) do Código Civil e reiterada pelo artigo 6.º/1/*a*) do Regime do Alojamento Local, se o alojamento local for um *hostel* é, ainda, necessário superar esta exigência, através da apresentação de uma ata da assembleia de condóminos a autorizar a respetiva instalação.

Há, pois, uma terceira interferência, para as alterar, operada pelo Regime do Alojamento Local e dentro do âmbito de aplicação deste, nas normas civilísticas disciplinadoras da propriedade horizontal.

Mas as interferências não param por aqui. Sempre, segundo o regime condominial do Código Civil, a todo o proprietário, é lícito desenvolver nas suas frações tantas atividades quantas o número de frações por ele possuídas no imóvel. Não é, porém, isso a suceder em hipóteses de unidades de alojamento local. Estando estas em jogo, o artigo 11.º/4 do Regime do Alojamento Local estabelece:

> É vedada a exploração, pelo mesmo proprietário ou titular de exploração, de mais de nove estabelecimentos de alojamento local na modalidade de apartamento, por edifício, se aquele número de estabelecimentos for superior a 75 /prct. do número de frações existentes no edifício.

VIII – Portanto, a atitude e inferência a tomar não é, salvo o devido respeito, a de se negar as evidências e afirmar, contra, não uma, não duas, não três, mas, sim, quatro normas do Regime do Alojamento Local onde se altera, para o alojamento local, o regime civilistico da propriedade horizontal, as evidências e afirmar contra os dados normativos expressos: «*Do novo regime do AL não consta qualquer disposição que revele intenção de derrogar o estatuto condominial inserido no CC.*»

A atitude, a nosso ver certa, é, perante o insofismável facto, de esse regime envolver, para as frações afetadas ao alojamento local, na verdade, em vários dos seus pontos, uma efetiva derrogação do estatuto condominial do Código Civil, perguntar qual razão para isso suceder?

E a resposta só pode ser, para nós, uma: a de esse Regime do Alojamento Local pressupor, normativamente, com efeito, poder o alojamento local desenvolver-se em frações afetadas, pelo título constitutivo, referido na parte final do artigo 6.º/1/*a*), a finalidade habitacional e estar, portanto, a dar essa habilitação.

Não admira, aliás, por isso, terem vários Autores, antes desfavoráveis à admissibilidade de alojamento local em prédios destinados, pelo título, à finalidade habitacional, perante o novo Regime do Alojamento Local, mudado de opinião! Estão, nessa situação, já o vimos, José Luís Bonifácio Ramos[156] e Fernanda Paula Oliveira/Dulce Lopes[157]. Mas também Santos Justo refere só se pôr o problema da compatibilidade do alojamento local com a finalidade habitacional presente no título antes da reforma do Regime do Alojamento Local operada em 2018[158].

IX – Que sentido faria, na verdade, admitir a possibilidade de aumento dos encargos com a fruição e conservação de imóveis, a suportar por titulares de alojamento (nos cenários, ainda assim, contados face aos dados disponibilizados pelo Instituto Nacional de Estatísticas relativamente às taxas de ocupação líquida dos alojamentos locais atrás referidos, em que a intensidade resultante da utilização das zonas comuns é maior devido à existência de alojamento local), se o imóvel, onde se pressupõe deverem esses alojamentos sediar-se, não se destinassem necessariamente a habitação?

Teria algum sentido prever essa possibilidade em imóveis onde pudessem coexistir também consultórios médicos, dentistas, massagistas, cabeleireiros, escritórios de advogados, alfaiates, modistas, etc. etc., onde todos os dias entram centenas ou mesmo milhares de pessoas?

[156] José Luís Bonifácio Ramos, *Manual...*, 2.ª ed., 497 e 498, por confronto com a anterior edição, datada de 2017, *Manual...*, 394 e 395.

[157] Fernanda Paula Oliveira/Dulce Lopes, *Alojamento local...*, 67 e ss., *maxime* 77, 78, 79, 80 e 99. Mas em obra anterior Fernanda Paula Oliveira/Sandra Passinhas/Dulce Lopes, *Alojamento local...*, 53 e ss. (datada de 2017), estas Autoras sustentavam posição diversa.

[158] V., Santos Justo, *Direitos...*, 377, nota (1767).

Seria a entrada diária de um ou dois hóspedes, ou três ou quatro hóspedes, ou até mais, no confronto com a multidão de utentes das outras frações, estivessem elas afetadas a atividades terciárias insuscetíveis de se traduzirem na cedência do gozo ou uso da coisa, mesmo se temporária, a poderem justificá-lo? Não! A norma parece, portanto, pressupor, em termos normativos, tradutores de um dever ser, a existência de alojamentos locais em prédios de habitação. Mais: chega a admiti-lo mesmo em cenários, anormais e inusuais, de utilização intensiva desses prédios por utentes de alojamento local – como os *hostels* – um dos poucos cenários onde, sem abuso de direito, se revela admissível o apelo à solução do artigo 20.º-A do Regime do Alojamento Local.

E que sentido faria alargar, nesses mesmos imóveis onde se podem desenvolver atividades terciárias insuscetíveis de se traduzirem na cedência do gozo ou uso da coisa, mesmo se temporária, a tutela jurisdicional já dispensada pelo artigo 1347.º/2 do Código Civil, dobrando-a com um meio de tutela administrativa?

No mesmo cenário, de possibilidade de as frações serem afetadas, pelo título, a atividades terciárias insuscetíveis de se traduzirem na cedência do gozo ou uso da coisa, mesmo se temporária, que sentido faria dobrar a tutela já dispensada pelo título, ao abrigo do disposto no artigo 1422.º/2/*c*) do Código Civil, com a tutela do artigo 9.º/2 do Regime do Alojamento Local? Não está antes, justamente, a pressupor esta dobragem ou duplicidade de meios o facto de no imóvel haver pessoas a descansar, dormir e pernoitar? Parece-nos, mais uma vez, óbvia a resposta.

Finalmente, sempre na mesma hipótese de as frações serem afetadas, pelo título, a atividades terciárias insuscetíveis de se traduzirem na cedência do gozo ou uso da coisa, mesmo se temporária, que sentido faria limitar a nove o número de unidades suscetíveis de serem detidas por um mesmo titular de alojamento local?

X – Se continuarmos a trilhar, em termos extensivos e intensivos, os regimes presentes no Regime do Alojamento Local, além destas normas, indubitavelmente derrogadoras e interferentes com o estatuto civilístico condominial da propriedade horizontal (seja qual for a sua finalidade), dado preverem regras neste não presentes, outros aspetos do referido regime confirmam, ainda, pressupor ele, em termos normativos tradutores de uma opção deliberada, em termos de dever ser, no sentido de a exploração de alojamento local ser possível mesmo em imóveis destinados, pelo título, a habitação.

A primeira dessas outras normas é o artigo 3.º/1/2 e 3 do Regime do Alojamento Local. O artigo 3.º/1 estabelece:

> 3.º
> Modalidades
>
> 1 – Os estabelecimentos de alojamento local devem integrar-se numa das seguintes modalidades:
> a) Moradia;
> b) Apartamento;
> c) Estabelecimentos de hospedagem;
> d) Quartos.

Por sua vez o artigo 3.º/2 e 3 estatui:

> 2 – Considera-se «moradia» o estabelecimento de alojamento local cuja unidade de alojamento é constituída por um edifício autónomo, de caráter unifamiliar.
>
> 3 – Considera-se «apartamento» o estabelecimento de alojamento local cuja unidade de alojamento é constituída por uma fração autónoma de edifício ou parte de prédio urbano suscetível de utilização independente.

Ou seja: a moradia é representada por um edifício autónomo destinado a habitação familiar (unifamiliar, mas familiar). De fora estão, pois, parece, as construções de caráter não familiar. Mas, mesmo se não estiverem, pelo menos, é esta a realidade pressuposta: a de o alojamento local se desenvolver, então, num edifício destinado a utilização por uma família.

O *apartamento*, esse, é a unidade de alojamento representada por uma fração autónoma de edifício ou parte de prédio urbano suscetível de utilização independente. Não há agora, menção expressa ao destino familiar da utilização. Mas, a omissão, não só pela articulação sistemática do artigo 3.º/2 com o artigo 3.º/3, como à luz das anteriores normas já analisadas, do Regime do Alojamento Local, parece pressupor a anterior delimitação da moradia e assentar nela. E se assim for, como nos parece, mais uma vez se atesta ser o alojamento local, não apenas perfeitamente lícito, à luz do destino de habitacional, mesmo se presente no título, dos imóveis a ele afetados, como, até, isso se revela ser tradutor de uma opção normativa, em termos de dever ser, feita pelo Regime do Alojamento Local.

XI – Mas há mais. Na verdade, o artigo 15.º-A do Regime do Alojamento Local veio, com o objetivo de preservar a realidade social dos bairros e lugares, determinar poderem as câmaras municipais territorialmente competentes, aprovar por regulamento e com deliberação fundamentada, a existência de áreas de contenção, por freguesia, no todo ou em parte, para instalação de novo alojamento local, podendo impor limites relativos ao número de estabelecimentos de alojamento local nesse território, que podem ter em conta limites percentuais em proporção dos imóveis disponíveis para *habitação* (*sic*).

Mais uma vez se deve, então, perguntar: que sentido faria este regime se o regime do Alojamento Local não pressupusesse, mais uma vez em termos normativos de dever ser, uma afirmação de licitude de unidades de alojamento local em imóveis destinados à habitação, inclusivamente, pelo título constitutivo? Que realidade social dos bairros e lugares se estaria a preservar se o alojamento local apenas pudesse ser desenvolvido em imóveis não destinados a habitação? O ir e vir caraterístico dos imóveis e zonas de atividades terciárias, insuscetíveis de se traduzirem na cedência, temporária ou não, do gozo ou uso do imóvel? Nenhum! De resto, que o preceito pressupõe, em termos insuscetíveis de dúvida, a finalidade habitacional dos imóveis resulta em termos manifestos da parte final do 15.º-A do Regime do Alojamento Local, ao dizer este:

> 1 – Com o objetivo de preservar a realidade social dos bairros e lugares, determinar poderem as câmaras municipais territorialmente competentes, aprovar por regulamento e com deliberação fundamentada, a existência de áreas de contenção, por freguesia, no todo ou em parte, para instalação de novo alojamento local, podendo impor limites relativos ao número de estabelecimentos de alojamento local nesse território, que podem ter em conta limites percentuais em proporção dos imóveis disponíveis para ***habitação*** (ênfase nossa).

Portanto, se, sempre com vénia e consideração, não bastasse o Aresto Uniformizador ter firmado um sentido do termo *habitação* que viola e derroga o sentido normativo que o próprio Código Civil resolveu dar a essa expressão, também ela, normativa, ao repristinar o artigo 1095.º/3, o Acórdão viola e derroga, também, a associação que o próprio Artigo 15.º-A/1 do Regime do Alojamento Local faz entre as unidades de alojamento local e a expressão normativa *habitação*.

Associação, de resto, também presente no artigo 12.º/1 e 8 do Regime do Alojamento local onde se determina:

> Artigo 12.º
> Requisitos gerais
>
> 1 – Os estabelecimentos de alojamento local devem obedecer aos seguintes requisitos:
>
> 8 – No caso de os estabelecimentos estarem inseridos em edifícios de *habitação* coletiva, o livro de informações deve conter também o regulamento com as práticas e regras do condomínio que sejam relevantes para o alojamento e para a utilização das partes comuns (ênfase novamente nossa).

E perante o teor normativo deste preceito Fernanda Paula Oliveira/Dulce Lopes[159] não deixam de escrever, em parágrafo por elas dedicado à análise dos «*requisitos adicionais no caso de propriedade horizontal*»:

> «3. *requisitos adicionais no caso de propriedade horizontal* (...). *No caso de os estabelecimentos estarem inseridos em edifícios de habitação coletiva (ou com partes de habitação coletiva), o livro de informações deve conter também o regulamento com as práticas e regras do condomínio que sejam relevantes para o alojamento e para a utilização das partes comuns, de modo a que os hóspedes sejam devidamente informados das regras vigentes no condomínio* (...).»

Finalmente, a mesma associação entre alojamento local e a expressão normativa *habitação* é feita no artigo 4.º/4 do Regime do Alojamento Local ao estabelecer-se aí:

> Não pode haver lugar à instalação e exploração de *hostels* em edifícios em propriedade horizontal nos prédios em que coexista *habitação* sem autorização dos condóminos para o efeito, devendo a deliberação respetiva instruir a comunicação prévia com prazo. (ênfase novamente nossa).

E não deixa de ser interessante notar ter o Aresto Uniformizador feito assentar a sua decisão numa interpretação (tradicionalmente dita) enunciativa do artigo 1418.º/2/*a*) do Código Civil (a pressupor ser esta norma *ius singulare*), por aplicação de um critério de lógica formal, dedutiva e conceptual, *a contrario*, a este preceito e ao facto de a menção da finalidade no título ser facultativa, mas já se negar a utilizar, perante, o disposto no artigo 4.º/3 do Regime do Alojamento Local, um argumento de maioria de razão. Mas, conceda-se, a benefício de argumentação, não poder o artigo 4.º/4 ser objeto de uma

159 Fernanda Paula Oliveira/Dulce Lopes, *Alojamento local...* 114, 115 e 116.

interpretação segundo um argumento a *maiori ad minus*. Ainda assim, o artigo 4.º/4 não deixa de ser demonstrativo do facto de *habitação* não ser necessariamente *habitação permanente* podendo, ao invés, perfeitamente abranger formas de *habitação não permanente* como a proporcionada por *hostels* e alojamentos locais.

XII – Não é, pois, a nosso ver, verdade não estar subjacente ao Regime do Alojamento Local nenhuma opção normativa no sentido de o alojamento local ser possível em unidades destinadas a habitação – pressupondo antes esse termo *habitação*, de modo putativo, necessariamente a morada estável ou permanente. Está. E isso é para nós óbvio, como o ilustra o artigo 4.º/3, a parte final do artigo 15.º-A/1, ambos do Regime do Alojamento Local, onde alojamento local e habitação aparecem, de forma expressa, referidos ao mesmo tempo e na mesma frase. Ou, ainda, o artigo 12.º/8 do mesmo diploma, ao expressamente se referir aos edifícios *de habitação coletiva* – ou seja os edifícios em propriedade horizontal destinados a *habitação!* Tudo, dobrado pela repristinação do artigo 1095.º/3 do Código Civil onde, uma vez mais *expressis verbis*, se fala em *habitação não permanente, designadamente para fins turísticos*.

Donde, em 2018, numa altura em que se debatia já, perante os tribunais, se a expressão *habitação* era, ou não, suscetível de abranger a *habitação não permanente* ou, se ao invés, apenas admitia a habitação como morada estável e permanente, o que faz o nosso Direito? Não só, ignora a jurisprudência favorável ao entendimento restritivo do termo *habitação* como, ao invés, através da Lei n.º 62/2018, de 22 de agosto, emprega e insere essa mesma expressão normativa, até então ausente do Regime Jurídico do Alojamento Local, não uma (artigo 4.º/4), não duas (artigo 12.º/8), mas três vezes (artigo 15.º-A/1), nesse mesmo regime, associando-a às unidades de alojamento local. E, perante a controvérsia, então, existente a este respeito, essa modificação do Regime do Alojamento Local e a introdução nele da expressão normativa *habitação* não é obviamente inócua ou indiferente. Ela só pode ter o efeito de vir precisamente pôr termo a essa controvérsia. E pôr termo, infirmando a posição dos Acórdãos favoráveis ao entendimento restritivo do termo *habitação* e à respetiva associação à morada estável e permanente. Estas normas têm assim, também elas, valor interpretativo autêntico. Aplicam-se, pois, retroativamente. Entendimento, este depois, sufragado e repetido pela repristinação do artigo 1095.º/3 do Código Civil ao expressamente se referir à *habitação não permanente, designadamente para efeitos turísticos*.

XIII – Portanto, na nossa perspetiva, mesmo se a permissão de unidades de alojamento local em imóveis de propriedade horizontal destinados a habitação, independentemente de essa destinação resultar da licença ou do título, não resultasse já do regime civil dessa mesma propriedade – devidamente interpretado à luz do artigo 1347.º/2 e das regras do contrato de arrendamento, especialmente, o *repristinado* artigo 1095.º/3 do Código Civil – sempre ela resultaria do Regime do Alojamento Local, também, ele devidamente interpretado à luz de uma dogmática integrada que pondere a totalidade dos regimes e se não baste com raciocínios de mera lógica dedutiva, formal e conceptual, *a contrario* feitos perante uma só norma – o artigo 1418.º/2/*a*) do Código Civil –, para mais, em resultado da aplicação de um critério interpretativo – o do artigo 236.º do Código Civil – insuscetível de ser usado para obter a determinação do sentido de normas legais.

§ 9. A apreciação crítica da solução do Acórdão à luz do critério interpretativo da ponderação das consequências dos efeitos da solução nele defendida. Crítica

I – Ultrapassados os estádios exegéticos e positivistas, a interpretação-aplicação das normas passou a depender de outros fatores, além da simples extração de sentidos por mera exegese ou raciocínios de hermenêutica, sobretudo se de natureza meramente formal ou lógico-dedutiva[160].

Hoje uma tarefa apropriada de interpretação-aplicação, pressuposta pela metodologia jurídica, ajustada e de ponta, obriga a própria decisão a ponderar os seus resultados[161]: a decisão não pode ser tomada como algo de desarticulado do contexto onde ela se insere[162]. Tem de se ponderar o efeito que ela vai ter no caso e na sociedade[163].

O fenómeno é sobejamente conhecido e estudado no âmbito das grandes alterações das circunstâncias[164].

II – Quando se entre em fenómenos ou domínios de grandes proporções a sua resolução exige a intervenção e instrumentação própria dos departamentos técnicos que é suposto ajudarem a atividade legislativa[165]. Além disso, a própria suscetibilidade das distorções, técnicas ou práticas, ou impactos das decisões jurisdicionais, em fenómenos de grandes proporções ou dimensões exigem, também elas, a intervenção do legislador[166]. Embora os tribunais estejam apetrechados para decidir juridicamente, eles já não o estão, necessariamente, para o fazerem em função de razões técnicas ou práticas. A intervenção a dar-se devia, pois, ser legislativa.

As soluções a adotar pelos tribunais devem assim ser especialmente cautelosas relativamente a desenvolvimentos *praeter legem* em áreas de grandes proporções ou dimensões, como os feitos pelo presente Acór-

[160] Menezes Cordeiro, *Tratado de direito civil*, 3.ª ed., 2017, IX, 695. V., também, do mesmo Autor, *Tratado...*, I, 727 e 728.

[161] Menezes Cordeiro, *Tratado...*, IX, 695 e 696.

[162] V., também, o voto do Conselheiro Rijo Ferreira.

[163] Menezes Cordeiro, *Tratado...*, IX, 695 e 696. Cfr., igualmente, voto do Conselheiro Rijo Ferreira.

[164] Menezes Cordeiro, *Tratado...*, IX, 695 e ss..

[165] Menezes Cordeiro, *Tratado...*, IX, 696.

[166] Menezes Cordeiro, *Tratado...*, IX, 696.

dão Uniformizador, sobretudo, num fenómeno já antes enfatizado, em zonas dominadas pelo princípio da tipicidade imperativa.

III – Observou o Tribunal nesta hipótese essa prudência? Julgamos, com o devido respeito, não o ter feito. Notou-o, aliás, também, o próprio Conselheiro Rijo Ferreira ao sublinhar o enorme efeito no aumento da litigiosidade suscetível de ser gerada por este Aresto e, também, ao referir não ter ele tido em linha de ponderação a atual situação do tempo da aplicação da Lei. Mas pensamos haver outros elementos ainda a afastarem a possibilidade de a solução do Acórdão ser aceitável à luz do critério interpretativo da ponderação dos resultados.

Segundo alguns dados disponíveis, o turismo representava, em 2018, em Portugal aproximadamente 19,1% do total da riqueza produzida com expetativas de aumentos exponenciais[167]. É o quinto valor mais alto à escala global[168]/[169]. Ainda em função desses dados, a nível

[167] Cfr. *https://www.sgeconomia.gov.pt/noticias/portugal-e-o-5-pais-com-mais-forte-contributo-do-turismo-para-o-pib.aspx*. V., também o estudo, para onde este *site* governamental remete, presente no Relatório do *World travel & Tourism council, Travel tourism. Economic impact. Portugal*, 2018, 3. O setor do turismo era, ainda, segundo este estudo (p. 4), responsável por mais de meio milhão de empregos diretos, em 2017, esperando-se um crescimento exponencial (cfr. o estudo citado nesta nota *passim*, nomeadamente 6) e perto de um milhão de empregos diretos e indiretos.

[168] *Assim https://www.sgeconomia.gov.pt/noticias/portugal-e-o-5-pais-com-mais-forte-contributo-do-turismo-para-o-pib.aspx.*

[169] Outras fontes referem dados inferiores. Mas mesmo assim ou superiores a dois dígitos ou perto disso. A OCDE, *OECD economic surveys. Portugal*, dezembro de 2021, 20 a 22, situa a importância do turismo, em 2018, em 8% do PIB e reporta a percentagem de 19,5% à importância do turismo no volume total das exportações em 2019, depois reduzida para 10,4% em 2020 devido à pandemia. O *site https://tradingeconomics.com/portugal/tourism-revenues* citando dados do Banco de Portugal, situa a percentagem do turismo no PIB nacional em 10%, em 2022. O Próprio Banco de Portugal diz serem as vendas do turismo e respetivos serviços, em 2020, em plena pandemia, de 14659,2 milhões de euros (cfr. *https://bpstat.bportugal.pt/conteudos/publicacoes/1312*). Estes *sites* foram acedidos no dia 3 de junho de 2022.

mundial, o alojamento local traduz hoje perto de 33% do total das receitas do turismo. Estudos relativamente recentes afirmam estar Portugal em linha com a tendência mundial[170]. Segundo análises realizadas em Portugal, em junho de 2016, o alojamento local em Lisboa traduzia já 30% do total da oferta turística de Lisboa[171], com tendência para crescer.

Dados da OCDE situavam mesmo, em 2016, o turismo português, numa altura em que a percentagem do seu contributo para o PIB português era, ainda, bem menor, Portugal à frente de todos os restantes países membros, com uma percentagem a ultrapassar os 12% do PIB[172]:

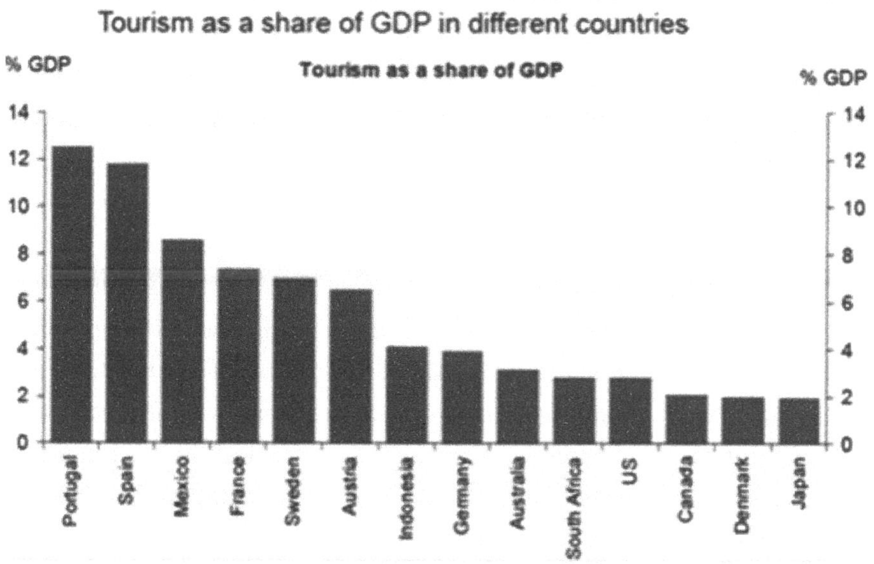

[170] *Programa Quality, Os imóveis,* coordenação de HÉLIA GONÇALVES PEREIRA/ /ISCTE/UL, *cit.*, 12.

[171] *Programa Quality, Os imóveis,* coordenação de HÉLIA GONÇALVES PEREIRA/ /ISCTE/UL, *cit.*, 12

[172] Este gráfico foi extraído do *site https://poligrafo.sapo.pt/fact-check/peso-do-setor-do-turismo-no-pib-de-portugal-e-um-dos-mais-elevados-do-mundo*, que cita dados da OCDE e retirou o gráfico de estudos dessa organização

Dados adicionais da OCDE[173], referentes ao ano de 2020, registam uma quebra de 58% no nível de exportações portuguesas, devida à quebra no turismo e uma retoma progressiva a partir de 2021. Pode ler-se, de facto, no Relatório da OCDE, de 2021, sobre a economia portuguesa:

> *«Portugal está entre as economias da OCDE mais fortemente afetadas pela pandemia, mas está a recuperar rapidamente a partir de meados do 2021. (...) Ainda assim a recuperação tem sido desigual, pois o impacto foi especialmente forte nos setores do turismo, hospitalidade e transportes dotados de um peso significativo na economia. (...) A economia de Portugal esteve especialmente vulnerável à pandemia devido à sua alta dependência do turismo. O do turismo foi um dos setores mais severamente atingidos, com um declínio de 58% em exportações de viagens e turismo em 2020. A percentagem do turismo no total das exportações diminuiu de 19/5% em 2019 para 10,4% em 2020. (...) Um forte crescimento do turismo pode acelerar o crescimento do PIB, nomeadamente através do aumento das perspetivas de emprego de trabalhadores vulneráveis afetados pela crise (...). Manter a vantagem comparativa de Portugal é crucial para sustentar a recuperação a médio prazo (...). Até à data, a crise não afetou a capacidade produtiva de Portugal como destino turístico. (...) A longo prazo, o aproveitamento total dos benefícios da recuperação do turismo requer a manutenção da sua forte competitividade internacional, para acentuar ligações a outros setores da economia, assegurando o seu desenvolvimento ao longo de todo o seu território.»* Esta, última afirmação é, aliás, diretamente ligada e articulada com (as necessidades de) o aumento das unidades de exploração destinadas ao turismo.

Um outro estudo, de 2017, referente ao alojamento local, só em Lisboa, estimava o impacto na economia da cidade desse alojamento, no ano de 2016, entre 1335,9 milhões de euros a 1664,7 milhões de

[173] *OECD economic surveys. Portugal*, cit. 20, 21 e 24.

euros[174]: ou seja, à roda de 1% do PIB de Lisboa. Nesses valores estavam ponderados:

a) Gastos diretos realizados pelos turistas nas unidades de alojamento local;
b) Gastos realizados pelos turistas, que recorrem ao alojamento local, em alimentação, atrações, deslocações e outras compras;
c) Valor de vendas geradas na economia pelas compras feitas pelo alojamento local para a sua atividade e pelas compras do agregado do titular e pelo agregado dos seus colaboradores.

Não é percetível se incluídos estão, ou não, os impactos no PIB da cidade de Lisboa, resultantes dos impostos pagos em razão do alojamento local. Mas, não está ponderada a taxa municipal de dormida, por noite, pois, em 2016, ela não existia.

IV – Sempre segundo o mesmo estudo[175], para 2020 projetava-se para a cidade de Lisboa vir o alojamento local a ter um impacto total de 3017,4 milhões de euros a 3735,4, milhões de euros. Como é sabido, em 2020, estávamos em plena pandemia. As projeções não terão assim sido atingidas.

Mas, atualmente os dados fornecidos, em tempo real, pelos diversos operadores turísticos, nomeadamente em declarações a canais televisivos, são no sentido de, no ano de 2022, já se terem ultrapassado os níveis de pré-pandemia. Tanto ao nível do número de turistas, como ao nível do preço da dormida por noite. E uma das razões é estarem as pessoas sedentas de liberdade e de viajar, depois de dois anos de encerramento. Assim sendo, a fazer fé nestas declarações e nas projeções,

[174] *O impacto económico do alojamento local na área metropolitana de lisboa*, 2017, 3. Este estudo está disponível em linha no *site* da AHRESP. Ele pode ser acedido em *https://quality.ahresp.com/* no separador *studies*.

[175] *O impacto económico do alojamento local na área metropolitana de lisboa*, cit. 14,

presentes no estudo, agora em referência, o valor e impacto do alojamento local só no PIB da cidade de Lisboa andará, neste momento, provavelmente, entre os 3% e os 6% desse mesmo PIB.

Não temos dados para determinar o impacto do alojamento local na totalidade do PIB português. Mas, não deverá andar longe do de Lisboa. Isto, se se atender à afirmação de um outro estudo, já antes referido, no sentido de o alojamento local representar à escala mundial perto do 33% da totalidade das receitas do turismo, em 2018, e de a situação de Portugal estar em linha com o sucedido a nível mundial[176]. Ora, como a percentagem das receitas do turismo na riqueza nacional é, já o referimos, segundo alguns estudos, provavelmente, de perto de 19%, as receitas do alojamento local a nível nacional andarão, provavelmente, em torno dos 6% da totalidade do nosso PIB, porventura algo mais ou algo menos. Isto sendo certo, demonstrarem, ainda, os estudos, disponíveis em 2016, estar o alojamento local a ganhar, progressivamente, terreno e a conquistar clientes[177].

Esta proporção é, de resto, atestada por várias investigações realizados em Portugal, em junho de 2016, de onde se infere, representarem já na região de Lisboa, estes estabelecimentos à volta de um terço da oferta turística da região da capital[178].

E desse alojamento local existente na cidade de Lisboa, em 2016, a maioria são apartamentos – ou seja, unidades situadas em prédios em regime de propriedade horizontal[179].

[176] *Programa Quality, Os imóveis,* coordenação de Hélia Gonçalves Pereira/ /ISCTE/UL, *cit.*, 12.

[177] *Programa Quality, Os imóveis,* coordenação de Hélia Gonçalves Pereira/ /ISCTE/UL, *cit.*, 12.

[178] *Programa Quality, Os imóveis,* coordenação de Hélia Gonçalves Pereira/ /ISCTE/UL, *cit.*, 12.

[179] *Programa Quality, Os imóveis,* coordenação de Hélia Gonçalves Pereira/ISCTE/ /UL, *cit.*, 4. Para uma distribuição do alojamento local por tipologias v. *Estatísticas do turismo,* (instituto Nacional de estatística), 2019, 30, onde se estima representarem, à data, os apartamentos 11,2% da totalidade da oferta turística nacional. Em Lisboa

V – Ora a esta luz, e na perspetiva da ponderação dos resultados, independentemente até de os números serem estes ou inferiores, como sugerem outros estudos, não é admissível uma decisão jurisprudencial que, perante normas no mínimo equívocas e ambíguas, na base de um mero raciocínio silogístico, *a contrario*, tirado perante uma só norma (o artigo 1418.º/3 do Código Civil), tenha a potencialidade para amputar um setor significativo de atividade da principal indústria exportadora nacional e que mais contribui para o nosso PIB. Indústria essa, diga-se em abono da verdade, decisiva para o nosso país ter saído da enorme crise social, económica e financeira em que o apuro das dívidas soberanas mergulhou Portugal. Não é, pois, à luz da ponderação dos resultados, a nosso ver e sempre salvo melhor opinião, aceitável uma decisão tomada, releve-se a insistência perante normas no mínimo dúbias, dotada da virtualidade de amputar a nossa economia de uma parte substancial do respetivo PIB e com isso atirar milhares de pessoas, direta e indiretamente beneficiárias da atividade de alojamento local, para o desemprego ou para situações de aperto ou mesmo de aflição económica.

Isto quando, para mais, o Relatório da OCDE, de 2021, sobre a economia portuguesa[180] afirma, perentoriamente, ser crítico para o crescimento da economia portuguesa, a médio e longo prazo, não apenas a manutenção da capacidade de oferta turística portuguesa, como, mais do que isso, o seu alargamento. E alargamento ao longo de todo o território, numa possibilidade agora em larga medida posta em dúvida pelo presente Aresto Uniformizador.

E quando, o aumento dessa capacidade turística dita ser necessária, pela OCDE, para o desenvolvimento de Portugal, ia, também segundo a OCDE, beneficiar especialmente as perspetivas dos trabalhadores mais vulneráveis.

essa distribuição pode ser vista em Hélia Gonçalves Pereira/ISCTE/UL, *cit.*, 18, 23, 31.

[180] *OECD economic surveys. Portugal*, cit. 20, 21 e 24.

VI – Faltou, pois, a nosso ver, e como de resto enfatizado pelo Conselheiro Rijo Ferreira, a necessária cautela e ponderação, que à luz da análise dos resultados das soluções advogadas deve sempre presidir a toda a decisão judicial ou solução interpretativa[181], especialmente em domínios assinalados por fenómenos de grandes proporções ou dimensões[182].

Acompanhamos, pois, neste ponto inteiramente o sentido de voto do Conselheiro Rijo Ferreira. Independentemente de os números serem estes, agora por nós estimados e referidos, ou algo menores, ainda assim a decisão do Tribunal e o seu segmento Uniformizador a ser repetidamente seguida pelas instâncias e pelos próprios casos apreciados pelo STJ é, sempre, de molde a gerar um verdadeiro cataclismo na economia portuguesa e no tal setor decisivo para nos ter tirado da crise, permitindo a amputação de uma sua parte muito relevante. E uma opção dessas a ser, para alguém, legítima – e não o é – apenas poderia ser tomada diretamente, pelo próprio legislador. Teria de ser ele a elucidar direta e expressamente não ser o alojamento local suscetível de harmonização com a finalidade habitacional presente no título. E não só não o fez, como procedeu, num passo por nós já sublinhado, justamente em sentido oposto. Veio dizer existir essa compatibilidade numa multiplicidade de normas do Regime do Alojamento Local e no próprio Código Civil através da repristinação do seu artigo 1095.º/3. Têm, pois, inteiro valimento agora as mesmas razões na base da necessidade de prudência e da ponderação dos resultados diante das grandes alterações das circunstâncias, não estivesse já a solução do Aresto Uniformizador afastada, como está, pelos artigos 4.º/4, 12.º/8 e 15.º-A/1 do Regime do Alojamento Local e pelos artigos 1347.º e 1095.º/3, ambos do Código Civil!

181 Cfr., Menezes Cordeiro, *Tratado...*, I, 727 e 728.

182 Menezes Cordeiro, *Tratado...*, IX, 695 e ss..

§ 10. **O âmbito de aplicação do Acórdão na eventualidade de ele ser de seguir**

I – Vamos agora partir, porém, com vénia, sem conceder, do pressuposto de o Acórdão Uniformizador ter firmado a solução efetivamente resultante dos dados normativos do sistema de Direitos reais, da propriedade horizontal e das relações de vizinhança a ela aplicáveis, assim como dos elementos normativos proporcionados pelo Regime do Alojamento Local. Nessa eventualidade qual seria o âmbito aplicativo do seu segmento Uniformizador?

A primeira delimitação já a referimos. Ela resulta da própria fundamentação do Aresto: ele não se aplica ao alojamento em áreas universitárias e de veraneio.

II – A segunda delimitação resulta do próprio segmento Uniformizador ao estabelecer:

> *«No regime da propriedade horizontal, a indicação no título constitutivo, de que certa fracção se destina a habitação, deve ser interpretada no sentido de nela não ser permitida a realização de alojamento local.»*

Isto é o mesmo que dizer apenas se dever entender não estar permitido o alojamento local. Importa, por isso, caraterizar a expressão normativa de alojamento local.

Ora, segundo o artigo 2.º/1 do Regime do Alojamento Local:

> Artigo 2.º
>
> Noção de estabelecimento de alojamento local
>
> 1 – Consideram-se «estabelecimentos de alojamento local aqueles que prestam serviços de alojamento temporário, nomeadamente a turistas, mediante remuneração, e que reúnam os requisitos previstos no presente decreto-lei.

A mesma associação entre alojamento local e prestação de serviços resulta de forma patente do artigo 4.º/1 do referido regime:

> Artigo 4.º
> Prestação de serviços de alojamento
>
> 1 – Para todos os efeitos, a exploração de estabelecimento de alojamento local corresponde ao exercício, por pessoa singular ou coletiva, da atividade de prestação de serviços de alojamento.

Por isso, se o segmento Uniformizador se reporta à realidade normativa alojamento local e esta pressupõe a existência de prestação de serviços, não existindo esses serviços, não será o segmento Uniformizador suscetível de aplicação.

III – É verdade, presumir o artigo 4.º/2 do Regime do Alojamento Local a existência desses serviços em certos cenários:

> 2 – Presume-se existir exploração e intermediação de estabelecimento de alojamento local quando um imóvel ou fração deste:
>
> a) Seja publicitado, disponibilizado ou objeto de intermediação, por qualquer forma, entidade ou meio, nomeadamente em agências de viagens e turismo ou *sites* da Internet, como alojamento para turistas ou como alojamento temporário; ou
>
> b) Estando mobilado e equipado, neste sejam oferecidos ao público em geral, além de dormida, serviços complementares ao alojamento, nomeadamente limpeza, por períodos inferiores a 30 dias.

Perante isto, lê-se nalguma Doutrina não pressupor o alojamento local, necessariamente, a prestação de serviços. A inferência seria obtida a partir do facto de, no artigo 4.º/2/*a*), não haver nenhuma menção a serviços e, ainda assim, se entender estarmos, nos cenários nele previstos, perante situações de alojamento local. Portanto, a prestação de serviços não seria *prestação dinâmica de serviços*, mas traduzir-

-se-ia na simples cedência do gozo ou uso da coisa nos moldes previstos no artigo 4.º/2/*a*) Mas, não é assim!

De facto, o artigo 4.º/2 não determina haver alojamento local nas hipóteses nele mencionadas. Estabelece algo de substancialmente diverso: uma mera presunção, *iuris tantum*, de alojamento local. Ora, dado este ser para todos os efeitos a prestação de serviços (artigos 2.º/1 e 4.º/1) o artigo 4.º/2/*a*) estabelece uma presunção, *iuris tantum*, de prestação de serviços. Suscetível, portanto, de ser infirmada justamente, por exemplo, pela demonstração da inexistência dessa prestação de serviços.

IV – Repare-se, de resto, na própria articulação sistemática das normas relevantes nesta matéria.

Primeiro apresenta-se, no artigo 2.º a noção estipulativa de alojamento local por referência à prestação de serviços.

Depois, no artigo 4.º, ao introduzir as presunções, ilidíveis, de alojamento local, o nosso Direito volta a repetir, no artigo 4.º/1 do Regime do Alojamento Local, corresponder ele *para todos os efeitos* (*sic*) à atividade de prestação de serviços de alojamento. Portanto, não prescinde da ideia de necessidade da prestação desses serviços. E, depois, em articulação com o artigo 4.º/1, e apoiado nele, estabelece presunções, suscetíveis de afastamento, de existência desses serviços. Mas, manifestamente o artigo 4.º/2 pressupõe os artigos 2.º/1 e 4.º/1 do Regime do Alojamento Local. Não os substitui como parece admitir a Doutrina favorável ao entendimento no sentido de o serviço ser apenas a cedência do gozo ou uso. Aliás, se assim fosse todos os contratos de cedência do gozo ou do uso de uma coisa seriam prestações de serviços e isso não é manifestamente admissível.

V – O conceito normativo-dogmático de prestação de serviços, de um lado, e a transferência do gozo ou do uso de uma coisa, do outro, estão perfeitamente delimitados e assentam numa evolução milenar[183], seja ao nível das fontes, seja ao nível do labor dos prudentes. Não é algo suscetível de ser manipulado ao sabor das circunstâncias.

A Dogmática só o é se respeitar o fio condutor interno dos institutos e o seu lastro histórico-cultural. É a Dogmática a dar previsibilidade e cientificidade ao processo de interpretação-aplicação do Direito[184]. Sem ela, não há possibilidade de controlo das soluções obtidas e, por isso, não há Direito, mas, sim mero arbítrio!

Ora, a Dogmática, o setor histórico-dogmático, pressuposto pelo processo de realização do Direito é[185]:

> «(...) *o sistema jurídico que se oferecia dogmaticamente constituído ao tempo de prescrição da norma e que ia, portanto, pressuposto por essa prescrição como o seu contexto histórico-jurídico – contexto que, como tal lhe vai intencionalmente assimilado desde logo* (...).»

Não iremos repetir, agora, o já antes acentuado a propósito das exigências impostas a um processo de interpretação-compreensão-aplicação-realização do Direito metodologicamente apropriado e ajustado. Mas sempre lembraremos, a este respeito, as seguintes palavras de Diogo Costa Gonçalves[186], a propósito da labor jurídico-dogmá-

[183] A respeito da evolução histórico-dogmática da figura da prestação de serviços v. Menezes Cordeiro, *Tratado de direito civil*, 2018, XII, 373 e ss..

[184] José Bronze, *Lições de introdução ao direito*, 2.ª ed., 2006, *passim*, 658 e ss., 698 e 699 e 743, onde o autor esquematiza do seguinte modo as relações que se estabelecem entre estas a Jurisprudência e a Dogmática: «*a jurisprudência judicial colhe na prático-normativamente comprometida elaboração dogmática o fundamento da racionalidade das decisões judicativas* (...).» V., também, o que dizemos a este respeito no nosso, *Venda real e (alegada) venda obrigacional no Direito civil, no Direito comercial e no âmbito do Direito dos valores Mobiliários (a propósito de um Estudo de Inocêncio Galvão Telles)*, in *Revista da faculdade de direito da universidade de Lisboa*, 2021, LXII, 2, 657 e ss., *maxime* nota (118) e 712 e ss..

[185] Castanheira Neves, *Metodologia...*, 149.

[186] Diogo Costa Gonçalves, *Pessoa coletiva e sociedades comerciais*, 2015, 61 e ss..

tico exigido ao jurista de resto, em não pouca medida similares e coincidentes com o defendido por nós próprios, noutras sedes e lugares[187]:

> «(...) *a dogmática é* (...) *o processo constitutivo do Direito* (...). *Ela opera numa espiral hermenêutica entre a norma e o caso, num continuum normativo--interpretativo-aplicativo* (...), *este* (...) *sentido hermenêutico* (...) *não exclui, antes reclama aquela outra função teorética, que constitui o Direito em sistema*[188].»

E, de seguida, DIOGO COSTA GONÇALVES, sublinhando a importância da história para o próprio trabalho dogmático, por nós próprios enfatizada, mais de uma vez[189], afirma[190], depois, não poder o labor dogmático:

> «(...) *ser realizado se o intérprete-aplicador não compreender a natureza histórico-cultural dos sistemas jurídicos. Os institutos jurídicos não são o resultado de uma razão laboratorial, mas sim de uma cultura. Isto significa que compreender o sistema implica compreender a ambiência cultural em que este surge e se desenvolve; o mesmo é dizer: as representações filosóficas, religiosas, sociais e até emocionais que perpassam o ordenamento, os circunstancialismos políticos em que o sistema se desenvolve e as suas vicissitudes.*»

Com isto, não pretendemos, nem nós[191], nem DIOGO COSTA GONÇALVES[192] afirmar um positivismo histórico. Não é isso[193]:

[187] Cfr., por exemplo, de entre as nossas obras onde abordamos esta problemática o nosso *Direitos reais*, 2009, 22 e ss., 578 e ss., 601 e ss.. Cfr., também, para as referências o nosso, *Venda real...*, in *Revista...*, 2021, LXII, 2, 712 e ss..
[188] DIOGO COSTA GONÇALVES, *Pessoa coletiva...*, 61 e 62.
[189] Fizemo-lo em vários locais. Referimos apenas, *brevitatis causa*, o nosso, *Direitos...*, 578 e ss., máxime 585 e ss..
[190] DIOGO COSTA GONÇALVES, *Pessoa coletiva...*, 62.
[191] V. o nosso, *Direitos...*, 585 e ss., 589 e ss..
[192] DIOGO COSTA GONÇALVES, *Pessoa coletiva...*, 62.
[193] DIOGO COSTA GONÇALVES, *Pessoa coletiva...*, 62.

> «*Trata-se, outrossim, de reconhecer que só a natureza histórico-cultural do Direito confere* identidade *aos institutos jurídicos e, deste modo, permite um suficiente grau de* objetividade *no conhecimento para que este possa ser ainda dogmático: não há ensaio que, para ser dogmático, possa ser absolutamente alheio ou contrário à dimensão histórico-cultural do instituto que estuda.*»

E isto, pela razão simples, de a Dogmática ser, na sua essência e estrutura, *Dogmengeschichte*[194], pois, como Diogo Costa Gonçalves cuida de explicitar:

> «(...) *as ordens jurídicas manifestam sinais de evolução, de continuidade, mas também de rutura e descontinuidade nos seus elementos formativos. Tais vicissitudes reclamam um* sentido integrador, *capaz de lançar luz sobre as próprias vicissitudes e de as integrar no presente aplicativo. A perspetiva facultada pela* Dogmengeschichte *opera tal desiderato.*»

De igual modo, o próprio pensamento jurídico é, em si mesmo, um *continuum* histórico[195], ou se se preferir uma realidade *in fieri*:

> «*Toda a produção científica encerra um ato de* traditio*: o jurista recebe uma concreta* forma mentis *jurídica, nela evolui e com ela desenvolve o seu labor, e transmite-a à geração seguinte* – maxime *na escola. Ignorar o percurso do pensamento dogmático, o seu contexto e fundamentação, é pressupor um conhecimento sem genealogia, o que não existe*»[196].

Sendo óbvio, que o pensado hoje, se pensa por antes se ter pensado de determinado modo e forma[197] e traduz, apenas, um momento

[194] V., o nosso, *Direitos...*, 589 e ss., com amplas referências bibliográficas; Diogo Costa Gonçalves, *Pessoa coletiva...*, 63.

[195] Cfr., o nosso, *Direitos...*, 586 e ss..

[196] Diogo Costa Gonçalves, *Pessoa coletiva...*, 63.

[197] Diogo Costa Gonçalves, *Pessoa coletiva...*, 63. V., também, o nosso, *Direitos...*, 578 e ss., 589 e ss., *maxime* nota (1991).

particular de uma experiência humana desenvolvida em contínuo (as próprias ruturas devem ser cotejadas e entendidas nesse contínuo[198]). Por isso[199]:

> «*Ignorá-lo é, no fundo, ignorar a própria dogmática e ser incapaz de compreender o próprio momento aplicativo.*»

Além disso, o próprio exercício comparativo impõe uma compreensão histórico-dogmática[200], pois:

> «*Só ela permite identificar a proximidade problemática de soluções aparentemente distantes no tempo, revelando a estrutura decisória fundamental.*»

Finalmente, a *Dogmengeschichte* agrega e possui uma dimensão de reflexão sistemático-filosófica. Isso é imposto, em todos os sistemas de matriz jusnaturalista e, mais ainda, nos sistemas positivistas[201]. Por tudo isto, toda a[202]:

> «(...) *investigação histórico-dogmática é, fundamentalmente, mais dogmática que histórica* (...). *Nela o jurista não procura uma reconstituição do sentido evolutivo de ordenamentos jurídicos antigos, mas a reconstituição do sentido evolutivo do pensamento jurídico, daquela conexão que permite identificar, na atualidade dogmática, a presença determinante desses elementos pretéritos que moldam e configuram o Direito vigente.*»

[198] Assim v., o nosso, *Direitos...*, 594, onde, por referência ao pensamento de Ruy de Albuquerque, se escreve «*A inovação só é compreensível quando dialecticamente equacionável com o velho, o anterior, o precedente.*»

[199] Diogo Costa Gonçalves, *Pessoa coletiva...*, 63.

[200] Diogo Costa Gonçalves, *Pessoa coletiva...*, 63 e 64.

[201] Diogo Costa Gonçalves, *Pessoa coletiva...*, 64.

[202] Diogo Costa Gonçalves, *Pessoa coletiva...*, 64. V., igualmente, o nosso, *Direitos...*, 578 e ss..

E desde o momento da compreensão do jurídico a partir do elemento de historicidade nele integrado, a sua definição e determinação deixa de estar[203]:

> «(...) *nas mãos exclusivas de um poder circunstanciado. A compreensão do papel constitutivo da história da dogmática, liberta a própria dogmática* (...).»

A historicidade da Dogmática atribui, assim, objetividade aos limites das suas fonteiras[204]:

> «*Reconhecer a natureza histórico-cultural do Direito significa assumir que, para que de dogmática se possa falar, a* endoxa *respeite o universo histórico-cultural de referência.*»

Nestes termos, o trabalho e labor do jurista será, ainda, dogmático se[205]:

> «(...) *ele se puder enquadrar no* continuum *histórico do dogma. Tal não significa, naturalmente, que um ensaio dogmático resulte necessariamente numa revitalização histórica dos institutos ou numa rejeição apriorística de ventos de mudança; significa, outrossim, que os avanços devem revelar conexão interna com o lastro histórico da figura. De outra sorte, tal labor poderá ser muita coisa, mas não será um trabalho dogmático.*»

O entendimento da natureza histórica da Dogmática tem, como enfatiza Costa Gonçalves, efeitos e ilações metodológicas no tratamento das transferências jurídico-culturais entre sistemas jurídicos,

[203] Diogo Costa Gonçalves, *Pessoa coletiva...*, 65; e já antes o nosso, *Direitos...*, 578 e ss., *máxime* 594 e ss..

[204] Diogo Costa Gonçalves, *Pessoa coletiva...*, 65.

[205] Diogo Costa Gonçalves, *Pessoa coletiva...*, 65. V., também, o nosso, *Direitos...*, 579 e ss., 589 e ss..

dado postular a importância da identidade dos sistemas no contexto das interpenetrações culturais. Nestes termos, permite-se perceber o perigo de[206]:

> «(...) *receções dogmáticas precipitadas, que projetam sínteses normativas contraditórias ou de difícil articulação.* (...).»

Para prevenir e evitar tais perigos, o jurista tem, perante si, o desafio de salvaguardar a identidade do sistema em que desenvolve o processo de realização do Direito[207]. E deve fazê-lo, obtendo e logrando a reenvio dos dados advenientes de outras experiências jurídicas «*à gramática própria da Dogmática em que se move*»[208]. Trata-se, aliás, de um repto[209]:

> «(...) *tanto mais premente quanto mais nuclear for o instituto a tratar. Com efeito se sínteses dogmáticas precipitadas são relativamente inócuas na periferia do sistema, nos seus institutos nucleares, poder-se-ão revelar especialmente nocivas e comprometedoras para a unidade do sistema jurídico.*»

Contra a dissolução da tarefa metodonomológica num qualquer subjetivismo e a tentação da inovação, pela inovação, adverte, de resto, FERNANDO JOSÉ BRONZE[210], ao dizer não ser:

> «(....) *a Faculdade* (...) *um ... "frontistério" de "meditopensadores", onde se cultiva o "raciocínio injusto [...,] capaz de vencer todas as causas]* (...), *nem os juristas* (...) *devem ser tomados como reis do bla-blá-blá* (...) *que dominam na perfeição as "regras subtis da restrição, amplificação e suposição" inventadas pelos nossos*

[206] DIOGO COSTA GONÇALVES, *Pessoa coletiva...*, 66.
[207] DIOGO COSTA GONÇALVES, *Pessoa coletiva...*, 66.
[208] DIOGO COSTA GONÇALVES, *Pessoa coletiva...*, 66.
[209] DIOGO COSTA GONÇALVES, *Pessoa coletiva...*, 66.
[210] FERNANDO JOSÉ BRONZE, *Metodologia do direito*, 2020, 66.

retóricos modernos (...) meros heresiarcas que professam ideais extravagantes (...). Não se pode admitir que cedam à tentação (...) do fundamentar podem eles tudo (...)»[211].

Ao invés, «*no seu o responsabilizante* officium», o jurista está vinculado à pressuposição/assunção por sua parte, das exigências prático-culturais do Direito, apesar de este se não dissolver nelas[212]. Essa a razão pela qual diz, o Autor, ter por hábito afirmar[213]:

«(...) *que o jurista é aquele que deverá empenhar-se permanentemente em intersubjetivar a sua ineliminável subjectividade. E só conseguirá fazê-lo se, sem descanso, olhar o pensamento jurídico para saber como se deve procede, e o sistema jurídico para se não equivocar no que deve pressupor.*

Para dizer, também, FERNANDO JOSÉ BRONZE[214]:

«(...) *a metodologia não culmina ... "numa desconexão (...) com a inevitável redução do jurista, permita-se-nos a ironia, a uma inevitável "máquina de costura" permanentemente avariada em que "[a] a agulha subia e descia, havia fio na bobina, mas a costura não se consumava"... (...) – antes implica e se empenha em refletir a ineliminável articulação .... Entre aquele objecto adequadamente recortado e este sujeito e a tarefa que é a sua.*»

VI – Pois, bem, nesta perspetiva o que se observa?

A partir da pandectística os quadros dogmáticos da *locatio-conductio operarum* entram em tensão com as novas necessidades advenientes do

[211] E recorda, ao fazer esta afirmação, o facto de ser, justamente, essa cedência à tentação de fundamentar podem eles tudo a que um conhecido jurista alemão imputa a antipatia de que tantas vezes são alvo os juristas.

[212] FERNANDO JOSÉ BRONZE, *Metodologia...*, 67.

[213] FERNANDO JOSÉ BRONZE, *Metodologia...*, 67,

[214] FERNANDO JOSÉ BRONZE, *Metodologia...*, 53.

desenvolvimento industrial[215]. Progressivamente, esta figura vai ser substituída pela de prestação de serviços[216]. Torna-se, então, patente a distanciação e diferenciação entre, por um lado, o serviço e, do outro, a locação ou cedência do gozo ou uso da coisa[217].

O Código de Seabra verteu o contrato de prestação de serviços (artigos 1370.º a 1451.º) como figura distinta da locação[218] (artigos 1595.º a 1635.º).

A hospedagem ou albergaria sempre foi, desde a codificação portuguesa, um contrato de prestação de serviços. Era já assim, segundo os artigos 1419.º e 1423.º do Código de Seabra. E é, também, assim por força dos artigos 2.º/1 e 4.º/1 do Regime do Alojamento Local. É, igualmente, assim com a modalidade civil, juridicamente atípica, mas socialmente típica, da hospedagem ou albergaria do Direito atualmente vigente[219].

É verdade haver, em rigor, sempre uma dimensão de serviço em todos os contratos. Até contratos com eficácia real a têm[220]. A própria prestação é, em si mesma, um serviço[221]. Porém, como explicava Galvão Telles, em sede de trabalhos preparatórios do Código Civil, a prestação de serviço pressupõe uma sequência unitária[222]. Além disso,

[215] Assim, também, Menezes Cordeiro, *Tratado...*, XII, 377 e 378.

[216] Menezes Cordeiro, *Tratado...*, XII, 378.

[217] Menezes Cordeiro, *Tratado...*, XII, 378.

[218] Na mesma direção, Menezes Cordeiro, *Tratado...*, XIII, 381.

[219] Menezes Cordeiro, *Tratado...*, XIII, 387.

[220] Menezes Cordeiro, *Tratado...*, XII, 388 e 389.

[221] Menezes Cordeiro, *Tratado...*, XII, 389.

[222] Inocêncio Galvão Teles, *Contratos civis (projecto completo de um título do futuro Código Civil português e respectiva exposição de motivos)*, separata do BMJ, 1959, 83, 36 e ss., e 64 e ss., era inequívoco ao dizer, em sede de trabalhos preparatórios do Código Civil, ir diferenciar, no nosso Direito, o regime das duas figuras e não pretender sujeitar a prestação de serviços so regime da locação (ou da locação-condução). As razões por ele referidas para dizer reclamar a prestação de serviço um regime diferenciado, relativamente à locação são inúmeras: *i*) a diversidade de objeto de ambas; *a*) a diversidade das utilidades proporcionadas; *b*) a dignidade humana, a impedir a equiparação

nos restantes contratos, insuscetíveis de se filiarem na noção de prestação de serviço, a dimensão de serviço (sempre presente na prestação) é conexa ou subordinada ao aproveitamento do bem. Finalmente, a evolução e delimitação da figura da prestação de serviço, ao abandonar os quadros da *locatio-conductio*, fez-se precisamente pela sua oposição à locação[223]: ou seja, à cedência do gozo ou do uso da coisa. Não é, pois, possível confundir as duas coisas. Seria regressar a uma moldura dogmática, já abandonada e superada, de confundir prestação de serviço e a locação no âmbito indiferenciado da *locatio-conductio*. Seria, dessa forma, romper com o lastro-histórico dogmático e com o fio evolutivo e condutor interno das figuras em jogo.

E a noção estipulativa e tipológica da prestação de serviços está perfeitamente delimitada. Ela resulta do artigo 1154.º do Código Civil. E mau grado as censuras feitas à menção, neste preceito, a um resultado, não há dúvidas relativamente ao facto de a prestação de serviços se traduzir numa atividade humana[224]. Não no ato jurídico de cedência do gozo ou uso de uma coisa. Insista-se: a formação e a delimitação do contrato de prestação de serviço e o abandono e saída, deste, do âmbito da *locatio-conductio*, fez-se precisamente através da contraposição/oposição entre a prestação de serviço, de um lado, e a cedência do gozo ou uso da coisa, do primeiro diferenciada, do outro.

Aliás, se não fosse assim, a presunção do artigo 4.º/2 do Regime do Alojamento Local ou não seria, contra o teor expresso do artigo

entre atividades do homem e coisas e vice-versa; *c*) a diversidade de espíritos dos dois contratos; *d*) a diversidade de princípios dele informadores; *e*) a relevância da pessoa na prestação de serviço, e o seu esbatimento, na locação; *f*) a atitude mais passiva (a sua prestação permanece na sombra) do locador; *g*) os diferentes jogos económicos. Foi esta a opção firmada, em termos definitivos, pelo Código Civil. E não se vê em nome de que bens jurídicos se pretende romper e rasgar apoditicamente com ela. Cfr., igualmente, Menezes Cordeiro, *Tratado...*, XII, 383.

[223] Nesse sentido v. as referências fornecidas por Menezes Cordeiro, *Tratado...*, XII, 377 e 387.

[224] Menezes Cordeiro, *Tratado...*, XII, 386 e ss..

4.º/3, suscetível de ser afastada nos termos gerais de Direito, ou só o seria, sempre em oposição ao teor expresso desta última norma, na hipótese, também nele prevista, de apresentação de um contrato de arrendamento devidamente registado nas finanças. E isto, pela razão simples de havendo cedência do gozo ou do uso da coisa haver, então, sempre prestação de serviço: *ergo* a presunção, em cenários de cedência do gozo ou do uso da coisa, jamais seria ilidível por estar sempre, por definição, presente a dimensão de serviço. E não pode ser: os juristas, não podem revelar-se, na expressão de Fernando José Bronze, já atrás referida, os «*reis do bla-blá-blá* (...) *que dominam na perfeição as "regras subtis da restrição, amplificação e suposição" inventadas pelos nossos retóricos modernos* (...) *meros heresiarcas* (...). *Não se pode admitir que cedam à tentação* (...) *do fundamentar podem eles tudo*».

VII – Podemos, pois, a nosso ver, assentar definitivamente, na impossibilidade de se ver na cedência do gozo da coisa ou do seu uso a prestação de serviços necessária para existir alojamento local. Esta prestação de serviços tem de existir em concreto e tem, até, de ser preponderante para não ser absorvida pelos regimes locatícios dos artigos 1028.º/3, 1065.º, 1078.º/2 do Código Civil. Na verdade, segundo o artigo 1028.º/3, a hospedagem ou albergaria, para não ser absorvida pelo regime do arrendamento, pressupõe a preponderância do elemento de serviços.

Donde, não havendo prestação de serviços e não sendo estes preponderantes, não há albergaria, nem hospedagem, nem, por isso, alojamento local (que pressupõe esses serviços e nos termos das regras do arrendamento, para não ser por estas consumido, deve pressupô-los em termos de preponderância).

Desta forma, a inferência a tirar é esta: não se dando prestação de serviços a cedência do gozo da coisa para *habitação não permanente, designadamente a turistas* é sujeita às regras da locação (por força do artigo 1095.º/3), não às do alojamento local, mesmo se essa norma não tivesse o efeito de infirmar – como tem – a posição do Aresto Uniformizador no sentido de a palavra *habitação* não ser harmonizável com o alojamento local. Isto, dado o segmento Uniformizador limitar expressamente a sua aplicação ao alojamento local.

VIII – O artigo 4.º/2 estabelece, porém, uma presunção ilidível de prestação de serviços nos cenários por ele referidos. Traduz isto a necessidade de o titular de alojamento local ilidir essa presunção, se os respetivos pressupostos estiverem preenchidos, para se furtar à aplicação do Aresto Uniformizador?

Não vemos como. E não vemos como por várias razões.

Em primeiro lugar, se, como agora se está sem conceder a assunir, for verdadeira, a posição do Acórdão no sentido de o Regime do Alojamento Local não vir bulir ou interferir com as normas civilísticas da propriedade horizontal, então, não se vê como uma presunção, presente num diploma, sem virtualidade para alterar ou interferir no regime civil dessa propriedade horizontal, pode ser chamada a determinar a aplicação dessas mesmas normas para elas se dizerem violadas! Portanto, a aplicação do regime civil da propriedade horizontal terá de ficar, apenas, sujeita às qualificações operadas à luz de normas de Direito civil. E serão elas a ditar se, para efeitos de propriedade horizontal e seu regime também civil há, ou não, prestação de serviços. As duas coisas é que não são possíveis. Dizer-se não interferir ou bulir o regime do Alojamento nas regras da propriedade horizontal e, depois, ao mesmo tempo ir-se apelar para uma presunção presente num diploma tido por indiferente para a delimitação do permitido ou proibido pelas regras da propriedade horizontal. Seria uma inadmissível contradição lógica e aporia valorativa.

Sucede, porém, termos nós já demonstrado interferir, de facto, salvo melhor opinião, o Regime do Alojamento Local com as normas civis da propriedade horizontal ao esclarecer ser a expressão normativa habitação compatível com a *habitação não permanente* (artigos 4.º/4, 12.º/8 e 15.º-A/1 do Regime do Alojamento Local). Não envolverá, então isso, a aplicação das presunções para efeitos de se determinar a conformidade do alojamento local com as regras civis da propriedade horizontal?

A primeira resposta a dar é, porém, esta: a ser verdadeira a nossa asserção, como pensamos, então, a aplicação, ou não, da presunção é irrelevante, pois, a conformidade entre, de um lado, o alojamento local e, do outro, o regime da propriedade horizontal já está assegurada por essas normas (artigos 4.º/4, 12.º/8 e 15.º-A/1 do Regime do Alojamento Local) e pelos artigos 1347.º e 1095.º/3 ambos do Código Civil). Por isso, com ou sem presunções, o Aresto Uniformizador será insuscetível de aplicação por, salvo melhor entendimento, violar o disposto nestas disposições e o sentido normativo da expressão *habitação* por eles pressuposto em termos de dever ser.

Depois, sempre se deverá sublinhar um outro aspeto. Mesmo para efeitos exclusivos do Regime do Alojamento Local, as presunções do artigo 4.º/2, não têm por efeito interferir com o enquadramento civilístico das formas de cessão do gozo ou do uso da coisa. Os seus propósitos são apenas tributários: os de prevenir a evasão fiscal. Isso mesmo resulta, expressamente, do prêambulo ao dizer-se, nele:

> No caso dos apartamentos, uma tipologia cada vez mais frequente no mercado turístico mundial, amplificada pela publicitação e intermediação digital, o presente decreto-lei mantém e pugna por uma importante margem de liberdade no que diz respeito à oferta do serviço, mas enquadra fiscalmente a sua exploração em prestação de serviços de alojamento, assim impedindo que tal atividade se desenvolva num contexto de evasão fiscal.

E, o mesmo se infere do facto de a forma, normativamente privilegiada pelo artigo 4.º/3, para afastar as presunções de alojamento local, estabelecidas no artigo 4.º/2, ser precisamente um instrumento de natureza fiscal. Portanto, mesmo para efeitos exclusivos de determinação da aplicação do Regime do Alojamento Local o único e singular propósito das presunções é de natureza fiscal. Não civil. Neste domínio, como cuida de se observar no preâmbulo deixa-se liberdade às partes de conformarem as suas relações como entenderem.

Destarte, o âmbito das presunções não pode ser alargado para além da sua própria finalidade e teleologia. Elas são assim, insuscetíveis de serem usadas para ditar, ou deixar de ditar, a conformidade da utilização, à luz das regras civis reguladoras dos tipos contratuais, com as regras igualmente civis da propriedade horizontal.

Será, pois, a ter o Aresto Uniformizador força persuasiva e argumentativa suficiente para dever ser aplicado, o condómino interessado na cessação da atividade de *habitação não permanente, designadamente para fins turísticos* (artigo 1095.º/3 do Código Civil), a ter o ónus da prova de demonstrar haver, além da cedência do gozo da coisa ou do seu uso, serviços e, além disso, a preponderância e maior importância destes relativamente ao elemento locatício. De outra forma, será este a determinar o regime relevante e a suscetibilidade da sua harmonização, ou não, com a finalidade habitacional presente no título.

Além disso, e porque estamos em Reais, essa prova terá ainda de demonstrar serem esses serviços (de natureza preponderante e dominante relativamente à cedência do gozo ou uso) prestados no imóvel. De outra forma não relevam.

IX – Finalmente, sempre se dirá, ainda, não ter ainda o Aresto e o seu segmento Uniformizador, não apenas em razão da respetiva fundamentação, mas, também, em função do próprio teor do referido segmento, aplicação se o título constitutivo for omisso e a finalidade habitacional apenas resultar da licença de utilização.

Também não terá, em razão da sua fundamentação, aplicação nas hipóteses, onde imóveis com frações em altura, e são muitos, especialmente nas zonas históricas, não têm zonas comuns.

§ 11. A possibilidade de alteração da finalidade do título constitutivo por usucapião

I – Uma nota final para referir um outro aspeto. Trata-se da possibilidade de alteração do título constitutivo por usucapião.

Na verdade, segundo o artigo 1417.º/1 do Código Civil a propriedade horizontal pode ser constituída por usucapião. Não há dúvidas a este respeito.

Mas se é assim, então, o próprio título constitutivo, se nele estiver presente a menção à finalidade habitacional e ela tiver o sentido dado pelo Aresto Uniformizador, pode constituir-se por usucapião o direito a uma utilização de uma fração com finalidade diferente da atribuída pelo título.

II – De resto, um entendimento numa dogmática adequada do princípio da tipicidade dos Reais, sempre facilitaria e permitiria, mesmo na ausência do artigo 1417.º/1, a alteração do título constitutivo dos direitos reais por usucapião[225].

Donde, perante a oposição, fundada na finalidade habitacional presente no título, de um dos condóminos, ao exercício de atividade de alojamento local num dado condomínio, sempre poderá o titular do alojamento alegar a modificação desse título por usucapião nomeadamente, nos termos do artigo 1294.º/1, ao fim de dez anos de exercício dessa atividade, havendo título de aquisição e registo deste e boa fé, a presumir em virtude da existência de um título administrativo válido de exploração.

[225] Nesse sentido v., por exemplo, MENEZES CORDEIRO, *A tipicidade...*, in *Revista*, 2021, VI, 3-4, 36.

§ 12. Conclusões

I – Tudo visto, parecem-nos ser, sempre com a devida consideração, respeito e apreço, as seguintes conclusões a tirar:

1. O Acórdão Uniformizador faz assentar a sua solução num raciocínio lógico-dedutivo, lógico conceptual apriorístico (no mesmo sentido se pode ver, de resto, o Voto do Senhor Conselheiro Rijo Ferreira) e formal, próprio do método jurídico puro e da jurisprudência dos conceitos e, traduz, por isso, a nosso ver, uma forma de irrealismo metodológico-jurídico.
2. O artigo 236.° do Código Civil não é aplicável à interpretação do título constitutivo da propriedade horizontal.
3. Fosse o artigo 236.° Código Civil aplicável à interpretação do título constitutivo, ainda assim, a conclusão que esse declaratário normal tiraria do termo *habitação*, presente no título, não seria aquele que o Acórdão lhe imputa.
4. De resto, o Acórdão, na verdade, o que faz, não é aplicar o artigo 236.° do Código Civil à interpretação do título constitutivo, usando, sempre com vénia e respeito, um mero cripto-argumento, para sustentar estar a fazê-lo. O que é feito pelo Acórdão é aplicar, isso sim, o artigo 236.° do Código Civil à interpretação de uma norma legal: o artigo 1418.°/2/*a*). Na verdade, o Acórdão sustenta, face ao caráter facultativo da menção do fim prevista neste último preceito, não poder um declaratário normal deixar de inferir ser o sentido do termo *habitação* necessariamente uma morada estável. Todavia, os preceitos legais não são suscetíveis de serem interpretados segundo as diretrizes do artigo 236.° do Código Civil.
5. O Acórdão Uniformizador assenta a sua decisão em pressupostos de facto indemonstrados: o de que o alojamento local é necessariamente mais turbador para as relações de vizinhança do que a morada permanente.

6. Fá-lo assente numa presunção *hominis*, sem base e infirmada pelos estudos existentes, seja relativamente aos níveis de satisfação da vizinhança com as unidades de alojamento local, seja a propósito da intensidade e taxa de ocupação das unidades de alojamento local.
7. A presunção *hominis* na qual o Acórdão assenta a factualidade pressuposta para tirar o segmento uniformizador e, assim, dar aos restantes condóminos a possibilidade de preventivamente proibirem a existência de unidades de alojamento local em imóveis destinados pelo título a habitação, é, além disso, infirmada pela presunção legal do artigo 1347.º/2 do Código Civil.
8. Ao desconsiderar a solução prevista pelo artigo 1347.º/2 do Código Civil para a cessação das instalações prejudiciais para a vizinhança, devidamente licenciadas por entidades administrativas, mesmo se for de recear que produzam efeitos não permitidos por lei, o Aresto Uniformizador está, salvo melhor opinião, a ab-rogar este preceito.
9. Ao não fazer nenhuma menção ao repristinado, pela Lei n.º 13/2019, de 12 de fevereiro, artigo 1095.º/3 do Código Civil e ao tentar emoldurar o alojamento em zonas universitárias e de veraneio no artigo 1093.º do Código Civil o Aresto Uniformizador parece, salvo outro entendimento, ou erro de análise nosso, não ter presente essa repristinação.
10. Mas, mesmo se não for esse o caso, a verdade é que ao dizer pressupor o termo normativo *habitação* uma morada estável o Acórdão ab-roga o repristinado artigo 1095.º/3, onde expressamente, se refere e utiliza a expressão normativa *habitação,* não para significar domicílio permanente, mas precisamente o inverso: *habitação não permanente para fins transitórios especiais, designadamente para fins turísticos* (*sic*).
11. O, repristinado, artigo 1095.º/3 do Código Civil tem valor interpretativo e aplica-se retroativamente.

12. Todos os Autores que se debruçam sobre a problemática da compatibilidade, ou não, do alojamento local com a finalidade habitacional do título e que têm presente a repristinação do artigo 1095.º/3 do Código Civil, operada em 2019, manifestam-se, como não podia deixar de ser, no sentido dessa compatibilidade.
13. Em áreas dominadas pelo princípio da tipicidade imperativa a interpretação *praeter legem* ou não é de todo admitida – opinião dominante – ou, na posição por nós sustentada, apenas o é com observância de uma série cumulativa de pressupostos que obrigam a uma análise intensiva e extensiva dos regimes em jogo, além de outros pressupostos metodológico-dogmáticos cuja observância é imprescindível, nomeadamente a observância de uma dogmática integrada e a convocação da totalidade do pensamento jurídico.
14. Ao assentar a solução do segmento Uniformizador numa simples aplicação *a contrario* do artigo 1428.º/2/a) do Código Civil – para mais perfeitamente reversível, mesmo descontando-se o facto de ela resultar de um exercício ao jeito do ultrapassado método jurídico puro de Oitocentos e de ter por base a aplicação do artigo 236.º do Código Civil a uma norma legal – o Aresto Uniformizador faz uma interpretação, tradicionalmente dita de enunciativa, *praeter legem* de uma norma sujeita ao princípio da tipicidade imperativa do artigo 1306.º do Código Civil.
15. Trata-se, pois, de uma forma de interpretação que viola e ofende a tipicidade dos Reais.
16. E ofenderá à luz de uma compreensão mais tradicional do problema metodológico da interpretação, enunciação e realização do Direito – a da maioria – determinante, à luz dessa compreensão, não poder haver interpretação *praeter legem* nas áreas sujeitas à tipicidade imperativa.
17. Mas ofenderá, também, para aqueles favoráveis a uma postura metodológica diversa, na linha do advogado, a este nível,

designadamente, por Castanheira Neves, Fernando José Bronze e nós próprios e que aceitem a possibilidade de interpretação *praeter legem* mesmo em áreas dominadas pela tipicidade imperativa, desde que observados certos pressupostos atrás referidos.

18. E isto pela razão simples de não nos parecer ter o Aresto observado esses pressupostos dos quais esta abordagem metodológica, mais generosa neste ponto, faz depender a possibilidade de interpretação *praeter legem* nas áreas dominadas pelo princípio da tipicidade.
19. Desta forma, e na nossa perspetiva, o Aresto não é compaginável com o sistema de Direitos reais vigente no nosso Ordenamento.
20. O Direito é uma realidade histórico-cultural. Não existe Direito fora da história e da cultura. A Dogmática jurídica só o será, e só será científica, se respeitar o lastro histórico-cultural e o fio condutor interno dos institutos em jogo. Ora, a esta luz, no nosso Ordenamento Jurídico, a expressão normativa *habitação* jamais teve o significado normativo de habitação permanente ou morada estável. Não era assim com o artigo 1083.º/2, da versão inicial do Código Civil, não era, igualmente, assim com o artigo 5.º/2/*b*), do RAU, não era, também, assim com, o artigo 1095.º/3 do Código Civil, na versão dada pela Lei n.º 6/2006, como não é assim com o atual artigo 1095.º/3: todos eles se referem a uma realidade normativa e usam a correspondente expressão normativa *habitação* para utilizações não estáveis ou dotadas de permanência ao ponto de usarem a nomenclatura normativo-estipulativa: *habitação não permanente*.
21. A solução do Acórdão contende assim com o lastro histórico-cultural e o fio condutor interno densificante da interpretação das normas e institutos jurídicos em jogo.
22. O Aresto Uniformizador não faz além disso nenhuma referência a normas fundamentais do regime do contrato de locação

pressupostas pelo regime da propriedade horizontal e pelo regime do alojamento local: assim, para além da total omissão ao artigo 1095.º/3 do Código Civil, estão igualmente ausentes do Acórdão as referências às soluções dos artigos 1022.º e 1023.º, 1028.º/3, 1065.º e 1078.º/2. A única alusão a uma norma do contrato de locação é ao artigo 1093.º. E para, com o devido respeito, indevidamente, o aplicar a realidades abrangidas, antes, isso sim, pelo artigo 1095.º/3.

23. A afirmação do Aresto Uniformizador no sentido de dizer que o Regime do Alojamento Local não veio interferir com o da propriedade horizontal e a tutela por ela dispensada de modo alegadamente preventivo afigura-se, a nosso ver e sempre com a devida consideração, apriorística.
24. Não só essa inferência é afastada pelo artigo 1347.º/2 do Código Civil e pelo facto de o alojamento local estar sujeito a licenciamento (logo convoca a aplicação deste preceito do Código Civil que afasta qualquer forma de tutela preventiva), como são várias as normas do Regime do Alojamento Local onde, expressamente, se usa a expressão normativo-estipulativa *habitação*, com um sentido completamente oposto ao dado pelo Acórdão em análise, justamente para prever formas de habitação não permanente, de resto já abrangidas pelo regime do Código Civil, através do seu artigo 1095.º/3.
25. Na verdade, o artigo 3.º/3 do Regime do Alojamento Local é expresso no sentido de poder haver unidades de alojamento local em imóveis em propriedade horizontal.
26. O artigo 20.º-A do Regime do Alojamento Local – Decreto-Lei n.º 128/2014, de 28 de agosto, a alteração ao Regime do Alojamento Local pela Lei n.º 62/2018, de 22 de agosto – permite, expressamente, afastar as soluções do artigo 1424.º do Código Civil para a propriedade horizontal. Logo interfere, *mesmo*, com o regime da propriedade horizontal previsto no Código Civil.

27. O mesmo faz o artigo 9.º/2 do Regime do Alojamento Local que dá aos condóminos um remédio mais, não previsto pelo Código Civil, para reagirem contra turbações no âmbito das relações de vizinhança. Por isso, uma vez mais, vem interferir com o regime da propriedade horizontal previsto no Código Civil.
28. Segundo o regime civilístico da propriedade horizontal a licitude da utilização das frações está, *apenas*, dependente da respetiva conformidade com a sua finalidade (artigo 1422.º/2/*c*]), designadamente a presente no título em termos respeitadores do princípio da tipicidade do direito de propriedade.
29. Porém, tratando-se de alojamento local essa licitude está dependente da conformidade com a licença de utilização *ou*, se este existir, com a finalidade presente no *título* (artigo 6.º/1/*a* do Regime do Alojamento Local). Além disso, a acrescer a esta necessidade de conformação pelo título já resultante do artigo 1422.º/2/*c*) do Código Civil e reiterada pelo artigo 6.º/1/*a*) do Regime do Alojamento Local, se o alojamento local for um *hostel* é, ainda, necessário superar esta exigência, através da apresentação de uma ata da assembleia de condóminos a autorizar a respetiva instalação.
30. Há, pois, uma terceira interferência, para as alterar, operada pelo Regime do Alojamento local, no respetivo âmbito de aplicação, nas normas civilísticas disciplinadoras da propriedade horizontal.
31. Sempre segundo o regime condominial do Código Civil, a todo o proprietário é lícito desenvolver nas suas frações tantas atividades quantas o número de frações por ele possuídas no imóvel. Não é, porém, isso a suceder em hipóteses de unidades de alojamento local. Estando estas em jogo, vale o disposto no artigo 11.º/4 do Regime do Alojamento Local. Estamos, pois, diante de nova interferência no regime da propriedade horizontal previsto no Código Civil.

32. Além disso, o artigo 3.º/1 do Regime do Alojamento Local prevê expressamente a possibilidade de as unidades de alojamento local serem instaladas em imóveis destinados a utilização familiar.
33. O artigo 15.º-A do Regime do Alojamento Local veio, com o objetivo de preservar a realidade social dos bairros e lugares, determinar poderem as câmaras municipais territorialmente competentes, aprovar por regulamento e com deliberação fundamentada, a existência de áreas de contenção, por freguesia, no todo ou em parte, para instalação de novo alojamento local, podendo impor limites relativos ao número de estabelecimentos de alojamento local nesse território, suscetíveis de terem em conta limites percentuais em proporção dos imóveis disponíveis para *habitação* (*sic*). A palavra e expressão normativa-estipulativa habitação aparece assim, e é usada com teor prescritivo, no âmbito do alojamento local.
34. Portanto, se, sempre com vénia e consideração, não bastasse o Aresto Uniformizador ter firmado um sentido do termo *habitação* que viola e derroga o sentido normativo que o próprio Código Civil resolveu dar a essa expressão, também ela, normativa, ao repristinar o artigo 1095.º/3, o Acórdão viola e derroga, também, a associação que o próprio artigo 15.º-A/1 do Regime do Alojamento Local, faz entre as unidades de alojamento local e a expressão normativa *habitação*.
35. Associação, de resto, também presente no artigo 12.º/1 e 8 do Regime do Alojamento Local, onde expressamente se prevêem os requisitos e pressupostos a que devem obedecer as unidades de alojamento local em imóveis de habitação coletiva – *ergo* em regime de propriedade horizontal – destinados a *habitação*.
36. Finalmente, a mesma associação entre alojamento local e a expressão normativa *habitação* é feita no artigo 4.º/4 do Regime do Alojamento.

37. Todas estas normas são, assim, com o respeito que se verte e expressa, derrogadas ou ab-rogadas pelo Aresto Uniformizador ao pretender significar, no nosso Direito, a expressão normativa *habitação* uma morada estável ou domicílio permanente.
38. Aliás, todas estas normas, onde as expressões normativas *habitação* e alojamento local são associadas e utilizadas em ligação e conjugação, uma com a outra, foram introduzidas pela Reforma do Regime do Alojamento Local operada em 2018, numa altura em que se debatia já a compatibilidade, ou não, do referido alojamento local com a finalidade habitacional dos imóveis. Têm, por isso, neste aspeto, natureza interpretativa e valem retroativamente.
39. Não surpreende, por isso, haver vários Autores que antes da alteração do Regime do Alojamento Local, em 2018, se manifestavam contra a possibilidade de se harmonizar o alojamento local com a finalidade habitacional do título constitutivo da propriedade horizontal e, depois dessa alteração, passaram a defender a solução diversa.
40. A ser seguido, e com vénia e respeito não nos parece dever ou poder ser, o Aresto Uniformizador só vale para as hipóteses de arrendamentos de curta duração para fins transitórios especiais em que sejam prestados serviços complementares para além dos de disponibilização do gozo ou uso da coisa, pois, só então haverá alojamento local.
41. Esses serviços, indispensáveis à existência de alojamento local e sem os quais o Aresto não poderá nunca, mesmo se vertesse a boa solução, ter aplicação, têm de ser prestados no imóvel. Em Reais só o aproveitamento da coisa interessa. Serviços prestados fora do imóvel são assim irrelevantes. O ónus da prova da prestação desses serviços, no imóvel, pertence a quem o alega, não valendo, para o efeito, as presunções de alojamento local.
42. Além disso, o Aresto não se aplica, segundo a sua própria fundamentação, a zonas universitárias ou estâncias de veraneio.

43. Em razão dos próprios fundamentos alegados pelo Acórdão para sustentar o seu segmento Uniformizador ele também não é, mesmo se fosse de seguir, aplicável aos imóveis em propriedade horizontal onde não existam zonas comuns.
44. Mesmo se devesse ser seguido, o Acórdão também não vale para as hipóteses de omissão nos títulos da finalidade do imóvel.
45. O ónus da prova da existência de serviços pertence a quem a invoca. As presunções de alojamento local, presentes no respetivo Regime, têm segundo afirmação expressa no preâmbulo, apenas propósitos fiscais, numa orientação depois dobrada pela própria forma privilegiada para afastar essa presunção – a apresentação de um contrato de arrendamento celebrado nos termos dos artigos 1094.º 1095.º do Código Civil , seja qual for a sua duração e seja, ou não, para turistas (artigo 1095.º/1/2 e 3 do Código Civil), registado nas finanças – e não podem, assim, estender-se para além dos seus propósitos ou teleologia.
46. A cedência do gozo ou uso da coisa é insuscetível, em si e por si, de se configurar como um serviço. Entendimento diverso afrontaria a própria razão de ser e o lastro histórico-dogmático e o fio condutor interno da autonomização da figura do contrato de prestação de serviços perante a figura da locação-condução (*locatio-conductio*).
47. O título constitutivo pode ser alterado por usucapião.

ÍNDICE